COURS DE PEINTURE PAR PRINCIPES,

Par Mr. DE PILES,

De l'Académie Royale de Peinture & sculpture.

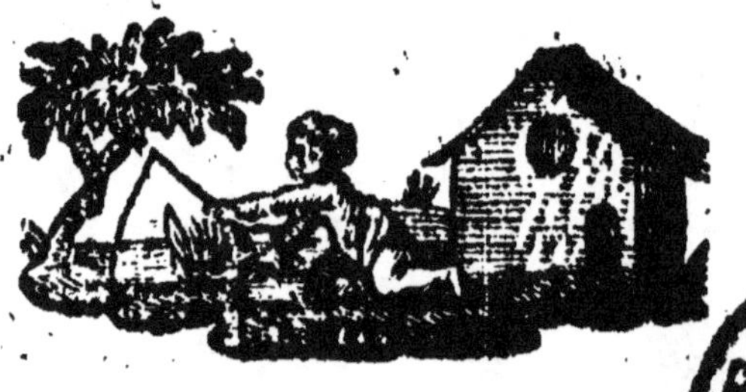

A PARIS,

Du fonds de Jombert,

Chez BARROIS l'aîné, Libraire, quai des Augustins, N°. 19.
FIRMIN DIDOT, Libraire, rue Dauphine, N°. 116.

1791.

ON TROUVE CHEZ LES MÊMES LIBRAIRES,

Œuvres diverses de M. de Piles, 5 vol. in-12. . . . . 16 livres 10 sous.

Chaque volume se vend séparément.

Abrégé de la vie des Peintres, avec des réflexions sur leurs ouvrages, in-12 . . . . 3 l. 10 s.

Cours de Peinture par principes, in-12 . . . . 3 l. 10 s.

Élémens de Peinture pratique, nouvelle édition entièrement refondue & considérablement augmentée par Charles-Antoine JOMBERT, in-12. 3 l. 10 s.

Recueil de divers Ouvrages sur la Peinture & le coloris in-12 . . . . . 3 l.

L'art de la Peinture par Charles-Alph. du FRESNOY, *trad. en françois, enrichi de remarques, revu, corrigé & augmenté*, in-12 . . . . 3 l.

LES LIBRAIRES

AU LECTEUR.

CE Cours de Peinture, par principes, qui est un des meilleurs ouvrages de M. *de Piles*, étant devenu extrêmement rare, nous avons cru faire plaisir aux Artistes & aux Amateurs de ce bel Art en mettant au jour cette nouvelle édition que nous avons tâché de rendre aussi exacte & aussi correcte qu'il nous a été possible. Nous n'entrerons point ici dans le détail de ce qui est contenu dans ce Traité élémentaire sur la Peinture, la Table des titres qui suit cet Avertissement est suffisante pour en donner une idée capable de piquer la curiosité du Lecteur, par l'importance des matieres qui y sont annoncées. Nous ajouterons seulement que ceux qui desirent s'instruire à fond des principes sur l'art de peindre ne peuvent guere se dispenser d'ajouter à ce Traité deux autres ouvrages du même Auteur. L'un est le Poëme de *du Frenoy* sur la Peinture, avec la traduction de M. *de Piles*, & les remarques instructives qu'il y a ajoutées pour entrer dans des détails essentiels que la forme & le style d'un ouvrage de cette nature n'ont pas permis à *du Frenoy* d'insérer dans son poëme. L'autre a pour titre *Les premiers élémens de la Peinture pratique*, par M. *de Piles*, dont la derniere édition a été considérablement augmentée.

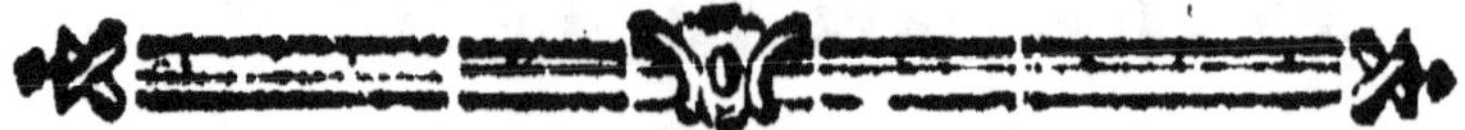

TABLE DES TITRES

De ce Cours de Peinture par principes.

IDÉE de la Peinture pour servir de préface à cet ouvrage. Page 1

Du vrai dans la Peinture. 23

Copie d'une lettre de M. Du Guet *sur le traité du vrai.* 35

DE L'INVENTION. 39

Description de l'Ecole d'Athenes, tableau de Raphaël, *pour exemple de l'invention.* 59

DE LA DISPOSITION. 74

De la distribution des objets en général. 76

Du choix des attitudes. 79

Du contraste. 80

Des draperies. 83

De l'ordre des plis. 84

De la diverse nature des étoffes. 90

De la variété des couleurs dans les étoffes. 94

TABLE DES TITRES.

Abrégé du traité des draperies. 97
L'ordre des plis. 98
La diverse nature des étoffes. 99
La variété des couleurs dans les étoffes. 100
Du tout-ensemble. Ibid.
De l'enthousiasme. 108
Réponses à quelques objections. 114
DU DESSEIN. 117
De la correction. 119
De l'antique. 122
De la beauté de l'antique. 124
Citation & traduction d'un traité de Rubens *sur l'imitation des statues antiques.* 128
De l'Anatomie. 139
Du goût de Dessein. 144
De l'élégance. Ibid.
Des caracteres. 145
Du paysage. 158
Des sites. 163
Des accidens. 165
Du ciel & des nuages. Ibid.
Des lointains & des montagnes. 170
Du Gazon. 172
Des roches. 173
Des terreins. 174

TABLE DES TITRES.

Des terrasses. 175
Des fabriques. 175
Des eaux. 177
Du devant du tableau. 179
Des plantes. 180
Des figures. 181
Des arbres. 184
De l'étude du paysage. 189
Observations générales sur le paysage. 201
Sur la maniere de faire les portraits. 207
De l'air relativement aux portraits. 211
S'il est à propos de corriger les défauts du naturel dans les portraits. 214
Le coloris des portraits. 216
De l'attitude dans les portraits. 221
Les ajustemens des portraits. 224
La pratique du portrait. 228
La politique relativement aux portraits. 238
DU COLORIS. 241
Histoire d'un sculpteur aveugle qui faisoit des des portraits en cire. 264
Du clair-obscur. 290
Des moyens qui conduisent à la pratique du clair-obscur. 293
Premier moyen. 294

Second moyen. 295

Troisieme moyen. 296

Preuves de la nécessité du clair-obscur dans la Peinture. 297

I. Prise de la nécessité du choix. Ibid.

II. Tirée de la nature du clair-obscur. 298

III. Prise de l'avantage que le clair-obscur procure aux autres parties de la Peinture. 299

IV. Tirée de la constitution générale de tous les êtres. 300

Démonstrations de l'effet du clair-obscur. 306

De l'ordre qu'il faut tenir dans l'étude de la Peinture. 310

Si la poésie est préférable à la Peinture. 337

Description de deux ouvrages de sculpture, faits par M. l'abbé Zumbo. 380

La balance des Peintres. 393

Fin de la Table des Titres.

COURS

COURS
DE PEINTURE
PAR PRINCIPES.

L'IDÉE DE LA PEINTURE pour servir de préface à ce livre.

PERSONNE ne remporte le prix de la course, qu'il ne voie le but où il doit arriver ; & l'on ne peut acquérir parfaitement la connoissance d'aucun art, ni d'aucune science, sans en avoir la véritable idée. Cette idée est notre but, & c'est elle qui dirige celui qui court, & qui le fait arriver sûrement à la fin de sa carriere, je veux dire, à la possession de la science qu'il recherche.

Mais quoique toutes les choses renferment en elles & fassent paroître la plus grande partie de leur véritable idée, il ne s'ensuit pas de-là qu'elle soit toujours connue à ne pouvoir s'y tromper, & que l'on n'en conçoive souvent de fausses, au lieu de celle qui est la véritable & la plus parfaire. La Peinture a ſes idées comme les autres arts : la difficulté eſt donc de démêler quelle eſt la véritable. Mais avant que d'entrer dans cette diſcuſſion, il me paroît néceſſaire d'expoſer ici, que dans la Peinture il y a deux ſortes d'idées ; l'idée générale qui convient à tous les hommes, & l'idée particuliere qui convient au Peintre ſeulement.

Le moyen le plus sûr pour connoître infailliblement la véritable idée des choſes, c'eſt de la tirer du fond de leur eſſence & de leur définition ; parce que la définition n'a été inventée que pour empêcher l'équivoque des idées, pour écarter les fauſſes, & pour inſtruire notre esprit de la véritable fin, & des principaux effets de chaque choſe.

Il s'enſuit de-là, que plus une idée nous conduit directement & rapidement à la fin que l'eſſence d'où elle coule nous indique, nous devons être aſſurés qu'elle eſt la véritable.

L'eſſence & la définition de la Peinture, eſt l'imitation des objets viſibles par le moyen de la forme & des couleurs. Il faut donc conclure, que plus la Peinture imite fortement & fidelement la Nature, plus elle nous conduit rapidement & directement vers sa fin, qui est de séduire nos yeux, & plus elle nous donne en cela des marques de sa véritable idée.

Cette idée générale frappe & attire tout le monde; les ignorans, les amateurs de Peinture, les connoisseurs, & les Peintres mêmes. Elle ne permet à personne de passer indifféremment par un lieu où sera quelque tableau qui porte ce caractere, sans être comme surpris, sans s'arrêter & sans jouir quelque tems du plaisir de sa surprise. La véritable Peinture est donc celle qui nous appelle (pour ainsi dire) en nous surprenant: & ce n'est que par la force de l'effet qu'elle produit, que nous ne pouvons nous empêcher d'en approcher, comme si elle avoit quelque chose à nous dire. Et quand nous sommes auprès d'elle, nous trouvons que non-seulement elle nous divertit par le beau choix, & par la nouveauté des choses qu'elle nous présente, par l'histoire, & par la fable dont elle rafraîchit notre mémoire, par les inventions ingénieuſes, & par les allégories dont nous nous faiſons un plaiſir de trouver le ſens, ou d'en critiquer l'obſcurité; mais encore par l'imitation vraie & fidele qui nous a attirés d'abord, qui nous inſtruit dans le détail des parties de la Peinture, & qui, ſelon Ariſtote, nous divertit, quelque horribles que ſoient les objets de la nature qu'elle repréſente.

Il y a une ſeconde idée, qui eſt, comme nous avons dit, particuliere aux Peintres, & dont ils doivent avoir une habitude conſommée. Cette idée regarde en détail toute la théorie de la Peinture, & elle doit leur être familiere, de telle ſorte qu'il ſemble qu'ils n'aient beſoin d'aucune réflexion pour l'exécution de leurs penſées.

C'eſt ainſi qu'après l'étude exacte du deſſein, après la recherche d'un ſavant coloris, & de toutes les choſes qui dépendent de ces deux parties, ils doivent toujours avoir préſentes les idées particulieres qui répondent aux diverſes parties de leur art.

De tout ce que je viens de dire, je conclus que la véritable Peinture doit appeller ſon ſpectateur par la force & par la grande vérité de ſon imitation, & que le ſpectateur ſurpris doit aller à elle, comme pour entrer en converſation avec les figures qu'elle repréſente. En effet quand elle porte le caractere du vrai, elle ſemble ne nous avoir attirés que pour nous divertir, & pour nous inſtruire.

Cependant les idées de la Peinture en général, ſont auſſi diverſes que les manieres des différentes écoles different entre elles. Ce n'eſt pas que les Peintres manquent des idées particulieres qu'ils doivent avoir; mais l'uſage qu'ils en font, n'étant pas toujours fort juſte, l'habitude qu'ils prennent de cet uſage, l'attache qu'ils ont pour une partie plutôt que pour une autre, & l'affection qu'ils conſervent pour la maniere des maîtres qu'ils ont imités, les jette dans la prédilection de quelque partie favorite; au lieu qu'ils ſont dans l'étroite obligation de les poſſéder toutes, pour contribuer à l'idée générale dont nous avons parlé. Car la plupart des Peintres ſe ſont toujours partagés ſelon leurs différentes inclinations; les uns pour Raphaël, les autres pour Michel Ange, les autres pour les Caraches, les autres pour leurs disciples ; quelques-uns ont préféré le dessein à tout, d'autres l'abondance des pensées, d'autres les graces, d'autres l'expression des passions de l'ame : d'autres enfin se sont abandonnés à l'emportement de leur génie, sans l'avoir assez cultivé par l'étude & par les réflexions.

Que ferons-nous donc de toutes ces idées vagues & incertaines ? Il est sans doute dangereux de les rejetter : mais le parti qu'il faut prendre, c'est de s'attacher préférablement au vrai, que nous avons supposé dans l'idée générale. Il faut que tous ses objets peints paroissent vrais, avant que de paroître d'une certaine façon, parce que le vrai dans la Peinture est la base de toutes les autres parties, qui relevent l'excellence de cet art, comme les sciences & les vertus relevent l'excellence de l'homme qui en est le fondement. Ainsi l'on doit toujours supposer l'un & l'autre dans leur perfection, quand on parle des belles parties dont ils sont susceptibles, & qui ne peuvent faire un bon effet, que lors qu'elles y sont intimement attachées. Le ſpectateur n'eſt pas obligé d'aller chercher du vrai dans un ouvrage de Peinture : mais le vrai dans la Peinture doit par ſon effet appeller les ſpectateurs.

C'eſt inutilement que l'on conſerveroit dans un palais magnifique les choſes du monde les plus rares, ſi l'on avoit omis d'y faire des portes, ou ſi l'entrée n'en étoit proportionnée à la beauté de l'édifice, pour faire naître aux perſonnes l'envie d'y entrer & d'y ſatisfaire leur curioſité. Tous les objets viſibles n'entrent dans l'eſprit que par les organes des yeux, comme les ſons dans la muſique n'entrent dans l'eſprit que par les oreilles. Les oreilles & les yeux ſont les portes par leſquelles entrent nos jugemens ſur les concerts de muſique & ſur les ouvrages de Peinture. Le premier ſoin du Peintre auſſi bien que du Muſicien, doit donc être de rendre l'entrée de ces portes libre & agréable par la force de leur harmonie, l'un dans le coloris accompagné de ſon clair-obſcur ; & l'autre dans ſes accords.

Les choſes étant ainſi, & le ſpectateur étant attiré par la force de l'ouvrage, ſes yeux y découvrent les beautés particulieres qui ſont capables d'inſtruire & de divertir. Le curieux y trouve ce qui eſt proportionné à ſon goût, & le Peintre y obſerve les diverſes parties de ſon art, pour profiter du bon, & rejetter le mauvais qui peut s'y rencontrer. Tout n'eſt pas égal dans un ouvrage de Peinture. Il y aura tel tableau qui avec pluſieurs défauts à le conſidérer dans le détail, ne laiſſera pas d'arrêter les yeux de ceux qui paſſent devant, parce que le Peintre y aura fait un excellent uſage de ſes couleurs & de ſon clair-obſcur.

Rembrant, par exemple, ſe divertit un jour à faire le portrait de ſa ſervante, pour l'expoſer à une fenêtre & tromper les yeux des paſſans. Cela lui réuſſit; car on ne s'apperçut que quelques jours après de la tromperie. Ce n'étoit, comme on peut bien ſe l'imaginer de Rembrant, ni la beauté du deſſein, ni la nobleſſe des expreſſions qui avoient produit cet effet.

Etant en Hollande j'eus la curioſité de voir ce portrait que je trouvai d'un beau pinceau & d'une grande force; je l'achetai, & il tient aujourd'hui une place considérable dans mon cabinet.

D'autres Peintres au contraire ont fait voir par leurs ouvrages quantité de perfections dans les diverſes parties de leur art, leſquels n'ont pas été aſſez heureux pour s'attirer d'abord des regards favorables, je dis aſſez heureux, parce que s'ils l'ont fait quelquefois, ç'a été par une diſpoſition d'objets que le haſard avoit placés, & qui dans le lieu qu'ils occupoient, exigeoient un clair-obſcur avantageux, qu'on ne pouvoit leur refuſer, & auquel la ſcience du Peintre avoit très-peu de part; attendu que s'il l'avoit fait par ſcience, il l'auroit pratiqué dans tous ſes tableaux.

Ainſi rien n'eſt plus ordinaire que de voir des tableaux orner des appartemens par la richeſſe ſeulement de leurs bordures, pendant que l'inſipidité & la froideur de la Peinture qu'elles renferment, laiſſent paſſer tranquillement les perſonnes ſans les attirer par aucune intelligence de ce vrai qui nous appelle.

Pour rendre la choſe plus ſenſible, je dois me ſervir de l'exemple des plus habiles

Peintres qui n'ont pas néanmoins possédé dans un degré suffisant la partie qui d'abord frappe les yeux par une imitation très-fidele, & par un vrai dont l'art nous séduise, s'il est possible, en se mettant au-dessus même de la nature. Mais parmi les exemples que l'on peut citer, je n'en puis apporter de plus remarquable que celui de Raphaël à cause de sa grande réputation, & parce qu'il est certain, que de tous les Peintres il n'y en a aucun qui ait eu tant de parties, ni qui les ait possédées dans un si haut degré de perfection.

C'est un fait qui passe pour constant, que de l'aveu de plusieurs personnes, on a vu souvent des gens d'esprit chercher Raphaël au milieu de Raphaël même, c'est-à-dire, au milieu des salles du Vatican, où sont les plus belles choses de ce Peintre, & demander en même-tems à ceux qui les conduisoient, qu'ils leur fissent voir des ouvrages de Raphaël, sans qu'ils donnassent aucune marque qu'ils en fussent frappés du premier coup-d'œil, comme ils se l'étoient imaginés sur le bruit de la réputation de Raphaël. L'idée qu'ils avoient conçue des Peintures de ce grand génie ne se trouvoit pas remplie ; parce qu'ils la mesuroient à celle que naturellement on doit avoir d'une Peinture parfaite. Ils ne pouvoient s'imaginer que l'imitation de la Nature ne se fît pas sentir dans toute sa vigueur & dans toute sa perfection, à la vue des ouvrages d'un Peintre si merveilleux. Ce qui fait bien voir que sans l'intelligence du clair-obscur, & de tout ce qui dépend du du coloris, les autres parties de la Peinture perdent beaucoup de leur mérite, au point même de perfection que Raphaël les a portées.

Je puis donner ici un exemple assez récent du peu d'effet que produisent d'abord les ouvrages de Raphaël. * Cet exemple me vient d'un de mes amis, dont l'esprit & le génie sont connus de tout le monde. Il porte son estime pour ce fameux Peintre jusqu'à l'admiration; & il a cela de commun avec tous les gens d'esprit. Il y a quelque tems que se trouvant à Rome, il témoigna une grande impatience de voir les ouvrages de Raphaël. Ceux que l'on

* Monsieur de Valincourt.

admire le plus, ce sont les fresques qu'il a peintes dans les salles du Vatican. On y mena le curieux dont je parle, & passant indifféremment à travers les salles, il ne s'appercevoit pas qu'il avoit devant les yeux ce qu'il cherchoit avec tant d'empressement. Celui qui le conduisoit l'arrêta tout-à-coup, & lui dit : Où allez-vous si vîte, Monsieur ? voilà ce que vous cherchez, & vous n'y prenez pas garde. Notre curieux n'eut pas plutôt apperçu les beautés que son bon esprit lui découvroit alors, qu'il prit la résolution d'y retourner plusieurs autres fois pour satisfaire pleinement sa curiosité, & pour se former le goût, sur ce qui le piquoit davantage. Qu'eût-ce été si s'en retournant charmé à la vue de tant de belles choses, Raphaël l'avoit d'abord appellé lui-même par l'effet des couleurs propres à chaque objet, soutenues d'un excellent clair-obscur ?

Le gentilhomme dont je viens de parler, s'étoit imaginé qu'il seroit extrêmement surpris à la vue des Peintures d'une si grande réputation. Il ne le fut point, & comme il n'étoit pas Peintre, il se contenta d'examiner & bien louer les airs de têtes, les expressions, la noblesse des attitudes, & les graces qui accompagnoient les choses qui étoient le plus de la portée de sa connoissance; du reste il eut peu de curiosité de s'arrêter aux autres parties qui regardent l'étude des Peintres seulement.

Ce que je viens de rapporter, est un fait qui se renouvelle souvent, non-seulement parmi les curieux ignorans, mais à l'égard même des Peintres de profession qui n'ont encore rien vu des ouvrages de Raphaël.

Ce n'est pas que l'on ne voie quelques tableaux de Raphaël bien coloriés; mais l'on ne doit pas juger sur le très-petit nombre qu'il en a fait de cette sorte; c'est sur le général de ses ouvrages & de ceux de tous les autres Peintres, qu'on doit décider du degré de leur capacité.

Quelques-uns objectent que cette grande & parfaite imitation n'est pas de l'essence de la Peinture, & que si cela étoit, on en verroit des effets dans la plupart des tableaux. Qu'un tableau qui appelle, ne remplit pas toujours l'idée de celui qui va le trouver, & qu'il n'est pas nécessaire que les figures qui composent un tableau, paroissent vouloir entrer en conversation avec ceux qui le regardent ; puisqu'on est bien prévenu que ce n'est que de la Peinture.

Il est vrai que le nombre des tableaux qui appellent le spectateur, n'est pas fort grand ; mais ce n'est pas la faute de la Peinture, dont l'essence est de surprendre les yeux & de les tromper, s'il est possible; il en faut seulement imputer la faute à la négligence du Peintre, ou plutôt à son esprit, qui n'est pas assez élevé ni assez instruit des principes nécessaires pour forcer, s'il faut ainsi dire, les passans de regarder ses tableaux, & d'y faire attention.

Il faut beaucoup plus de génie pour faire un bon usage des lumieres & des ombres, de l'harmonie des couleurs & de leur justesse pour chaque objet particulier, que pour dessiner correctement une figure.

Le dessein, qui demande tant de tems pour le bien savoir, ne consiste presque que dans une habitude de mesures & de contours que l'on répete souvent : mais le clair-obscur & l'harmonie des couleurs sont un raisonnement continuel, qui exerce le génie d'une maniere aussi différente que les tableaux sont composés différemment. Un génie modéré arrive nécessairement â la correction du dessein par sa persévérance dans le travail, & le clair-obscur demande outre les regles une mesure de génie qui doit être assez grande, pour se répandre (s'il faut ainsi parler) dans toutes les autres parties de la Peinture.

Chacun sait que bien que les ouvrages du Titien & de tous les Peintres de son école, n'aient presque point d'autre mérite que celui du clair-obscur & du coloris, ils ne laissent pas d'être payés d'un grand prix, d'être très-recherchés, & de soutenir dans les cabinets des curieux le mérite des tableaux de la premiere classe.

Quand je parle ici du dessein, j'entends seulement cette partie matérielle, qui par des mesures justes forme tous les objets réguliérement : car je n'ignore pas que dans le dessein outre la régularité des mesures, il y a un esprit capable d'assaisonner toutes sortes de formes par le goût & par l'élégance.

Cependant il est aisé de voir que ce qui

a le plus de part à l'effet qui appelle le ſpectateur, c'eſt le coloris composé de toutes ſes parties qui ſont le clair-obſcur, l'harmonie des couleurs, & ces mêmes couleurs que nous appellons locales, lorſqu'elles imitent fidelement chacune en particulier la couleur des objets naturels que le Peintre veut repréſenter. Mais cela n'empêche pas que les autres parties ne ſoient néceſſaires pour l'effet de toute la machine, & qu'elles ne ſe prêtent un mutuel ſecours, les unes pour former, les autres pour orner les objets peints, pour leur donner du goût & de la grace, pour inſtruire les amateurs de Peinture d'une maniere, & les Peintres d'une autre; enfin pour plaire à tout le monde.

Ainſi l'obligation de la Peinture, étant d'appeller & de plaire: quand elle a attiré ſon ſpectateur, ce devoir ne la diſpenſe pas de l'entretenir des différentes beautés qu'elle renferme.

Il me reſte préſentement à placer les parties de la Peinture dans un ordre naturel, qui confirme le lecteur dans l'idée que je viens de tâcher d'établir dans ſon

eſprit.

esprit. Et comme cette idée n'est fondée que sur le vrai, c'est par le traité du vrai dans la Peinture que je dois entamer l'ordre que je donnerai aux autres traités qui suivront celui-ci. J'y suis d'autant plus obligé que ce traité du vrai, & celui de l'idée de la Peinture que je viens d'exposer, ont une si grande relation entr'eux, que c'est presque la même chose. Car toutes les parties de la Peinture ne valent qu'autant qu'elles portent le caractere de ce vrai.

Après l'idée qu'on vient d'établir de la Peinture, & après le traité du vrai, il ne restera plus qu'à rassembler les autres parties de cet art. Et supposé que les fondemens en fussent bien solides, ce seroit le seul moyen de faire un tout qui soit à couvert de la fausse critique, & de l'insulte de ceux qui ne sont pas instruits des véritables principes.

Je vais tâcher d'en établir qui puissent servir de pierres solides, pour bâtir un rempart & élever un palais à la Peinture; où les grands Peintres, les véritables curieux, les amateurs de la Peinture, & les gens de bon goût puiſſent ſe retirer en ſûreté

L'invention donnera la penſée de l'édifice, elle en choiſira la ſituation pittoreſque, bizarre à la vérité, & quelquefois ſauvage; mais agréable au dernier point. Elle ordonnera des matériaux, qui doivent entrer dans la ſtructure de ce palais. Et la diſpoſition diſtribuera les appartemens pour les rendre ſuſceptibles de toutes les ſolides beautés, & de tous les agrémens qu'on voudra leur donner.

Après l'invention & la diſpoſition, le deſſein & le coloris ſuivis de toutes les parties qui en dépendent, ſe préſentent pour l'exécution de ce bâtiment. Le coloris prendra le ſoin de viſiter toutes choſes, & de leur diſtribuer une partie de ſes dons, chacune ſelon ſes beſoins & ſes convenances. Il ordonnera conjointement avec le deſſein du choix des meubles, qui doivent orner l'édifice. Le deſſein aura ſeul par préférence l'intendance de l'Architecture, & le coloris le choix des tableaux. Mais tous deux travailleront de concert, à mettre la derniere main à l'ouvrage, & à n'y laiſſer rien à deſirer.

Le ſite de ce palais pour être convenable à la Peinture, doit être varié de divers objets que la Nature produit de ſon bon gré, ſans art & ſans culture. Les rochers, les torrens, les montagnes, les ruiſſeaux, les forêts, les ciels, & les campagnes avec des accidens extraordinaires, ſans ſortir néanmoins du vraiſemblable, ſont les choſes les plus convenables à la ſituation de cet édifice; & le traité du payſage que je donnerai enſuite, parlera du détail de ces différens objets.

Parmi les habitans de ce palais, la Peinture y recevra la Poëſie avec la diſtinction qu'elle mérite. Elles y vivront enſemble comme deux bonnes ſœurs, qui doivent s'aimer ſans jalouſie, & qui n'ont rien à ſe diſputer: & c'eſt par le parallèle de ces deux arts que je finirai l'ordre que j'ai cru devoir établir dans ce ſyſtême de Peinture que je me ſuis propoſé de donner au public.

Quelques perſonnes d'eſprit ont trouvé à redire que je me ſerviſſe, comme je fais, du défaut de Raphaël, pour confirmer mon ſentiment ſur l'idée de la Peinture, lui qui ne doit être cité (diſent-ils) que comme modele de toute perfection, vu la réputation générale qu'il s'est établie dans le monde. Ils avouent bien que j'ai raison dans le fond : mais que je devois me servir d'un autre exemple, & avoir cette complaisance avec les gens d'esprit pour Raphaël.

Ils ajoutent que les curieux sont déjà prévenus contre moi, sur ce qu'ils se sont imaginés que je préférois Rubens à Raphaël, & que l'exemple dont je me servois pour confirmer mon opinion les révolteroit entiérement au lieu de les ramener, & donneroit dans leur esprit une furieuse atteinte à la connoissance que l'on croit que j'ai dans la Peinture.

Je n'ai autre chose à répondre à cet avis, sinon qu'à l'égard de Raphaël, je ne me suis servi de son exemple, c'est-à-dire du fait qui arrive souvent à la vue de ses ouvrages, que parce qu'il possédoit avec plus d'excellence toutes les parties de son art qu'aucun autre Peintre; que je tirerois plus d'avantage & que j'établirois plus sûrement mon sentiment sur l'idée de la Peinture, si je l'opposois à toutes les perfections de Raphaël. Ce n'est donc pas mépriser Raphaël que de le choisir pour exemple ; parce qu'il a plus de parties qu'un autre Peintre, & que par-là il fait sentir combien toutes ses belles parties perdent de n'être point accompagnées d'un coloris qui appellât le curieux pour les admirer.

Je n'écris, ni pour ceux qui sont tout-à-fait savans en Peinture, ni pour ceux qui sont tout-à-fait ignorans : j'écris pour ceux qui sont nés avec de l'inclination pour ce bel art, & qui l'auront cultivé au moins dans la conversation des habiles connoisseurs & des savans Peintres. J'écris, en un mot, pour les jeunes éleves qui auront suivi la bonne voie, & pour tous ceux qui ayant quelque teinture du dessein & du coloris, & qui ayant examiné sans prévention les beaux ouvrages, ont assez de docilité pour recevoir les vérités qu'on pourra leur insinuer.

Les Peintres demi-savans qui se sont engagés dans un mauvais chemin, & la plupart des savans dans les lettres, veulent ordinairement soutenir de fausses idées qu'ils ont formées d'abord ; & sans connoître, ni dessein, ni coloris, ni Raphaël, ni Rubens, parlent de ces deux Peintres sur une ancienne tradition qui quoique beaucoup diminuée par les bonnes réflexions, a encore laissé des racines dans l'esprit de plusieurs.

Pour moi, je puis dire qu'ayant vu dans mes voyages avec grande attention les plus belles Peintures de l'Europe, je les ai étudiées avec amour, & avec la culture dont j'ai exercé le peu de génie que la naissance m'a donné. J'aime tout ce qui est bon dans les ouvrages des grands maîtres sans distinction des noms, & sans aucune complaisance. J'aime la diversité des écoles célebres; j'aime Raphaël, j'aime le Titien, & j'aime Rubens: je fais tout mon possible pour pénétrer les rares qualités de ces grands Peintres: mais quelques perfections qu'ils aient, j'aime encore mieux la vérité. C'est elle qu'on doit avoir uniquement en vue, sur-tout quand on écrit pour le public; c'est un respect qu'on lui doit & dont j'ai cru ne pouvoir me dispenser.

DU VRAI

dans la Peinture.

L'HOMME tout menteur qu'il est, ne hait rien tant que le mensonge, & le moyen le plus puissant pour attirer sa confiance, c'est la sincérité. Ainsi il est inutile de faire ici l'éloge du vrai. Il n'y a personne qui ne l'aime, & qui n'en sente les beautés. Rien n'est bon, rien ne plaît sans le vrai, c'est la raison, c'est l'équité, c'est le bon sens & la base de toutes les perfections, c'est le but des sciences ; & tous les arts qui ont pour objet l'imitation ne s'exercent que pour instruire & pour divertir les hommes par une fidelle représentation de la Nature. C'est ainsi que ceux qui recherchent les sciences, ou qui s'exercent dans les arts ne sauroient se dire heureux si après tous leurs soins ils n'ont trouvé ce vrai qu'ils regardent comme la récompense de leurs veilles.

Outre ce vrai général qui doit se trouver par-tout, il y a un vrai dans chacun des beaux-arts, & dans chaque science en particulier. Mon dessein est de découvrir ici ce que c'eſt que le vrai dans la Peinture & de quelle conſéquence il eſt au Peintre de le bien exprimer.

Mais avant que d'entrer en matiere, il eſt bon de ſavoir en paſſant que dans l'imitation en fait de Peinture, il y a à obſerver que bien que l'objet naturel ſoit vrai & que l'objet qui eſt dans le tableau ne ſoit que feint, celui-ci néanmoins eſt appellé vrai quand il imite parfaitement le caractere de ſon modele. C'eſt donc ce vrai en Peinture que je tâcherai de découvrir pour en faire voir le prix & la néceſſité.

Je trouve trois ſortes de vrai dans la Peinture.

Le vrai ſimple,

Le vrai idéal,

Et le vrai compoſé, ou le vrai parfait.

Le vrai ſimple que j'appelle le premier vrai eſt une imitation ſimple & fidele des mouvemens expreſſifs de la Nature, & des objets tels que le Peintre les a choiſis pour modele, & qu'ils ſe préſentent d'abord à nos yeux, en ſorte que les carnations paroiſſent de véritables chairs, & les drape-

ries

ries de véritables étoffes selon leur diversité & que chaque objet en détail conserve le véritable caractere de sa nature ; que par l'intelligence du clair-obscur & de l'union des couleurs, les objets qui sont peints paroissent de relief, & le tout ensemble harmonieux.

Ce vrai simple trouve dans toutes sortes de naturels les moyens de conduire le Peintre à sa fin, qui est une sensible & vive imitation de la Nature, ensorte que les figures semblent, pour ainsi dire, pouvoir se détacher du tableau, pour entrer en conversation avec ceux qui les regardent.

Dans l'idée de ce vrai simple, je fais abstraction des beautés qui peuvent orner ce premier vrai, & que le genie ou les regles de l'art pourroient y joindre pour en faire un tout parfait.

Le vrai idéal est un choix de diverses perfections qui ne se trouvent jamais dans un seul modele ; mais qui se tirent de plusieurs & ordinairement de l'antique.

Ce vrai idéal comprend l'abondance des pensées, la richesse des inventions, la convenance des attitudes, l'élégance des contours, le choix des belles expressions, le beau jet des draperies, enfin tout ce qui peut sans altérer le premier vrai le rendre plus piquant & plus convenable. Mais toutes ces perfections ne pouvant subsister que dans l'idée par rapport à la Peinture, ont besoin d'un sujet légitime qui les conserve & qui les fasse paroître avec avantage ; & ce sujet légitime est le vrai simple : de même que les vertus morales ne sont que dans l'idée si elles n'ont un sujet légitime, c'est-à-dire, un sujet bien disposé pour les recevoir & les faire subsister, sans quoi elles ne seroient que de fausses apparences & des fantômes de vertu.

Le vrai simple subsiste par lui-même, c'est l'assaisonnement des perfections qui l'accompagnent ; c'est lui qui les fait goûter & qui les anime : & s'il ne conduit pas lui seul à l'imitation d'une Nature parfaite (ce qui dépend du choix que le Peintre fait de son modele) il conduit du moins à l'imitation de la Nature qui est en général la fin du Peintre. Il est constant que le vrai idéal tout-seul mene par une voie très-agréable ; mais par laquelle le Peintre ne pouvant arriver à la fin de ſon art, eſt contraint de demeurer en chemin, & l'unique ſecours qu'il doit attendre pour l'aider à remplir ſa carriere doit venir du vrai ſimple. Il paroît donc que ces deux vrais, le vrai ſimple & le vrai idéal font un composé parfait, dans lequel ils ſe prêtent un mutuel ſecours, avec cette particularité, que le premier vrai perce & ſe fait ſentir au travers de toutes les perfections qui lui ſont jointes.

Le troiſieme vrai qui eſt composé du vrai ſimple & du vrai idéal fait par cette jonction le dernier achevement de l'art, & la parfaite imitation de la belle Nature. C'eſt ce beau vraiſemblable qui paroît ſouvent plus vrai que la vérité-même, parce que dans cette jonction le premier vrai ſaiſit le ſpectateur, ſauve pluſieurs négligences, & ſe fait ſentir le premier ſans qu'on y penſe.

Ce troiſieme vrai, eſt un but où perſonne n'a encore frappé; on peut dire ſeulement que ceux qui en ont le plus approché ſont les plus habiles. Le vrai ſimple & le vrai idéal ont été partagés ſelon le genie & l'éducation des Peintres qui les ont possédés. Georgion, Titien, Pordenon, le vieux Palme, les Bassans, & toute l'école vénitienne n'ont point eu d'autre mérite que d'avoir possédé le premier vrai. Et Léonard de Vinci, Raphaël, Jules-Romain, Polidore de Caravage, le Poussin, & quelques autres de l'école romaine, ont établi leur plus grande réputation par le vrai idéal; mais sur-tout Raphaël, qui outre les beautés du vrai idéal a possédé une partie considérable du vrai simple, & par ce moyen a plus approché du vrai parfait qu'aucun de sa nation. En effet il paroît que pour imiter la Nature dans sa variété, il se servoit pour l'ordinaire d'autant de naturels différens qu'il avoit de différentes figures à représenter; & s'il y ajoûtoit quelque chose du sien, c'étoit pour rendre les traits plus réguliers & plus expressifs, en conservant toujours le vrai & le caractere singulier de son modele. Quoiqu'il n'ait pas entiérement connu le vrai simple dans les autres parties de la Peinture, il avoit cependant un tel goût pour le vrai en général, que dans la plûpart des parties du corps qu'il dessinoit d'après Nature, il les exprimoit sur son papier comme elles étoient effectivement ; pour avoir des témoins de la vérité toute simple, & pour la joindre à l'idée qu'il s'étoit faite de la beauté de l'antique. Conduite admirable qu'aucun autre Peintre n'a tenue aussi heureusement que Raphaël depuis le rétablissement de la Peinture.

Comme le vrai parfait est un composé du vrai simple & du vrai idéal, on peut dire que les Peintres sont habiles selon le degré auquel ils possedent les parties du premier & du second vrai, & selon l'heureuse facilité qu'ils ont acquise d'en faire un bon composé.

Après avoir établi le vrai de la Peinture, il est bon d'examiner si les Peintres qui ont exagéré les contours de leurs figures pour paroître savans, n'ont point abandonné le vrai en sortant des bornes de la simplicité réguliere.

Comme les Peintres appellent du nom de charge & de chargé tout ce qui est outré, & que tout ce qui est outré est hors de la vraisemblance ; il est certain que tout ce qu'on appelle chargé eſt hors du vrai que nous venons d'établir. Cependant il y a des contours chargés qui plaiſent, parce qu'ils ſont éloignés de la baſſeſſe du naturel ordinaire, & qu'ils portent avec eux un air de liberté & une certaine idée de grand goût, qui impoſe à la plûpart des Peintres, leſquels appellent du nom de grande maniere ces ſortes d'exagérations.

Mais ceux qui ont une véritable idée de la correction, de la ſimplicité réguliere, & de l'élegance de la Nature, traiteront de ſuperflu ces charges qui alterent toujours la vérité. On ne peut néanmoins s'empêcher de louer dans quelques grands ouvrages les choſes chargées, quand une raiſonnable diſtance d'où on les voit les adoucit à nos yeux, ou qu'elles ſont employées avec une diſcrétion qui rend plus ſenſible le caractere de la vérité.

Il y a eu des Peintres qui bien loin de rechercher une juſte modération dans leur deſſein, ont affecté d'en rendre les contours & les muſcles prononcés au de-là d'une juſteſſe que demande leur art, &

cela dans la vue de paſſer pour habiles dans l'anatomie, & dans un goût de deſſein qui attirât l'eſtime de la poſtérité : mais ce motif auſſi-bien que leurs tableaux ont un certain air de pédanterie bien plus capable de diminuer la beauté des ouvrages, que d'augmenter la réputation des Peintres qui les ont faits.

Il eſt vrai que le Peintre eſt obligé de ſavoir l'anatomie, & les exagérations piquantes qui en dérivent, parce que l'anatomie eſt le fondement du deſſein, & que les exagérations peuvent conduire à la perfection ceux qui ſavent en prendre & en laiſſer autant qu'il en faut, pour accorder la juſteſſe & la ſimplicité du deſſein avec le bon goût. Ces exagérations ſont ſuportables & ſouvent agréables dans les deſſeins qui ne ſont que les penſées des tableaux ; & le Peintre ſavant s'en peut ſervir utilement lorſqu'il commence & qu'il ébauche ſon ouvrage : mais il doit les retrancher quand il veut que ſon tableau paroiſſe dans ſa perfection, comme un Architecte retranche & rejette le ceintre qui lui a ſervi à bâtir ſa voûte.

Enfin les ſtatues antiques qui ont paſſé dans tous les tems pour la regle de la beauté, n'ont rien de chargé, ni rien d'affecté, non plus que les ouvrages de ceux qui les ont toujours ſuivies, comme Raphaël, le Pouſſin, le Dominiquin, & quelques autres.

Non-ſeulement toute affectation deplaît, mais la Nature eſt encore obſcurcie par le nuage de la mauvaiſe habitude que les Peintres appellent maniere.

Pour bien entendre ce principe, il eſt bon de ſavoir qu'il y a deux ſortes de Peintres. Quelques-uns qui ſont en petit nombre peignent ſelon les principes de leur art, & font des ouvrages où le vrai ſe rend aſſez ſenſible pour arrêter le ſpectateur & lui faire plaiſir. D'autres peignent ſeulement de pratique par une habitude expéditive qu'ils ont contractée d'eux-mêmes ſans raiſonner, ou qu'ils ont appriſe de leurs maîtres ſans réflechir. Ils font quelquefois bien par hazard ou par reminiſcence, & toujours médiocrement quand ils travaillent de leur propre fond. Comme ils ne ſe ſervent que rarement du naturel, ou qu'ils le réduisent à leur habitude, ils n'expriment jamais ce vrai, ni ce vraisemblable qui est l'unique objet du véritable Peintre, & la fin de la Peinture.

Au reste de tous les beaux arts, celui où le vrai se doit trouver le plus sensiblement est sans doute la Peinture. Les autres arts ne font que réveiller l'idée des choses absentes, au lieu que la Peinture les supplée entiérement, & les rend présentes par son essence qui ne consiste pas seulement à plaire aux yeux, mais à les tromper.

Apelles faisoit les portraits si vrais & si ressemblans dans l'air, & dans le détail du visage, qu'un certain faiseur d'horoscopes disoit en les voyant tout ce qui étoit du tempérament de la personne peinte, & les choses qui devoient lui arriver. Apelles avoit donc plus de soin d'observer le vrai dans ses portraits, que de les embellir en les altérant.

En effet le vrai a tant de charmes en cette occasion, qu'on le doit toujours préférer au secours d'une beauté étrangere. Car sans vrai les portraits ne peuvent conſerver qu'une idée vague & confuſe de nos amis, & non pas un véritable caractere de leur perſonne.

Que conclure de tout ce raiſonnement ? Sinon qu'il y a dans la Peinture un premier vrai, un vrai eſſentiel qui conduit plus directement le Peintre à ſa fin, un vrai animé qui non-ſeulement ſubſiſte & vit par lui-même, mais encore qui donne la vie à toutes les perfections dont il eſt ſuſceptible, & dont on veut le revêtir, & que ces perfections ne ſont que de ſecondes vérités qui toutes ſeules n'ont aucun mouvement, mais qui à la vérité font honneur au premier vrai lorſqu'elles lui ſont attachées. Et ce premier vrai de la Peinture eſt, comme nous avons dit, une imitation ſimple & fidelle des mouvemens expreſſifs de la Nature, & des objets tels qu'ils ſe préſentent d'abord à nos yeux avec leur variété & leur caractere.

Il paroît donc que tout Peintre qui non-ſeulement négligera ce premier vrai, mais qui n'aura pas un grand ſoin de le bien connoître & de l'acquérir avant toutes choſes ne bâtira que ſur le ſable, & ne passera jamais pour un véritable imitateur de la Nature ; & que toute la perfection de la Peinture consiste dans les trois sortes de vrai que nous venons d'établir.

COPIE D'UNE LETTRE

de Monsieur du Guet, à une Dame de qualité qui lui avoit envoyé le traité ci-devant, & qui lui en avoit demandé sa pensée.

Le neuvieme Mars 1704.

LE Traité du vrai dans la Peinture, Madame, m'a plus instruit & m'a donné un plus solide plaisir que les discours dont vous savez que j'ai été si content. Il m'a paru n'être pas seulement un abrégé des regles, mais en découvrir le fondement & le but ; & j'y ai appris avec beaucoup de satisfaction le secret de concilier deux choses qui me sembloient opposées, d'imiter la Nature & de ne se pas borner à l'imiter ; d'ajouter à ses beautés pour les atteindre, & de la corriger pour la bien faire sentir.

Le vrai simple fournit le mouvement & la vie. L'idéal lui choisit avec art tout ce qui peut l'embellir & le rendre touchant ; & il ne le choisit pas hors du vrai simple qui est pauvre dans certaines parties, mais riche dans son tout.

Si le second vrai ne suppose pas le premier, s'il l'étouffe & l'empêche de se faire plus sentir que tout ce que le second lui ajoute, l'art s'éloigne de la Nature, il se montre au lieu de la représenter, il trompe l'attente du spectateur, & non ses yeux, il l'avertit du piége & ne sait pas le lui préparer.

Si au contraire le premier vrai qui a toute la vérité du mouvement & de la vie, mais qui n'a pas toujours la noblesse, l'exactitude, & les graces qui se trouvent ailleurs, demeure sans le secours d'un second vrai toujours grand & parfait, il ne plaît qu'autant qu'il est agréable & fini : & le tableau perd tout ce qui a manqué à son modele.

L'usage donc de ce second vrai consiste à suppléer dans chaque sujet ce qu'il n'avoit pas, mais qu'il pouvoit avoir, & que la Nature avoit répandu dans quelques autres, & de réunir ainsi ce qu'elle divise presque toujours.

Ce second vrai, à parler dans la rigueur, eſt preſque auſſi réel que le premier ; car il n'invente rien, mais il choiſit par tout. Il étudie tout ce qui peut plaire, inſtruire, animer. Rien ne lui échappe, lors même qu'il paroît échappé au hazard.

Il arrête par le deſſein ce qui ne ſe montre qu'une fois ; & il s'enrichit de mille beautés différentes, pour être toujours régulier, & ne jamais retomber dans les redites.

C'eſt pour cette raiſon, ce me ſemble, que l'union de ces deux vrais a un effet ſi ſurprenant : car alors c'eſt une imitation parfaite de ce qu'il y a dans la Nature de plus touchant, & de plus parfait.

Tout eſt alors vraiſemblable parce que tout eſt vrai ; mais tout eſt ſurprenant, parce que tout eſt rare. Tout fait impreſſion, parce que l'on a obſervé tout ce qui eſt capable d'en faire : mais rien ne paroît affecté, parce qu'on a choiſi le naturel en choiſiſſant le merveilleux & le parfait.

C'eſt s'écarter de ces regles & de la fin de la Peinture, que de vouloir faire remarquer une beauté au préjudice d'une autre, ou que de vouloir être eſtimé par une partie & non par le tout. Le deſſein, la connoiſſance de l'anatomie, le deſir même de plaire & d'être approuvé, doivent céder à la vérité. Il faut que la Peinture enleve le spectateur dans les premiers momens, & qu'on ne revienne au Peintre que par l'admiration de son ouvrage.

Monsieur de Piles a très-heureusement marqué le caractere du Titien par le vrai simple dans sa plus grande force, & celui de Raphaël par l'anoblissement du simple uni à l'idéal : & je ne sais si l'on pouvoit établir une maniere plus spirituelle & plus universelle pour juger du mérite des plus grands Peintres, qu'en allant au-delà de leurs efforts & de leurs succès, & marquant pour terme l'union des deux vrais qu'ils ont dû chercher, & qu'ils n'ont pu atteindre.

Je ne sais, Madame, pourquoi j'en dis tant, mais vous verrez par-là combien je suis plein de ce que je viens de lire, & quelle estime je fais des choses que je ne puis m'empêcher de vous rapporter lors même que je comprends que je les gâte & les affoiblis. Je suis, Madame, avec tout le respect possible,

Votre très-humble & très-obéissant Serviteur, ***.

DE L'INVENTION.

POUR garder quelque ordre en parlant des parties de la Peinture, on peut la conſidérer de deux façons, ou dans un jeune homme qui l'étudie, ou dans un Peintre conſommé qui la pratique. Si on la regarde de la maniere dont elle s'apprend, on doit commencer par s'entretenir du deſſein, puis du coloris, & finir par la compoſition : parce qu'il eſt inutile d'imaginer ce qu'on voudroit imiter, ſi on ne le ſait pas imiter, & que la repréſentation des objets ne ſe peut faire que par le deſſein & par le coloris. Mais à regarder cet art dans ſa perfection & dans l'ordre dont il s'exécute, ſuppoſé de plus dans le Peintre une habitude conſommée des parties de ſon art, pour l'exercer avec facilité, la premiere partie qui ſe préſente à nous eſt l'invention. Car pour repréſenter des objets, il faut ſavoir quels objets on veut repréſenter. C'eſt de cette derniere ſorte que j'enviſage ici la Peinture, dans la vue d'en donner une idée plus proportionnée au goût du grand nombre.

Pluſieurs auteurs en parlant de Peinture,

ſe ſont ſervis du mot d'invention, pour exprimer des choſes différentes. Quelques-uns s'en ſont fait une telle idée, qu'ils ont cru qu'elle renfermoit toute la compoſition d'un tableau. D'autres ſe ſont imaginés que d'elle dépendoit la fécondité du génie, la nouveauté des penſées, la maniere de les tourner, & de traiter un même ſujet de différentes façons. Mais quoique ces choſes ſoient excellentes pour ſoutenir l'invention, pour l'orner, pour lui donner de la chaleur, & pour la rendre vive & piquante, elles n'en ſont néanmoins, ni le fondement, ni l'eſſence. Un Peintre qui n'aura point toutes ces choſes, peut ſatisfaire à cette partie, par la juſteſſe de ſes penſées, par la prudence de ſon choix, & par la ſolidité de ſon jugement.

L'invention n'étant qu'une partie de la compoſition, elle n'en peut pas donner une idée complette. Car la compoſition comprend & l'invention, & la diſpoſition; autre choſe eſt d'inventer les objets, autre choſe de les bien placer. Je ne m'arrêterai point ici à réfuter les autres idées que l'on a eues ſur l'invention, & j'eſpere vous la définir

définir d'une maniere si vraie & si sensible, que je ne présume pas qu'il y ait là-dessus aucune diversité de sentimens.

Il me paroît donc que l'invention est un choix des objets qui doivent entrer dans la composition du sujet que le Peintre veut traiter.

Je dis que c'est un choix, parce que les objets ne doivent point être introduits dans le tableau inconsidérément, & sans contribuer à l'expression & au caractere du sujet. Je dis encore que ces objets doivent entrer dans la composition du tableau, & non pas la faire toute entiere; afin de ne point confondre l'invention avec la disposition, & de laisser à celle-ci toute la liberté de sa fonction, qui consiste à placer ces mêmes objets avantageusement.

Les poëtes aussi bien que les orateurs ont plusieurs styles pour s'exprimer selon le sujet qu'ils ont entrepris de traiter; & de là dépend le choix des paroles, de l'harmonie & du tour des pensées. Il en est de même dans la Peinture: quand le Peintre s'est déterminé à quelque sujet, il est obligé d'y proportionner le choix des figures, & de tout ce qui les accompagne ; & les Peintres comme les poëtes ont leur style élevé pour les choses élevées, familier pour celles qui sont ordinaires, pastoral pour les champêtres, & ainsi du reste. Quoique tous ces styles différens conviennent à toutes les parties de la Peinture, ils sont néanmoins plus particuliérement du ressort de l'invention. Mais cette matiere est d'une assez grande étendue, pour faire le sujet d'un traité particulier.

L'invention par rapport à la Peinture se peut considérer de trois manieres : elle est, ou historique simplement, ou allégorique, ou mystique.

Les Peintres se servent avec raison du mot d'histoire, pour signifier le genre de Peinture le plus considérable, & qui consiste à mettre plusieurs figures ensemble ; & l'on dit : ce Peintre fait l'histoire, cet autre fait des animaux, celui-ci du Paysage, celui-là des fleurs, & ainsi du reste. Mais il y a de la différence entre la division des genres de Peinture & la division de l'invention. Je me sers ici du mot d'histoire dans un sens plus étendu ; j'y comprends tout ce qui peut fixer l'idée du Peintre, ou instruire le spectateur, & je dis que l'invention simplement historique est un choix d'objets, qui simplement par eux-mêmes représentent le sujet.

Cette sorte d'invention ne regarde pas seulement toutes les histoires vraies & fabuleuses, telles qu'elles sont écrites dans les auteurs, ou qu'elles sont établies par la tradition : mais elle comprend encore les portraits des personnes, la représentation des pays, des animaux, & de toutes les productions de l'art & de la Nature. Car pour faire un tableau, ce n'est point assez que le Peintre ait ses couleurs & ses pinceaux tout prêts, il faut, comme nous avons déja dit, qu'avant de peindre, il ait résolu ce qu'il veut peindre, ne fut-ce qu'une fleur, qu'un fruit, qu'une plante, ou qu'un insecte. Car outre que le Peintre peut borner son idée à leur seule représentation, elles sont capables souvent de nous instruire. Elles ont leurs vertus & leurs propriétés. Ceux qui en ont écrit, & qui ont accompagné leur ouvrage de figures démonstratives, l'ont nommé du nom d'histoire, & l'on dit l'histoire des plantes, l'histoire des animaux, comme on dit l'histoire d'Alexandre. Ce n'est pas que l'invention simplement historique n'ait ses degrés, & qu'elle ne soit plus ou moins estimable, selon la quantité des choses qu'elle contient, & la qualité du choix & du génie.

L'invention allégorique est un choix d'objets qui servent à représenter dans un tableau, ou en tout, ou en partie, autre chose que ce qu'ils sont en effet. Tel est, par exemple, le tableau d'Apelles qui représente la calomnie, duquel Lucien fait la description. Telle est la Peinture morale d'Hercule entre Venus & Minerve, où ces Divinités payennes ne sont introduites que pour nous marquer l'attrait de la vertu. Telle est celle de l'école d'Athenes où plusieurs figures, de tems, de pays, & de condition différentes concourent à représenter la Philosophie. Les trois autres tableaux qui sont au Vatican dans la même chambre, sont traités dans le même genre d'allégorie. Et si l'on veut faire attention à ce qui s'est passé dans l'ancien Testament, on trouvera que les faits qui y sont rapportés, ne sont pas tellement d'histoire simple, qu'ils ne soient aussi (1) allégoriques, parce qu'ils sont des symboles de ce qui devoit arriver dans la nouvelle loi. Voilà des exemples de sujets qui sont allégoriques en tout ce qu'ils contiennent.

Les ouvrages dont les objets ne sont allégoriques qu'en partie, attirent plus facilement & plus agréablement notre attention, parce que le spectateur qui est aidé par le mêlange des figures purement historiques, demêle avec plaisir les allégories qui les accompagnent. Nous en avons un exemple authentique dans les bas-reliefs de la colonne Antonine, où le sculpteur ayant à exprimer une pluie que la légion Chrétienne avoit obtenue par ses prieres (2), introduit parmi ces soldats un Jupiter pluvieux, la barbe & les cheveux inondés de l'eau qui en coule avec abondance. Jupiter n'est pas représenté là comme un Dieu

(1) *I. Cor.* 10. 6.

(2) *Ce fait arriva sous le Regne de Marc-Aurele, qui érigea cette Colonne, où il fit représenter en bas-relief les Guerres qu'il eut contre les Allemans & contre les Sarmates, & qui par reconnoissance fit mettre sur cette même colonne, la statue d'Antonin qui l'avoit adopté à l'Empire.*

qui fasse partie de l'histoire, mais comme un symbole qui signifie la pluie parmi les payens. Les anciens auteurs en parlant des ouvrages de Peinture de leur tems, nous rapportent quantité d'exemples d'allégories; & depuis le renouvellement de la Peinture, les Peintres en ont fait un usage assez fréquent: & si quelques-uns en ont abusé, c'est que ne sachant pas que l'allégorie est une espece de langage qui doit être commun entre plusieurs personnes, & qui est fondé sur un usage reçu, & sur l'intelligence des livres de medailles, ils ont mieux aimé, plutôt que de les consulter, imaginer une allégorie particuliere, qui bien qu'ingénieuse n'a pu être entendue que d'eux-mêmes.

L'invention mystique, regarde notre Religion: elle a pour but de nous instruire de quelque mystere fondé dans l'Ecriture, lequel nous est représenté par plusieurs objets qui concourent à nous enseigner une vérité.

Nos mysteres & les points de foi que l'église nous propose, nous en fournissent quantité d'exemples. Le deuxieme concile de Nicée ayant laissé la liberté d'exposer aux yeux des fideles le mystere de la Trinité ; les Peintres représentent le Pere sous la figure d'un véritable viellard ; le Fils dans son humanité, tel qu'il a paru à ses disciples après sa résurrection ; & le S. Esprit sous l'apparence d'une colombe. Le jugement universel, le triomphe de l'église, ceux de la loi, de la foi, & de l'Eucharistie sont encore de cette nature. Parmi la quantité d'exemples que les habiles Peintres nous ont laissés, j'en rapporterai un très-ingénieux, dont je conserve chérement l'esquisse colorié. Il représente le mystere de l'incarnation.

Si l'auteur du tableau avoit voulu peindre l'annonciation historiquement, il se seroit contenté de faire voir la vierge dans une simple chambre, sans autre compagnie que celle de l'ange : mais ayant résolu de traiter ce sujet en mystere, il a placé la sainte vierge sur une espece de trône, où étant à genoux, elle reçoit humblement, mais avec dignité, l'ambassade de l'Ange pendant que Dieu le pere qui avoit traité avec son fils du prix de la rédemption des hommes, assiste, pour ainsi dire, à l'exécution du contrat. Il est assis majestueusement, appuyé sur le globe du monde, entouré de la cour celeste, & ayant à sa droite la justification & la paix qu'il étoit convenu de donner à toute la terre. Il envoie son saint Esprit pour opérer ce grand mystere. Cet Esprit saint est entouré d'un cercle d'Anges qui se tiennent par la main, & qui se réjouissent de ce que les places des mauvais Anges alloient être remplies par les hommes. Plusieurs Anges qui terminent cette partie céleste de tableau, tiennent dans leurs mains différens attributs que l'église applique à la Ste. vierge, & qui font voir que cette créature étoit la plus digne de la grace dont elle étoit comblée. Tout ce grand spectacle compose la partie supérieure du tableau : en bas sont les Patriarches qui ont souhaité la venue du Messie, les Prophetes qui l'ont prédite, les Sibylles qui en ont parlé, & des petits génies qui concilient les passages des Sibylles avec ceux des Prophetes. C'est ainsi que ce tableau représente mystiquement la vérité & la grandeur de son sujet.

Voilà

Voilà les trois manieres dont on peut concevoir l'invention, c'est-à-dire l'invention simplement historique, l'invention allégorique, & l'invention mystique. Voyons ce que ces trois sortes d'inventions ont de commun entr'elles, & puis nous parlerons des qualités que chacune exige en particulier.

Le Peintre qui a du génie trouve dans toutes les parties de son art une ample matiere de le faire paroître : mais celle qui lui fournit plus d'occasions de faire voir ce qu'il a d'esprit, d'imagination, & de prudence, est sans doute l'invention. C'est par elle que la Peinture marche de pas égal avec la Poésie, & c'est elle principalement qui attire l'estime des personnes les plus estimables, je veux dire des gens d'esprit, qui non contens de la seule imitation des objets, veulent que le choix en soit juste pour l'expression du sujet.

Mais ce même génie veut être cultivé par les connoissances qui ont relation à la Peinture; parce que quelque brillante que soit notre imagination, elle ne peut produire que les choses dont notre esprit s'est rempli, & notre mémoire ne nous rapporte que les idées de ce que nous savons, & de ce que nous avons vu. C'est selon cette mesure que les talens des particuliers demeurent dans la bassesse des objets communs, ou s'élevent au sublime, par la recherche de ceux qui sont extraordinaires. C'est par-là que certains Peintres, qui ont cultivé leur esprit ont heureusement suppléé au génie qui leur manquoit d'ailleurs, & qui s'éleve & s'agrandit avec eux. Sans les connoissances nécessaires, on fait beaucoup de fautes; avec elles, tout se présente & se range en son ordre insensiblement.

Il est bon néanmoins que les jeunes gens après être sortis des études essentielles a leur art, & avant que de donner des preuves sérieuses & publiques de leur capacité, exercent leur génie sur toutes sortes de sujets: & comme un vin nouveau qui exhale violemment ses fumées pour rendre avec le tems sa liqueur plus agréable, ils s'abandonnent à l'impétuosité de leur imagination, & que laissant évaporer ses premieres saillies, ils épurent après quelque tems les images de leurs pensées.

Mais qu'ils ne se fient pas tant à la bonté de leur esprit, qu'ils consultent leurs amis éclairés, afin de découvrir l'espece, & la mesure de leur talent. Qu'ils se regardent comme une plante qui veut être cultivée dans un terrein plutôt que dans sa saison.

De cette maniere si le choix du sujet dépend du Peintre, il doit préférer celui qui est proportionné à l'étendue & à la nature de son génie, & qui soit capable de lui fournir matiere de l'exercer dans la partie qu'il possede avec plus d'avantage. Il faut que pour donner de la chaleur à son imagination, il tourne ses idées de différentes façons; il faut qu'il lise plusieurs fois son sujet avec application; afin que l'image s'en forme vivement dans son esprit, & que selon la grandeur de la matiere, il se laisse emporter jusqu'à l'enthousiasme, qui est le propre d'un grand Peintre & d'un grand Poëte.

Comme le Peintre ne peut représenter dans un même tableau que ce qui se voit d'un coup d'œil dans la nature, il ne peut par conséquent nous y exposer ce qui s'est passé dans des tems différens : Et si quelques Peintres ont pris la liberté de faire le contraire, ils en sont inexcusables, à moins qu'ils n'y aient été contraints par ceux qui les ont employés ou qu'ils n'aient eu dans la pensée de composer un sujet mystérieux ou allégorique, comme est le tableau de l'école d'Athenes.

Mais quand le Peintre a une fois bien choisi son sujet, il est très à propos qu'il y fasse entrer les circonstances qui peuvent servir à fortifier le caractere de ce même sujet, & le faire connoître ; pourvu qu'elles n'y soient pas en assez grand nombre pour lasser notre attention : mais plutôt que le choix en soit assez judicieux pour exercer agréablement notre esprit : & ces circonstances regardent, le lieu, le tems, & les personnes.

Ainsi il est encore fort à propos que le Peintre en instruisant son spectateur, le divertisse par la variété. Elle se trouve dans les sexes, dans les âges, dans les païs, dans les conditions, dans les attitudes, dans les expressions, dans la bizarerie des animaux, dans les étoffes, dans les arbres, dans les édifices, & dans tout ce qui peut exercer l'esprit, & orner convenablement la scene d'un tableau. Je ne voudrois néanmoins approuver cette abondance d'objets, & cette variété si agréable d'elle-même, qu'autant qu'elle seroit convenable au sujet, & qu'elle y auroit du moins une relation instructive.

Car comme il y a des sujets qui ne respirent que la joie ou la tranquillité, il y en a d'autres qui sont lugubres ou qui doivent être représentés dans une agitation tumultueuse. Il y en a qui demandent de la gravité, de la dignité, du respect, du silence, & quelquefois de la solitude, lesquels ne peuvent souffrir que peu de figures; comme il s'en trouve qui en sont susceptibles d'un grand nombre, & d'une variété d'objets tels que la prudence du Peintre y voudra introduire: car il faut que tout se rapporte au héros du sujet, & conserve une unité bien liée & bien entendue.

Ce sont-là les choses qui conviennent en général à ces trois sortes d'inventions; il nous reste à voir ce qui est propre à chacune.

Entre les qualités que peut avoir l'invention ſimplement hiſtorique, j'en remarque trois, la fidélité, la netteté, & le bon choix. J'ai obſervé ailleurs que la fidélité de l'hiſtoire n'étoit pas de l'eſſence de la Peinture, mais une convenance indiſpenſable à cet art. Et quoique le Peintre ne ſoit hiſtorien que par accident, c'eſt toujours une grande faute que de ſortir mal de ce que l'on entreprend. J'entends par la fidélité de l'hiſtoire, l'étroite imitation des choſes vraies ou fabuleuſes telles qu'elles nous ſont connues par les auteurs, ou par la tradition. Il eſt ſans doute que cette imitation donne d'autant plus de force à l'invention, & releve d'autant plus le prix du tableau, qu'elle conſerve de fidélité.

Mais ſi le Peintre a l'induſtrie de mêler dans ſon ſujet quelque marque d'érudition qui réveille l'attention du ſpectateur ſans détruire la vérité de l'hiſtoire, s'il peut introduire quelque trait de poéſie dans les faits hiſtoriques qui pourront le ſouffrir en un mot, s'il traite ſes ſujets ſelon la licence modérée qui eſt permiſe aux Peintres & aux Poëtes, il rendra ſes inventions élevées, & s'attirera une grande diſtinction. La fidélité est donc la premiere qualité de l'histoire.

La seconde est la netteté, en sorte que le spectateur suffisamment instruit dans l'histoire, dévelope facilement celle que le Peintre aura voulu représenter. D'où il s'ensuit qu'il faut ôter l'équivoque par quelque marque qui soit propre au sujet, & qui détermine l'esprit en sa faveur. Je parle des sujets qui ne sont pas fort ordinaires; car pour ceux qui sont connus du public, & qui ont été plusieurs fois répétés, ils n'ont pas besoin de cette précaution.

Que si le sujet n'est point assez connu, ou qu'on ne puisse raisonnablement y introduire quelque objet qui le déclare, le Peintre ne doit point hésiter d'y mettre une inscription. Entre plusieurs exemples que les anciens & les modernes nous en fournissent, j'en choisirai seulement deux qui sont très-connus, l'un est de Raphaël, & l'autre d'Annibal Carache. Celui-ci ayant peint dans la galerie Farnese le moment où Anchise cherche à donner des marques de son amour à la Déesse Venus, & voulant empêcher qu'on ne prît Anchise pour

Adonis, s'est ingénieusement servi du mot de Virgile, (1) *Genus unde Latinum*, qu'il a écrit au-dessous du lit dans l'épaisseur de l'estrade. Et Raphaël dans son Parnasse où il a placé Sapho parmi les Poëtes, a écrit le nom de cette savante fille, de peur qu'on ne la confondît avec les Muses.

La troisieme qualité de l'histoire consiste dans le choix du sujet, supposé que le Peintre en soit le maître : parce qu'un sujet remarquable fournit plus d'occasions d'enrichir la scene & d'attirer l'attention. Mais si le Peintre se trouve engagé dans un petit sujet, il faut qu'il tâche de le rendre grand par la maniere extraordinaire dont il le traitera.

L'invention allégorique exige pareillement trois qualités. La premiere est d'être intelligible. C'est un aussi grand défaut de tenir long-tems l'attention en suspens par des symboles nouvellement inventés, comme c'est une perfection que de l'entretenir quelques momens par des figures allégoriques connues, reçues, & employées

(1) Ce mot veut dire : *C'est d'où vient l'origine des Latins.*

ingénieuſement. L'obſcurité rebute l'eſprit, & la netteté le fait jouïr agréablement de ſa découverte.

La ſeconde qualité de l'allégorie, eſt d'être autoriſée. Ripa en a écrit un volume exprès qui eſt entre les mains des Peintres : mais ce qui eſt de meilleur dans cet auteur, eſt ce qu'il a extrait des medailles antiques : ainſi l'autorité la mieux reçue pour les allégories, eſt celle de l'antiquité, parce qu'elle eſt inconteſtable.

La troiſieme qualité de l'allégorie, eſt d'être néceſſaire ; car tant que l'hiſtoire ſe peut éclaircir par des objets ſimples qui lui appartiennent, il eſt inutile de chercher des ſecours étrangers qui l'ornent bien moins qu'ils ne l'embaraſſent.

A l'égard de l'invention myſtique, comme elle eſt entiérement conſacrée à notre religion, il faut qu'elle ſoit pure, & ſans mélange d'objets tirés de la fable. Elle doit être fondé ſur l'Ecriture, ou ſur l'hiſtoire eccléſiaſtique. Nous en avons une ſource très-vive dans les paraboles dont Jeſus-Chriſt s'eſt ſervi, & dans l'Apocalypſe dont nous devons reſpecter (1) l'obſ-

(1) *Sicut tenebræ ejus ita & lumen ejus.*

curité ſans être obligés de l'imiter. Le Saint-Eſprit qui ſouffle où il veut ſe fait entendre quand il lui plaît : mais le Peintre qui ne peut, ni pénétrer, ni changer l'eſprit de ſon ſpectateur, doit toujours faire ſes efforts pour ſe rendre intelligible.

Comme rien n'eſt plus ſaint, plus grand, ni plus durable que les myſteres de notre Religion, ils ne peuvent être traités d'un ſtyle trop majeſtueux. Tout ce qui plaît ne plaît pas toujours, & les plus grands plaiſirs finiſſent ordinairement par le dégoût : mais celui que donne l'idée de la grandeur & de la magnificence ne finit jamais.

Au reſte de quelque maniere que l'invention ſoit remplie, il faut qu'elle paroiſſe l'effet d'un génie facile, plutôt que d'une pénible réflexion ; & s'il y a des talens pour la facilité, il y en a auſſi pour couvrir la peine ; les uns & les autres ont leur mérite & leurs partiſans.

Heureux celui qui a reçu de la nature un génie capable de courir la vaſte carriere de la partie dont je viens de parler, & de bien choiſir ſes objets pour rendre ſon ſujet intelligible, pour l'enrichir, & pour inſtruire ſon ſpectateur. Mais plus heureux encore le Peintre, qui après avoir connu tout ce qui contribue à une belle invention, ſe connoît beaucoup plus ſoi-même, & qui ſait la juſte valeur de ſes propres forces : car la gloire d'un Peintre ne conſiſte pas tant à entreprendre de grandes choſes, qu'à bien ſortir de celles qu'il aura entrepriſes.

DESCRIPTION DE L'ECOLE D'ATHENES,

Pour ſervir d'exemple au traité de l'invention.

Tableau de Raphaël.

CE tableau qui porte le nom de l'école d'Athenes a été diverſement conçu par ceux qui en ont fait la deſcription ; & il eſt aſſez extraordinaire que Vaſari entr'autres, qui vivoit du tems de Raphaël, ſe ſoit ſi fort mépris dans l'explication qu'il en a publiée, qu'il ait négligé de puiſer à la ſource même les inſtructions dont il avoit besoin pour parler d'un ouvrage qui faisoit tant de bruit dans toute l'Italie.

Cet auteur qui en a écrit le premier, dit que c'est l'accord de la Philosophie & de l'Astrologie avec la Théologie. Cependant on ne voit aucune marque de Théologie dans la composition de ce tableau. Les graveurs qui l'ont donné au public, y ont mis mal à propos une inscription tirée des actes de saint Paul, pour nous induire à croire que cet Apôtre après avoir rencontré un autel où étoit écrit, AU DIEU INCONNU, *Ignoto Deo*, se présente ici devant les juges de l'Aréopage pour leur donner la connoissance du Dieu qu'ils ignoroient, & pour les instruire de la résurrection des morts dont les Epicuriens & les Stoïciens disputoient entr'eux.

Augustin vénitien s'est encore plus lourdement trompé, lorsque dans l'estampe de cinq ou six figures qu'il a gravée, lesquels sont à main droite du tableau, il a supposé que le Philosophe qui écrit étoit saint Marc, & que le jeune homme qui a un genouil en terre étoit l'ange Gabriel qui tient une table où ce graveur a mis la saluration angélique, *Ave, Maria*, & le reste.

Il est inutile d'employer ici beaucoup de tems à réfuter ces erreurs également grossieres, je me contenterai seulement de raporter les quatre figures du plat fond qui répondent aux quatre sujets qui sont peints dans la chambre où est ce tableau, & qui les désignent incontestablement.

La premiere représente la Théologie avec ces mots, *Scientia Divinarum Rerum.*

La seconde, la Philosophie avec ces mots. *Causarum cognitio.*

La troisieme, la Jurisprudence avec ces mots, *Jus suum unicuique tribuens.*

La quatrieme, la Poësie avec ces mots, *Numine afflatur.*

La figure qui représente la Philosophie est au-dessus du tableau dont nous parlons, appellé communément l'école d'Athenes; ainsi l'on ne peut mettre en doute que cette Peinture ne représente la Philosophie, comme on le verra plus clairement par le détail que j'en vais faire.

La scene du tableau est un édifice d'une magnifique architecture composée d'arcades & de pilastres, & disposée d'une maniere à rendre sa perspective fuyante, son enfoncement avantageux, & à donner une grande idée du sujet. Ce lieu est rempli de Philosophes, de Mathématiciens, & d'autres personnes attachées aux sciences; & comme ce n'est que par la succession des tems que la Philosophie est parvenue dans le degré de perfection où nous la voyons, Raphaël qui vouloit représenter cette science par l'assemblée des Philosophes, n'a pu le faire en joignant ceux d'un siècle seulement. Ce n'est point une simple histoire que le Peintre a voulu représenter, c'est une allégorie où la diversité des tems & des païs n'empêche point l'unité du sujet. Le peintre en a usé ainsi dans les trois autres tableaux de la même chambre où il a peint la Théologie, la Jurisprudence, & la Poésie. L'on voit dans le premier les différens Peres de l'église; dans le second les Jurisconsultes; & dans le troisieme, les Poëtes de tous les tems.

L'idée que donne la disposition de toutes les figures de ce tableau, & la nature de leurs diverses occupations, font croire facilement que leurs entretiens ne peuvent être qu'entre des gens remplis de plusieurs connoissances, comme sont les Philosophes. On y reconnoît même Pythagore, Socrate, Platon, Aristote avec leurs disciples; & l'on y voit parmi les Philosophes des gens occupés des sciences mathématiques.

Sur le milieu du plan d'en-haut sont les deux plus fameux Philosophes de l'antiquité, Platon & Aristote. Le premier tient sous le bras gauche un livre, sur lequel est écrit ce mot Italien, *Timeo*, titre que porte le plus beau dialogue de Platon; & comme cet écrit traite mystiquement des choses naturelles par rapport aux divines, ce Philosophe a le bras droit levé, & montre le ciel comme la cause suprême de toutes choses.

A la gauche de Platon, est son disciple Aristote, qui tient un livre appuyé contre sa cuisse sur lequel on lit ce mot, *Eticha*, c'est-à-dire la science des mœurs; parce que ce philosophe s'y est principalement attaché; & le bras qu'il a étendu est une action de pacificateur & de modérateur des passions, ce qui convient parfaitement à la morale.

De côté & d'autre de ces deux grands Philosophes, sont leurs disciples de tous âges, dont les figures sont groupées ingénieusement & disposées de maniere à faire paroître avantageusement les deux principales, & qui sont les héros du tableau. Et bien que les attitudes de ces disciples soient différentes, elles montrent toutes une grande attention aux paroles de leurs maîtres.

Derriere les auditeurs de Platon, est Socrate tourné du côté d'Alcibiade qui est vis-à-vis de ce Philosophe. L'un & l'autre sont vus de profil. Socrate se reconnoît à sa tête-chauve & à son nez camus. Alcibiade est un beau jeune homme en habit de guerrier, les cheveux blonds flottant sur ses épaules, & son armure bordée d'un ornement d'or, une main sur le côté & l'autre sur son épée; philosophe & guerrier tout ensemble, il se montre attentif au discours de Socrate, lequel accompagne ses paroles d'une action très-expressive. Il avance les deux mains, & prenant de la droite le bout du premier doigt de la gauche, fait concevoir parfaitement qu'il explique

plique & qu'il veut faire entendre clairement sa pensée, pendant que tous ses disciples ont attention à ce qu'il dit.

A côté d'Alcibiade est Antistene le corroyeur en qui Socrate trouva tant de disposition à la Philosophie, qu'il lui en enseigna les principes, & que cet artisan quitta son métier pour se rendre lui-même un célebre professeur en morale dont il a écrit 33. Dialogues. C'est lui qui est le chef des Philosophes ciniques. Le Peintre pour varier ses figures & leur donner du mouvement, feint que derriere Alcibiade, un homme se tourne & étend la main pour appeller à la maniere italienne, & pour hâter un serviteur qui apporte un livre & un grand rouleau de papiers qu'on appelloit anciennement un volume; & derriere ce serviteur on voit le visage d'un autre qui la main au bonnet semble répondre avec respect à celui qui l'appelle.

Parmi les disciples d'Aristote, Raphaël a pareillement rendu sensible l'attention qu'ils ont aux paroles de leur maître. Il y en a un entr'autres qui ayant compris les démonstrations d'Archimede, monte de l'école des Mathématiques, selon la coûtume des Grecs, à celle de la Philosophie, & s'informant à une personne qu'il rencontre, où l'on enseigne cette science, elle lui montre Aristote & Platon.

Auprès de cette figure, est un jeune homme studieux, lequel appuyé contre la base d'un pilastre, les jambes l'une sur l'autre, la tête inclinée sur son papier, écrit ce qu'il vient d'apprendre, pendant qu'un vieillard sur la même base, le menton appuyé sur sa main, regarde en repos ce que le jeune homme vient d'écrire.

* Entre les figures qui terminent ce côté du tableau, est Démocrite qui enveloppé dans son manteau, se conduit dans cette assemblée, à l'aide de son bâton à la maniere des aveugles : car sur la fin de sa vie il s'aveugla volontairement pour être moins distrait dans ses réflexions philosophiques. Le Peintre a pu le représenter dans ce grand âge, pour nous apprendre que l'homme doit travailler jusqu'au tombeau à s'instruire & à se désabuser.

* *Cic. definito bon. & mal. l. v.* XXIX. *Idem. l. v. Tusc.* XXXIX. *Aul. Gell.* 10 c. XVII *ex Laberum mimis.*

Dans le grouppe du côté droit sur la premiere ligne, il est aisé de démêler Pythagore assis, qui écrit les principes de sa Philosophie tirée des proportions harmoniques de la Musique. A côté de ce Philosophe est un jeune homme tenant une table où sont marqués les accords & les consonnances du chant en caracteres grecs, qui se lisent ainsi : *Diapente*, *Diapason*, *Diatessaron*, termes assez connus des habiles musiciens. On dit même que ce Philosophe est auteur de la démonstration de ces consonnances dont Platon son disciple forma les accords & les proportions harmoniques de l'ame.

Pythagore est assis & vu de profil tenant un livre sur sa cuisse. Il paroît appliqué à faire voir le rapport des nombres de la Musique, avec la science des choses naturelles. Auprès de Pythagore sont ses disciples Empedocle, Epicarme, Archite ; l'un desquels assis à côté de son maître, & qui a la tête chauve, écrit sur son genouil, & qui tenant d'une main son encrier & de l'autre sa plume suspendue, ouvrant les yeux & serrant les lévres, montre par cette action combien il est occupé à ne rien laisser perdre des écrits de Pythagore.

Derriere ce Philosophe, un autre disciple la main sur la poitrine, s'avance pour regarder dans le livre; c'est celui qui a un bonnet sur sa tête, le menton rasé, les moustaches de la barbe pendantes, & une agraffe à son manteau; & tout cet ajustement n'a point d'autre fin vraisemblablement que la diversité que Raphaël a toujours recherchée dans ses ouvrages. Sur le derriere de ce grouppe on remarque le visage & la main d'un autre Philosophe, lequel un peu incliné, ouvre les deux premiers doigts de la main en action de compter à la maniere italienne, & semble parlà expliquer le Diapason, qui est une double consonnance décrite par Pythagore.

Dans le coin du tableau, il y a un homme ras, tenant un livre sur le pied-d'estal d'une colonne, dans lequel il paroît écrire avec application. On croit que cette figure est le portrait de quelque officier de la maison du Pape, parce qu'il a une couronne de chêne qui est le corps de la devise du Pape Jule II. à qui Raphaël dédia cet ouvrage comme à son bienfaiteur, & comme à celui qui avoit ramené le Siecle d'or en Italie pour les beaux-arts.

Tout auprès & à l'extrémité du tableau, on voit un vieillard qui tient un enfant : celui-ci d'une maniere conforme à son âge, porte la main au livre de celui qui écrit. Il semble que le vieillard n'a mené cet enfant qu'à dessein de découvrir s'il a de l'inclination pour les sciences, témoignant par-là qu'on ne sauroit trop tôt sonder & cultiver le talent que l'on a reçu de la Nature.

A côté de ce grouppe de figures on voit un jeune homme d'un air noble, enveloppé d'un manteau blanc à frange d'or la main sur la poitrine : on croit que c'est François-Marie de la Rovere neveu du Pape, & que ce jeune homme est représenté sur cette scene à cause de l'amour qu'il avoit pour les beaux-arts.

Un peu plus avant que Pythagore, un autre de ses disciples, un pied sur une pierre, levant le genouil, & soutenant un livre d'une main, paroît copier de l'autre quelques endroits remarquables qu'il veut concilier avec les ſentimens de ſon maître. Cet homme pourroit bien être Terpandre ou Nicomaque, ou quelqu'autre diſciple de Pythagore, qui croyoit que le mouvement des étoiles étoit fondé ſur des raiſons muſicales.

Plus avant l'on voit un Philoſophe ſeul, lequel appuyé le coude ſur une baſe de marbre, la plume à la main, regarde fixement à terre, & ſemble être attaché à réſoudre quelque grande difficulté. Il eſt vêtu d'une ſaie groſſiere avec des bas négligemment renverſés, & fait juger par cet ajuſtement ſimple que les Philoſophes donnent très-peu d'attention à l'ornement de leur corps, & qu'ils mettent tout leur plaiſir dans les réflexions & dans la culture de leur eſprit.

On voit ſur la ſeconde marche Diogene à part à demi-nud, ſon manteau rejetté en arriere, & auprès de lui ſa taſſe qui eſt ſon ſymbole. Il paroît dans une attitude de négligence, & convenablement à un cinique, qui tout abſorbé dans la morale, mépriſe le faſte & les grandeurs de la terre.

Du côté gauche ſe voient pluſieurs Mathématiciens, dont la ſcience qui conſiſte dans ce qui eſt ſenſible, ne laiſſe pas d'avoir relation à la Philoſophie qui regarde les choſes intellectuelles.

La premiere de ces figures eſt Archimede ſous le portrait de l'architecte Bramante, qui le corps courbé & le bras étendu en bas, meſure avec le compas la figure exagone faite de deux triangles équilatéraux, & ſemble en faire la démonſtration à ſes diſciples. Il a autour de lui quatre diſciples bien faits, qui dans des actions différentes ſont paroître, ou l'ardeur d'aprendre, ou le plaiſir qu'ils ont de concevoir. Le Peintre les a repréſentés jeunes, parce qu'il falloit avoir appris les Mathématiques avant que de paſſer à l'étude de la Philoſophie. Le premier de ces diſciples a un genouil en terre, le corps plié, la main ſur ſa cuiſſe & les doigts écartés, eſt attentif à la figure démonſtrative. Le ſecond qui eſt derriere lui debout, la main ſur l'épaule de ſon compagnon, avance la tête, & regarde avidement le mouvement du compas. Les deux autres ſont à côté d'Archimede, & ſe ſont avancés à portée de voir commodément. Le premier un genouil en terre se retourne, & montre la figure à celui qui est derriere lui, & qui se penchant en avant, les bras pliés & suspendus, fait voir son admiration, & le plaisir qu'il a de s'instruire. Vasari veut que celui-ci soit le portrait de Fréderic II. Duc de Mantoue, qui pour lors se trouvoit à Rome.

Derriere Archimede sont deux Philosophes, dont l'un tient le Globe céleste, & l'autre le Globe terrestre. Le premier par la maniere dont il est vêtu, paroît avoir quelque rapport aux Caldéens, auteurs de l'Astronomie, & l'autre que l'on ne voit que par derriere, mais qui a la couronne royale sur la tête, fait présumer qu'il est Zoroastre Roi de la Bactriane, lequel fut grand Astronome & grand Philosophe. Ces deux sages s'entretiennent avec deux jeunes hommes qui sont au coin du tableau, dont l'un est le portrait de Raphaël auteur de cette Peinture.

Voilà la maniere savante, sublime & judicieuse dont Raphaël a choisi ses sujets pour produire une des plus belles inventions

tions qui ayent jamais paru en ce genre. Mais non content d'exposer son sujet par les différentes personnes qui le composent, il a voulu encore que les statues & les bas-reliefs, qui sont des ornemens de son Architecture, contribuassent en même-tems à la richesse & à l'expression de sa pensée.

Car les deux statues qui paroissent de l'un & de l'autre côté du tableau, sont celles d'Apollon & de Minerve, Divinités qui président aux arts & aux sciences. Et dans le bas-relief qui est au-dessous de la figure d'Apollon, est représentée la source des passions l'Irascible & le Concupiscible ; l'Irascible par un furieux qui outrage impitoyablement ceux qui se trouvent à sa rencontre ; & le Concupiscible par un Triton qui embrasse une Nymphe dans l'élement qui a donné la naissance à Venus. Et comme le vice ne se dompte que par la vertu qui lui est contraire, le Peintre a représenté au-dessous de la figure de Minerve dans un autre bas-relief, la vertu élevée sur des nuées, ayant une main sur la poitrine où réside la valeur, & de l'autre montrant aux mortels par le ſceptre qu'elle tient, le pouvoir de ſon empire. Auprès de la vertu, eſt la figure du Lion dans le Zodiaque ; cet animal étant le ſymbole de la force, laquelle en Morale ne ſe peut acquérir que par les bonnes habitudes.

C'eſt ainſi que Raphaël par la beauté de ſon génie, par la fineſſe de ſes penſées, & par la ſolidité de ſon eſprit, a mis devant nos yeux le ſujet allégorique de la Philoſophie.

DE LA DISPOSITION.

DANS la diviſion que j'ai faite de la Peinture, j'ai dit que la compoſition qui en eſt la premiere partie, contenoit deux choſes, l'invention & la diſpoſition. En traitant de l'invention, j'ai fait voir qu'elle conſiſtoit à trouver les objets convenables au ſujet que le Peintre veut repréſenter. Mais quelque avantageux que ſoit le ſujet, quelque ingénieuſe que ſoit l'invention, quelque fidelle que ſoit l'imitation des objets que le Peintre a choiſis, s'ils ne sont bien distribués, la composition ne satisfera jamais pleinement le spectateur désintéressé, & n'aura jamais une approbation générale. L'œconomie & le bon ordre est ce qui fait tout valoir, ce qui dans les beaux-arts attire notre attention, & ce qui tient notre esprit attaché jusqu'à ce qu'il soit rempli des choses qui peuvent dans un ouvrage & l'instruire, & lui plaire en même-tems. Et c'est cette œconomie que j'appelle proprement disposition.

Dans cette idée, la disposition contient six parties.

1. La distribution des objets en général.

2. Les grouppes.

3. Le choix des attitudes.

4. Le contraste.

5. Le jet des draperies.

6. Et l'effet du tout ensemble; où par occasion il est parlé de l'harmonie & de l'enthousiasme.

J'examinerai toutes ces parties dans leur rang le plus succinctement & le plus nettement qu'il me sera possible.

De la diſtribution des objets en général.

Comme les différens ſujets que le Peintre peut traiter ſont innombrables, il n'eſt pas poſſible de les rapporter tous ici; bien moins encore d'en faire voir en détail la diſpoſition. Mais le bon ſens, & la qualité de la matiere doivent déterminer le Peintre à donner aux objets qu'il aura choiſis les places qui leur conviennent pour remplir les devoirs d'une bonne compoſition.

Dans la compoſition d'un tableau, le Peintre doit faire enſorte, autant qu'il lui ſera poſſible, que le ſpectateur ſoit frappé d'abord du caractere du ſujet, & que du moins après quelques momens de réflexion, il en ait la principale intelligence. Le Peintre peut faciliter cette intelligence en plaçant le héros du tableau & les principales figures dans les endroits les plus apparens, ſans affectation néanmoins; mais ſelon que le ſujet, & la vraiſemblance le le requereront. Car l'œconomie dépend de la qualité du ſujet, qui eſt tantôt patétique & tantôt enjoué, tantôt héroïque & tantôt populaire, tantôt tendre & tantôt terrible, & enfin qui démande plus ou moins de mouvement, selon qu'il est plus ou moins vif ou tranquille. Mais si le sujet inspire au Peintre une bonne œconomie dans la distribution des objets, la bonne distribution de son côté sert merveilleusement à exprimer le sujet. Elle donne de la force & de la grace aux choses qui sont inventées; elle tire les figures de la confusion, & fait que ce que l'on représente est plus net, plus sensible & plus capable d'appeller, & d'arrêter son spectateur.

Cette distribution des objets en général regarde les grouppes, & les grouppes résultent de la liaison des objets. Or cette liaison se doit considérer de deux manieres: ou, par rapport au dessein seulement, ou par rapport au clair-obscur. L'une & l'autre maniere concourent à empêcher la dissipation des yeux, & à les fixer agréablement.

La liaison des objets par rapport seulement au dessein, & sans avoir égard au clair-obscur, regardent principalement les figures humaines, dont les actions, les conversations & les affinités exigent souvent qu'elles ſoient proche les unes des autres. Mais quoique cela ne ſe trouve pas toujours ſi juſte entre pluſieurs perſonnes qui ſe rencontrent enſemble, il ſuffit que la choſe ſoit poſſible, & qu'il y ait aſſez de figures dans la compoſition d'un tableau, pour donner occaſion au Peintre de prendre ſes avantages, & de faire plaiſir aux yeux en pratiquant cette liaiſon, lorſqu'il la jugera agréable & vraiſemblable.

Il eſt impoſſible de deſcendre dans un détail qui faſſe voir la maniere dont il faut traiter ces ſortes de grouppes en particulier, on s'en doit repoſer ſur le génie & ſur les réflexions du Peintre. Cependant pour en prendre une idée juſte, & s'en former un bon goût, on pourra conſulter les beaux endroits des grands maîtres en cette partie, & entr'autres de Raphaël, de Jules-Romain, & de Polidore. Ils ont ſouvent joint pluſieurs figures d'une maniere, où l'on voit tout l'eſprit, & tout l'agrément que l'on peut deſirer en ce genre de grouppes. Mais avant que d'examiner les endroits que ces excellens hommes ont laiſſé pour exemples, il eſt bon d'être averti que les liaisons dont nous avons parlé, tirent leurs meilleurs principes du choix des attitudes & du contraste.

Du choix des Attitudes.

La partie de la Peinture qui est comprise sous le mot d'attitude, qui renferme tous les mouvemens du corps humain, & qui demande une connoissance exacte de la pondération, doit être examinée à fond dans un traité particulier qui a relation à celui du dessein. Et comme elle est aussi du ressort de la disposition par rapport à la sorte de grouppe dont nous parlons, je dirai seulement en cette occasion que quelque attitude que l'on donne aux figures pour quelque sorte de sujet que ce puisse être, il faut qu'elle fasse voir de belles parties autant que la nature du sujet peut le souffrir. Il faut de plus, qu'elle ait un tour, qui sans sortir de la vraisemblance, ni du caractere de la personne, jette de l'agrément dans l'action.

En effet il n'y a rien dans l'imitation où l'on ne puisse faire entrer de la grace, ou par le choix, ou par la maniere d'imiter. Il y a de la grace dans l'expression des vices, comme dans celle des vertus. Les actions extérieures d'un soldat, ont leurs graces particulieres qui conviendroient mal à une femme, comme les actions d'une femme ont des graces qui conviendroient mal à un soldat. En un mot la connoissance du caractere qui est attaché à chaque objet, & qui regarde principalement les sexes, les âges & les conditions, est le fondement du choix, & la source où l'on puise les graces convenables à chaque figure. Il est donc aisé de voir que le choix des belles attitudes fait la plus grande partie des beautés du grouppe. Voyons maintenant de quelle maniere le contraste y contribue.

Du contraste.

Comme dans les grouppes on ne doit jamais répéter les attitudes d'une même vue, & que la nature répand une partie de ses graces dans la diversité, on ne sauroit les mieux chercher que dans la variété & dans l'opposition des mouvemens.

Le mot de contraste n'est usité dans

notre langue que parmi les Peintres qui l'ont pris des Italiens. Il signifie une opposition qui se rencontre entre les objets par rapport aux lignes qui les forment en tout, ou en partie. Il renferme non seulement les différens mouvemens des figures, différentes situations des membres, & de tous les autres objets qui se trouvent ensemble, ensorte que cela paroisse sans affectation, & seulement pour donner plus d'énergie à l'expression du sujet. Or le Peintre qui dispose ses objets à son avantage, emploie le contraste non seulement dans les figures, mais encore dans les choses inanimées, pour leur tenir lieu d'ame, & de mouvement. On peut donc définir le contraste, *Une opposition des lignes qui forment les objets, par laquelle ils se font valoir l'un l'autre.*

Cette opposition bien entendue donne de la vie aux objets, attire l'attention, & augmente la grace qui est si nécessaire dans les grouppes, dans ceux au moins qui régardent le dessein & la liaison des attitudes.

Nous avons dit que la premiere sorte de grouppes qui consiste dans le dessein,

mens : cette nécessité s'est accommodée aux regles de la bienséance, & la bienséance a donné lieu aux divers ornemens que les peuples ont inventés pour enrichir leurs habits selon le goût des différentes nations, & selon la mode des divers tems. Mais comme on a étendu l'usage des étoffes à beaucoup d'autres choses qu'aux vêtemens, les Peintres les ont toutes comprises sous le mot de *Draperie ;* & pour faire entendre qu'un Peintre possedoit l'art de bien distribuer les plis, ils ont dit qu'il savoit bien jetter une draperie. Ce terme de jetter une draperie paroît d'autant plus juste, que la disposition des plis doit plutôt paroître l'effet d'un pur hazard que d'un soigneux arrangement.

Il y a donc une intelligence dans l'ajustement des draperies, & nous allons voir en quoi elle consiste, & de quelle conséquence elle est dans la Peinture.

L'art de draper se remarque principalement en trois choses : 1°. dans l'ordre des plis ; 2°. dans la diverse nature des étoffes ; 3°. dans la variété des couleurs de ces mêmes étoffes.

regardoit principalement les figures humaines. Mais les grouppes qui ont rapport au clair-obſcur reçoivent toutes ſortes d'objets de quelque nature qu'ils puiſſent être. Ils demandent une connoiſſance des lumieres & des ombres non ſeulement pour chaque objet particulier ; mais ils exigent encore une intelligence des effets que ces ombres & ces lumieres ſont capables de cauſer dans leur aſſemblage, & c'eſt ce qu'on appelle proprement l'artifice du clair-obſcur dont j'ai traité avec toute l'exactitude qui m'a été poſſible en parlant du coloris.

Comme la principale beauté des draperies conſiſte dans une convenable diſtribution des plis, & qu'elles ſont d'un fréquent uſage pour la compoſition des grouppes, on ne peut s'empêcher de regarder cette matiere comme dépendante en partie de la diſpoſition.

Des Draperies.

La diverſité des climats, le changement des ſaiſons & leurs inconſtance ont mis les hommes dans la néceſſité d'avoir des vête-

De l'ordre des plis.

Comme il ne faut pas que l'œil soit jamais en doute de son objet, le premier effet des draperies est de faire connoître ce qu'elles couvrent, & principalement le nud des figures; en sorte que le caractere extérieur des personnes, & la justesse des proportions s'y rencontrent, du moins en gros, & autant que la vraisemblance jointe à l'art le pourra permettre.

Ainsi à l'exemple des plus grands maîtres, le Peintre doit avant que de disposer ses draperies, dessiner le nud de ses figures, pour former des plis sans équivoque, & pour conduire si adroitement les yeux, que le spectateur s'imagine voir ce que le Peintre lui couvre par le jet de ses draperies.

Qu'il prenne garde aussi que la draperie ne soit pas trop adhérente aux parties du corps: mais qu'elle flotte, pour ainsi dire, alentour, qu'elle les caresse, que les figures y soient à leur aise, & qu'elles y paroissent libres dans leurs mouvemens.

Que les draperies qui couvrent des membres exposés à une grande lumiere, ne ſoient pas ombrées de telle force, qu'elles ſemblent entrer dedans; & que ces mêmes membres ne ſoient pas traverſés par des plis trop reſſentis, leſquels par leur ombre trop obſcure paroîtroient les rompre : mais qu'en conſervant un petit nombre de plis, le Peintre leur diſtribue délicatement le degré de lumiere qui convient à la maſſe dont ils ſont partie.

Les plis doivent être grands & en petit nombre, autant qu'il ſera poſſible : cette maxime étant une des choſes qui contribue davantage à ce qu'on appelle grande maniere; parce que les grands plis partagent moins la vue, & que leur riche ſimplicité eſt plus ſuſceptible de grandes lumieres. J'en excepte néanmoins les vêtemens dont le caractere eſt d'avoir beaucoup de plis, comme il arrive ſouvent dans les habits de femmes, ainſi que l'antique nous en fournit beaucoup d'exemples. Alors le Peintre peut adroitement groupper les plis, & les arranger à côté des membres qui en recevront beaucoup plus d'apparence & plus d'agrément.

Le contraſte qui eſt ſi néceſſaire dans le

mouvement des figures, ne l'eſt pas moins dans l'ordre des plis ; car le contraſte en interrompant les lignes qui tendroient trop d'un même côté, introduit dans les draperies, comme dans les figures, une ſorte de contradiction, qui ſemble les animer. La raiſon en eſt que le contraſte eſt une eſpece de guerre, qui met les parties opposées en mouvement. Ainſi dans les endroits où le Peintre le jugera à propos, les plis doivent ſe contraſter non ſeulement entr'eux : mais ils doivent ſur-tout contraſter les membres des figures, lorſque ces plis ſont grands & qu'ils ſont partie d'une ample draperie. Car pour les draperies de deſſous qui embraſſent plus étroitement le nud, elles le contraſtent bien moins qu'elles ne lui obéiſſent.

Quelque vie que le contraſte donne aux draperies, quelque néceſſaire qu'il ſoit pour leur agrément, il demande au Peintre beaucoup de prudence & de précaution. Car dans les figures qui ſont debout, il y a beaucoup de rencontres où difficilement le contraſte peut ſe pratiquer ſans ſortir de la vraiſemblance, & dans ces occaſions le

Peintre qui ſait profiter de tout, ſe ſauve par d'autres principes.

Les plis doivent être grands ſelon la qualité & la quantité des draperies : mais quand la qualité des étoffes légeres contraint à laiſſer pluſieurs plis, il faut les groupper de maniere que le clair-obſcur n'en puiſſe ſouffrir.

Les plis des draperies bien entendus donnent beaucoup de vie à l'action de quelque nature qu'elle puiſſe être ; parce que le mouvement des plis ſuppoſe du mouvement au membre qui agit, qui les entraîne comme malgré eux, & qui les rend plus ou moins agités ſelon la violence ou la douceur de ſon action.

Une diſcrete répétition de plis en forme circulaire, eſt d'un grand ſecours pour l'effet des racourcis.

Il eſt bon quelquefois de tirer des plis en certains endroits & d'en introduire en d'autres, de forme convenable à l'intention du Peintre, ou pour remplir des vuides qui ſe trouvent en quelques attitudes, ou pour accompagner les figures, ou pour leur ſervir d'un fond doux, ou pour empêcher que leurs tournans ne finissent, & ne tombent dans une trop grande crudité.

La richesse des draperies & des ornemens qui sont dessus, fait une partie de leur beauté, quand le Peintre en sait faire un bon usage : mais ces ornemens ne conviennent gueres aux divinités, ils sont toujours au dessous de la dignité & de l'état des figures célestes : les draperies qui leur sont propres doivent être riches plutôt par la grandeur & la noblesse des plis, que par la qualité des étoffes.

Les plis faits de pratique & sans voir le naturel, ne sont ordinairement bons que pour un dessein. Mais le Peintre qui veut tendre à la perfection doit toujours consulter les étoffes naturelles : parce que le vrai forme les plis, & fait paroître les lumieres selon la nature des étoffes. Je ne veux pourtant pas blâmer ceux qui ont une si grande pratique du naturel, que les plis & les caracteres des étoffes différentes leur restent suffisamment dans la mémoire pour en exprimer une grande partie.

Pour bien imiter le vrai, il est nécessaire de jetter les draperies, ou sur un manequin

de

de la grandeur du naturel, ou sur le naturel même. Mais il faut extrêmement prendre garde que la draperie ne conserve rien de l'immobilité qu'elle a sur le manequin.

Il y a des Peintres qui se servent de petits manequins qu'ils drapent d'étoffes légeres, ou de papier mouillé : mais il est aisé de juger que ce moyen qui peut aider les Peintres consommés, & qui est excellent pour mettre toute une histoire ensemble, ne peut servir pour bien terminer les draperies en particulier. La raison en est, que dans les petits manequins les étoffes ne pouvant avoir le même poids que dans la grandeur du naturel, ne peuvent par conséquent rendre les plis dans leur véritable forme.

La grande légéreté & le grand mouvement des draperies, ne convient qu'aux figures qui sont dans une grande agitation, ou qui sont exposées au vent : mais quand on les suppose dans un lieu renfermé, & sans action violente, le parti que le Peintre peut prendre, est de faire ses draperies amples, & de leur donner par le contraste

& par la chûte de leurs plis, une disposition qui ait de la grace & de la majesté.

C'est un grand défaut que de donner trop d'étoffe aux vêtemens; ils doivent convenir aux figures, & c'est une erreur de croire, comme ont fait quelques-uns, que plus les draperies sont amples, plus elles portent avec elles de grandeur & de majesté. La profusion des étoffes ôte aux figures la liberté du mouvement, & les embarrasse encore plus qu'elle ne les rend majestueuses. Voilà ce me semble, les principales observations qui regardent la premiere proposition, qui est l'ordre des plis. Passons maintenant à la seconde, je veux dire à la diverse nature des étoffes.

De la diverse nature des étoffes.

Parmi tant de choses différentes qui plaisent dans la composition d'un tableau, la variété des draperies n'est pas ce qui contribue le moins à cet agrément. L'ordre & le contraste des plis en fait une partie : mais ce n'est pas assez que les étoffes soient jettées diversement, il faut encore qu'elles soient entr'elles d'une nature différente, autant que le ſujet le pourra ſouffrir. La laine, le lin, le coton, & la ſoie employés de mille manieres par les ouvriers, donnent au Peintre une ample matiere d'exercer ſon choix. C'eſt un puiſſant moyen pour introduire dans ſes ouvrages une diverſité d'autant plus néceſſaire qu'elle fait éviter une ennuyeuſe répétition de plis d'une même nature, ſur tout dans les tableaux de pluſieurs figures. Il y a des étoffes qui font des plis caſſés, d'autres étoffes en font de moëlleux : il y a encore des étoffes dont la ſuperficie eſt mate, d'autres dont elle eſt luiſante : les unes ſont fines & tranſparentes, les autres plus fermes & plus ſolides. Toute cette variété ou ſéparée dans diverſes figures, ou pratiquée dans une ſeule ſelon les ſujets, fait toujours une ſenſation très-agréable.

L'uſage ordinaire d'une même qualité d'étoffes dans les figures d'un même tableau, eſt un défaut où ſont tombés la plûpart des Peintres de l'école romaine, & où tombent tous ceux qui peignent de pratique ou qui réduiſent l'imitation du naturel à l'habitude qu'ils ont contractée.

Le Peintre ingénieux fera donc son possible pour trouver occasion d'introduire dans ses draperies en général, cette heureuse diversité dont je viens de parler ; mais qu'il se souvienne sur-tout qu'elle est indispensable en particulier dans la différence des âges, des sexes, & des conditions.

Les anciens sculpteurs ont été fort entendus dans le jet de leurs draperies : mais comme la matiere qu'ils ont employée est d'une même couleur, & qu'ainsi les grands plis qui reçoivent de grandes lumieres auroient souvent fait des équivoques avec les parties nues, ou du moins auroient partagé la vue du spectateur, ils ont pris le parti d'attirer les yeux sur le nud de leurs figures, n'ayant en ce cas-là rien de meilleur à faire pour l'avantage de leur art. Ils se sont servis pour cela de linges mouillés ou d'étoffes légeres dont ils ont plus ordinairement drappé leurs statues. Mais il faut avouer que le remede qu'ils ont apporté à cet inconvénient par le bon ordre de leurs plis est très-ingénieux, & donne, tel qu'il est, beaucoup de lumieres à ceux qui en savent pénétrer l'intelligence. Je pourrois citer plusieurs exemples de l'antiquité sur ce sujet, & je me contenterai de rapporter celui du bas-relief, lequel est connu sous le nom des danseuses. Les draperies qui couvrent le nud de ces figures en le marquant agréablement, se terminent du côté de la partie postérieure du corps en quantité de plis semblables, & dont la répétition paroîtroit un défaut à qui ne réfléchiroit pas sur la finesse & sur l'excellence de l'ouvrage. Car si l'on fait attention que le but du sculpteur a été de représenter avec élégance le nud de ses figures, on trouvera que bien loin que ces répétitions soient un défaut en Sculpture; c'est au contraire un moyen de trouver une espece d'ombre en hachure que le sculpteur a menagée avec adresse pour faire paroître le nud avec avantage, & pour servir à l'œil comme de repos. C'est ainsi que les anciens sculpteurs ont inventé, avec beaucoup d'esprit & de génie, plusieurs moyens de réparer les inconvéniens qui venoient du côté de leur matiere, soit pour la grandeur des plis, soit pour la variété des étoffes; ayant satisfait d'ailleurs généralement parlant, à tout ce qu'on y peut souhaiter pour la perfection.

Mais les Peintres qui ont la liberté de se servir de toutes sortes d'étoffes, & qui savent faire un bon usage des couleurs & des lumieres, pour imiter le vrai, feroient très-mal de suivre les sculpteurs dans le grand nombre, & dans la répétition de leurs plis comme les sculpteurs seroient blamables s'ils imitoient les Peintres dans l'étendue de leurs draperies. Il ne me reste plus qu'à dire un mot de l'effet des couleurs qui se trouvent dans la variété des étoffes, afin d'examiner ma troisieme proposition.

De la variété des couleurs dans les Etoffes.

Comme l'ordre, le contraste & la diverse nature des plis & des étoffes font toute l'élegance des draperies, la diversité des couleurs de ces mêmes étoffes contribue extrêmement à l'harmonie du tout-ensemble dans les sujets historiques. Le Peintre qui est presque toujours le maître de les supposer comme il lui plaît, doit faire une étude particuliere de la valeur des couleurs entieres, de l'effet qu'elles produisent les unes auprès des autres, & de leur rupture harmonieuse. Mais ce n'est point ici le lieu d'examiner ces trois choses, elles appartiennent au coloris, & lorsque je parlerai de cette partie, je ferai mon possible pour les éclaircir.

Je me contenterai de dire maintenant que le Peintre doit considérer que les couleurs des draperies lui donnent un moyen de pratiquer avec adresse l'intelligence du clair-obscur. Le Titien a mis en usage cet artifice dans la plupart de ses tableaux, en se servant de la liberté qu'il avoit de donner à ses draperies la couleur qui lui sembloit la plus convenable, ou pour servir de fond, ou pour caractériser les objets par la comparaison.

Après tout, l'intelligence des draperies ne peut pas être tellement fixée, que le génie du Peintre ne puisse hazarder des plis extraordinaires qui pourroient avoir leur mérite. Il n'y a point d'effets dans la nature où le hazard fasse voir plus de variété que dans le jet des draperies. Et quoique l'art trouve ordinairement à réformer quelque chose dans la disposition de celles qui se présentent d'elles-mêmes : ce même hazard forme quelquefois des plis d'une beauté & d'une convenance que les regles n'auroient jamais pu produire. En un mot l'art ne peut pas tout prévoir, il s'étend fort peu au de-là des choses générales, & laisse aux gens de bon goût le soin de faire le reste. C'est au Peintre à bien choisir les bons effets que le naturel lui présente, & à s'en servir d'une maniere qui mette dans l'ouvrage le caractere d'une heureuse facilité.

Entre les Peintres qui ont le mieux entendu les draperies, Raphaël pour l'ordre des plis peut être considéré, selon mon sentiment, comme le plus sûr modele, sans prétendre néanmoins rien ôter du mérite de ceux qui ne s'étant point tout-à-fait éloignés des principes de Raphaël, ont pris avec succès plus de liberté dans le caractere de leurs plis, & ont fait voir en cela même de la grandeur & de la vérité. L'école de Venise & celle de Flandre ont excellé pour la différence des étoffes : Et Paul Veronese pour l'harmonie dans la variété

riété des couleurs, est une source d'exemples inépuisables.

Je passe sous silence beaucoup d'autres grands maîtres qui ont bien entendu l'artifice des draperies. Quand on voudra se donner la peine de les examiner, on connoîtra que dans l'ajustement des plis il y a un ordre & un choix avantageux; que la diverse nature des étoffes est une espece de richesse dans l'ouvrage, laquelle soutient une vraisemblance nécessaire; & que la variété des couleurs dans les draperies, peut contribuer extrêmement à l'effet du clair-obscur, & à l'harmonie du tout-ensemble. En un mot on comprendra par les ouvrages de ces excellens maîtres, bien mieux que par mon discours, en quoi consiste l'intelligence des draperies & de quelle conséquence elle est dans la peinture.

DES DRAPERIES en abrégé.

LE mot de draperie en Peinture, s'entend de toute sorte d'étoffe, soit que les hommes s'en habillent, soit qu'on veuille l'employer à quelque autre uſage. Mais l'idée la plus ordinaire que l'on s'en fait, regarde l'étoffe qui ſert aux vêtemens des hommes. La Peinture en a fait un art qui conſiſte en trois choſes.

1. Dans l'ordre des plis.

2. Dans la diverſe nature des étoffes.

3. Dans la variété de leurs couleurs.

I. *L'ordre des Plis.*

Deſſiner le nud avant que de draper.

Que la draperie ne ſoit point adhérente aux parties : mais qu'elle flotte, pour ainſi dire, à l'entour & qu'elle les careſſe.

Ne point rompre les membres par des plis ombrés trop fortement.

Les plis grands & en petit nombre autant que la nature de l'étoffe le peut ſouffrir.

Que les plis ſe contraſtent l'un l'autre, & qu'ils contraſtent les membres.

Les plis donnent en pluſieurs rencontres de la vie à l'action des figures.

Remplir les trop grands vuides par des plis à propos & bien adaptés.

Les plis de pratique ne conviennent qu'aux Peintres conſommés dans l'art ;

mais la perfection demande toujours que l'on consulte la nature.

Les draperies des petits manequins ne sont pas inutiles ; mais elles sont fausses.

Les draperies agitées ne conviennent que dans les lieux qu'on suppose à découvert, ou dans les grands mouvemens.

La trop grande quantité d'étoffe dans un vêtement, embarasse la figure.

Le hazard sert quelquefois beaucoup dans le jet des draperies, & donne des beautés que l'art ne prévoit pas.

Les anciens sculpteurs ont donné beaucoup de lumieres aux Peintres dans le jet des draperies ; mais l'usage que les uns & les autres en font est néanmoins très-différent.

II. *La diverse nature des étoffes.*

Donne une diversité de plis.

Réjouit la vue.

Doit être pratiquée dans le général du tableau, quand il y a plusieurs figures, & dans le particulier quand il n'y en a qu'une, mais cette diversité doit être indispensablement observée dans la différence des âges, des sexes & des conditions.

Les Peintres romains & ceux qui peignent de pratique, tombent ordinairement dans la répétion des mêmes étoffes.

III. *La variété des couleurs dans les étoffes.*

Sert à l'harmonie du tableau.

A caractériser les objets.

Et à pratiquer le clair-obscur.

Raphaël est le meilleur modele pour l'ordre des plis.

L'école de Venise & celle de Flandre pour la diverse nature des étoffes.

Et Paul Veronese pour la variété harmonieuse de leurs couleurs.

Du tout-ensemble.

La derniere chose qui dépend de la disposition est le tout-ensemble.

Le tout-ensemble est un résultat des parties qui composent le tableau, en sorte néanmoins que ce tout qui est une liaison de plusieurs objets, ne soit point comme un nombre composé de plusieurs unités indépendantes & égales entr'elles, mais qu'il ressemble à un tout politique; où les grands ont besoin des petits, comme les petits ont besoin des grands. Tous les objets qui entrent dans le tableau, toutes les lignes & toutes les couleurs, toutes les lumieres & toutes les ombres ne sont grandes ou petites, fortes ou foibles que par comparaison. Mais quelque soit la qualité de toutes ces choses, & quelque soit l'état où elles se trouvent, elles ont une relation dans leur assemblage, dont aucune en particulier ne peut se prévaloir. Car l'effet qui en résulte consiste dans une subordination générale où les bruns font valoir les clairs, comme les clairs font valoir les bruns, & où le mérite de chaque chose n'est fondé que sur une mutuelle dépendance. Ainsi pour definir le tout-ensemble, on peut dire que c'est *une subordination générale des objets les uns aux autres, qui les fait concourir tous ensemble à n'en faire qu'un.*

Or cette subordination qui fait concourir les objets à n'en faire qu'un, est fondée sur deux choses, sur la satisfaction des yeux, & sur l'effet que produit la vision. C'est ce que je vais expliquer.

Les yeux ont cela de commun avec les

autres organes des sens, qu'ils ne veulent point être interrompus dans leurs fonctions, & il faut convenir que plusieurs personnes qui parleroient dans un même lieu, en même tems & de même ton, feroient de la peine aux auditeurs qui ne sauroient auquel entendre. Semblable chose arrive dans un tableau, où plusieurs objets séparés, peints de même force, & éclairés de pareille lumiere, partageroient & inquiéteroient la vue, laquelle, étant attirée de différens côtés, seroit en peine sur lequel se porter, ou qui voulant les embrasser tout d'un même coup d'œil, ne pourroit les voir qu'imparfaitement.

Pour éviter donc la dissipation des yeux, il faut les fixer agréablement par des liaisons de lumiere & d'ombre, par des unions de couleurs, & par des oppositions d'une étendue suffisante, pour soutenir les grouppes, & leur servir de repos. Mais si le tableau contient plusieurs grouppes, il faut qu'il y en ait un qui domine sur les autres en force & en couleur : & que d'ailleurs les objets séparés s'unissent à leur fond pour ne faire qu'une masse, laquelle ſerve de repos aux principaux objets. La ſatisfaction des yeux eſt donc l'un des fondemens de l'unité dans les tableaux.

L'autre fondement de cette même unité, c'eſt l'effet que produit la viſion & la maniere dont elle ſe fait. L'œil a la liberté de voir parfaitement tous les objets qui l'environnent, en ſe fixant ſucceſſivement ſur chacun d'eux; mais quand il eſt une fois fixé, de tous les objets il n'y a que celui qui ſe trouve au centre de la viſion, lequel ſoit vu clairement & diſtinctement: les autres n'étant vus que par des rayons obliques, s'obſcurciſſent & ſe confondent à meſure qu'ils s'éloignent du rayon direct. C'eſt un fait que nous vérifions à tous les inſtans que nous portons nos yeux ſur quelque objet.

Je ſuppoſe, par exemple, que mon œil A ſe porte ſur l'objet B par la ligne directe A B. Il eſt certain que ſi je ne remue pas mon œil, & qu'en même tems je veuille obſerver les autres objets qui ne ſont vus que par les lignes obliques à droite & à gauche, je trouverai que bien qu'ils ſoient tous ſur une même ligne circulaire à la même distance de mon œil, ils s'effacent & diminuent de force & de couleur à mesure qu'ils s'écartent de la ligne directe, qui est le centre de la vision.

D'où il s'ensuit que la vision est une preuve de l'unité d'objet dans la nature.

Or si la nature, qui est sage, & qui en pourvoyant à nos besoins les accompagne de plaisirs, réduit ainsi sous un même coup d'œil plusieurs objets pour n'en faire qu'un, elle donne en cela un avis au Peintre, afin qu'il en profite selon que son art & la qualité de son sujet le pourront permettre. Il me paroît que cette observation n'est pas indigne de la réflexion du Peintre, s'il veut travailler pour la satisfaction des yeux à l'exemple de la nature dont il est imitateur.

Je rapporterai encore ici l'expérience du miroir convexe, lequel enchérit sur la nature pour l'unité d'objet dans la vision. Tous les objets qui s'y voient font un coup d'œil & un tout-ensemble plus agréable que ne feroient les mêmes objets dans un miroir ordinaire, & j'ose dire dans la nature même. (Je suppose le miroir convexe d'une mesure raisonnable, & non pas de ceux qui pour être partie d'une petite circonférence corrompent trop la forme des objets.) Je dirai en passant que ces sortes de miroirs qui sont devenus assez rares, pourroient être utilement consultés pour les objets particuliers, comme pour le général du tout-ensemble.

Après tout, c'est au Peintre à se consulter soi-même sur le travail qu'il entreprend. Car si son ouvrage est grand, il peut le composer de plusieurs grouppes qui après le premier coup d'œil feroient capables de fixer les yeux du spectateur, par le moyen des repos bien menagés, & de devenir à leur tour un centre de vision. Ainsi le Peintre judicieux doit faire en sorte qu'après le premier coup d'œil, de quelque étendue que soit son ouvrage, les yeux en puissent jouir successivement.

Il reste encore à parler d'un effet merveilleux du tout-ensemble, c'est de mettre tous les objets en harmonie. Car l'harmonie, quelque part qu'elle se rencontre, vient de l'arrangement & du bon ordre. Il y a de l'harmonie dans la morale comme dans la physique ; dans la conduite de la vie des hommes, comme dans le corps des hommes mêmes. Il y en a enfin dans tout ce qui est composé de parties, qui bien que différentes entr'elles s'accordent néanmoins à faire un seul tout, ou particulier, ou général. Or comme on doit supposer que cet ordre se trouve dans toutes les parties de la Peinture séparément, on doit conclure qu'elles ont leur harmonie particuliere. Mais ce n'est point assez que ces parties ayent leur arrangement & leur justesse en particulier, il faut encore que dans un tableau elles s'accordent toutes ensemble, & qu'elles ne fassent qu'un tout harmonieux; de même qu'il ne suffit pas pour un concert de musique que chaque partie se fasse entendre avec justesse, & demeure dans l'arrangement particulier de ses notes, il faut encore qu'elles conviennent d'une harmonie qui les rassemble, & qui de plusieurs tons particuliers n'en fasse qu'un général. C'est ce que fait la Peinture par la subordination des objets, des grouppes, des couleurs & des lumieres dans le général du tableau.

Il y a dans la Peinture différens genres d'harmonie. Il y en a de douce & de modérée, comme l'ont ordinairement pratiqué le Correge & le Guide. Il y en a de forte & d'élevée, comme celle du Giorgion, du Titien & de Caravage : & il y en peut avoir en différens degrés, selon la supposition des lieux, des tems, de la lumiere & des heures du jour. La Lumiere haute dans un lieu enfermé produit des ombres fortes, & celle qui est en pleine campagne demande des couleurs vagues & des ombres douces. Enfin l'excellent Peintre sait l'usage qu'il doit faire non-seulement des saisons, mais des tems, & des accidens qui se rencontrent dans le ciel & sur la terre, pour en faire, comme nous avons dit, un tout harmonieux.

Voilà l'idée que je me suis formée de ce qu'on appelle en Peinture tout-ensemble. J'ai tâché de la faire concevoir comme une machine dont les roues se prêtent un mutuel secours, comme un corps dont les membres dépendent l'un de l'autre, & enfin comme une œconomie harmonieuse qui arrête le spectateur, qui l'entretient,

& qui le convie à jouir des beautés particulieres qui se trouvent dans le tableau.

Si l'on veut faire un peu de réflexion sur tout ce que je viens de dire touchant la disposition, on trouvera que cette partie, qui en contient beaucoup d'autres, est d'une extrême conséquence; puisqu'elle fait valoir tout ce que l'invention lui a fourni, & tout ce qui est de plus propre à faire impression sur les yeux & sur l'esprit du spectateur.

Les habiles Peintres peuvent connoître par leur propre expérience, que pour bien réussir dans cette partie si spirituelle, il faut s'élever au dessus du commun, & se transporter, pour ainsi dire, hors de soi-même : ce qui m'a donné occasion de dire ici quelque chose de l'enthousiasme & du sublime.

De l'enthousiasme.

L'enthousiasme est un transport de l'esprit qui fait penser les choses d'une maniere sublime, surprenante & vraisemblable.

Or comme celui qui considere un ouvrage suit le degré d'élevation qu'il y trouve, le transport d'esprit qui est dans l'enthouſiaſme eſt commun au Peintre & au ſpectateur ; avec cette différence néanmoins, que bien que le Peintre ait travaillé à plusieurs repriſes pour échauffer ſon imagination & pour monter ſon ouvrage au degré que demande l'enthouſiaſme, le ſpectateur au contraire ſans entrer dans aucun détail ſe laiſſe enlever tout-à-coup & comme malgré lui, au degré d'enthouſiaſme où le Peintre l'a attiré.

Quoique le vrai plaiſe toujours, parce qu'il eſt la baſe & le fondement de toutes les perfections, il ne laiſſe pas d'être ſouvent inſipide quand il eſt tout ſeul ; mais quand il eſt joint à l'enthouſiaſme, il tranſporte l'eſprit dans une admiration mêlée d'étonnement ; il le ravit avec violence ſans lui donner le tems de retourner ſur lui-même.

J'ai fait entrer le ſublime dans la définition de l'enthouſiaſme, parce que le ſublime eſt un effet & une production de l'enthouſiaſme. L'enthouſiaſme contient le ſublime comme le tronc d'un arbre contient ſes branches qu'il répand de différens côtés, ou plutôt l'enthouſiaſme eſt un ſoleil dont la chaleur & les influences font naître les hautes pensées, & les conduisent dans un état de maturité que nous appellons sublime. Mais comme l'enthousiasme & le sublime tendent tous deux à élever notre esprit, on peut dire qu'ils sont d'une même nature. La différence néanmoins qui me paroît entre l'un & l'autre, c'est que l'enthousiasme est une fureur de veine qui porte notre ame encore plus haut que le sublime dont il est la source, & qui a son principal effet dans la pensée & dans le tout-ensemble de l'ouvrage; au-lieu que le sublime se fait sentir également dans le général, & dans le détail de toutes les parties. L'enthousiasme a encore cela que l'effet en est plus prompt, & que celui du sublime demande au moins quelques momens de réflexion pour être vu dans toute sa force.

L'enthousiasme nous enleve sans que nous le sentions, & nous transporte, pour ainsi dire, comme d'un pays dans un autre sans nous en appercevoir que par le plaisir qu'il nous cause. Il me paroît, en un mot, que l'enthousiasme nous saisit, & que nous saisissons le sublime. C'est donc à cette élévation surprenante, mais juste, mais raisonnable que le Peintre doit porter son ouvrage aussi bien que le poëte ; s'ils veulent arriver l'un & l'autre à cet extraordinaire vraisemblable qui remue le cœur, & qui fait le plus grand mérite de la Peinture & de la poésie.

Quelques esprits de feu ont pris l'emportement de leur imagination pour le vrai enthousiasme, quoique dans le fond l'abondance & la vivacité de leurs productions ne fussent que des songes de malade. Il est vrai qu'il y a des songes bizarres qui avec un peu de modération seroient capables de mettre beaucoup d'esprit dans la composition d'un tableau, & de réveiller agréablement l'attention ; & les fictions des poëtes, comme dit Plutarque, ne sont autre chose que des songes d'un homme qui veille. Mais on peut dire aussi qu'il y a des productions qui sont des songes de fiévre chaude, lesquelles n'ont aucune liaison, & dont il faut éviter la dangereuse extravagance.

Il est certain que ceux qui ont un génie de feu entrent facilement dans l'enthousiasme, parce que leur imagination est presque toujours agitée ; mais ceux qui brûlent d'un feu doux , qui n'ont qu'une médiocre vivacité jointe à un bon jugement , peuvent s'insinuer dans l'enthousiasme par degrés , & le rendre même plus reglé par la solidité de leur esprit. S'ils n'entrent pas si facilement , ni si promptement dans cette fureur pittoresque , pour ainsi parler , ils ne laissent pas de s'en laisser saisir peu-à-peu ; parce que leurs réflexions leur font tout voir & tout sentir , & que non seulement il y a plusieurs degrés d'enthousiasme , mais encore plusieurs moyens d'y arriver. Si ces derniers ont à traiter un sujet écrit , il faut qu'ils le lisent plusieurs fois avec application ; & s'il n'est pas écrit , il est à propos que le Peintre choisisse entre les qualités de son sujet , celles qui sont les plus capables de lui fournir des circonstances qui mettent son esprit en mouvement. Car par ce moyen ayant échauffé son imagination par l'élévation de ses pensées , il arrivera enfin jusqu'à l'enthousiasme , & jettera de l'admiration dans l'esprit de ses spectateurs.

Pour disposer l'esprit à l'enthousiasme , généralement

généralement parlant, rien n'eſt meilleur que la vue des ouvrages des grands maîtres, & la lecture des bons auteurs hiſtoriens, ou poëtes, à cauſe de l'élévation de leurs penſées, de la nobleſſe de leurs expreſſions, & du pouvoir que les exemples ont ſur l'eſprit des hommes.

(1) Longin qui a traité du ſublime, veut que ceux qui ont à écrire quelque choſe qui exige du grand & du merveilleux, regardent les grands auteurs comme un flambleau qui les éclaire, & qu'ils ſe demandent à eux-mêmes, comment eſt-ce qu'Homere auroit dit cela? Qu'auroient fait Platon, Demoſthene & Thucidide? Le Peintre peut en ſemblable occaſion ſe demander à lui même, comment eſt-ce que Raphaël, le Titien & le Correge auroient penſé, auroient deſſiné, auroient colorié, & peint ce que j'entreprens de repréſenter? Ou bien, comme dit le même Longin, l'on peut s'imaginer un tribunal des plus grands maîtres, devant lequel le Peintre auroit à rendre compte de ſon ouvrage. Quelle ardeur ne ſentiroit-il pas

(1) *Ch.* 12.

à la seule imagination de voir tant d'excellens hommes, qui sont les objets de son admiration, & qui doivent être ses juges ?

Ces moyens sont utiles à tous les Peintres, car ils enflammeront ceux qui sont nés avec un puissant génie ; & ceux que la nature n'a pas si bien traités en ressentiront au moins quelque chaleur qui se répandra sur leurs ouvrages.

J'ai tâché de faire voir dans mon traité de l'invention de quelle maniere il falloit choisir les objets convenables au sujet que le Peintre avoit à représenter. Je viens de parler dans la disposition de l'ordre que ces mêmes objets devoient tenir pour composer un tout avec avantage ; & c'est ainsi que par la liaison de ces deux parties, l'invention & la disposition, j'ai fait tous mes efforts pour donner une idée la plus juste qu'il m'a été possible, de cette grande partie de la Peinture qu'on appelle composition.

REPONSES A QUELQUES objections.

ENTRE les objections qu'on pourroit me faire, j'en trouve deux auxquelles il est bon de répondre. L'une eſt contre l'unité d'objet, & l'autre contre l'enthouſiaſme.

On peut dire contre le premier, que la démonſtration que l'on a faite de la viſion pour établir l'unité d'objet, la détruit entiérement, par la raiſon qu'il n'eſt pas néceſſaire de déterminer l'œil, puiſqu'en quelque endroit du tableau qu'il ſe porte, il ſe déterminera naturellement lui-même, & fera l'unité d'objet, ſans qu'il ſoit autrement beſoin d'avoir recours aux principes de l'art.

A cette objection l'on répond deux choſes. La premiere, qu'il n'eſt pas à propos de laiſſer à l'œil la liberté de vaquer avec incertitude, parce que s'arrêtant au hazard ſur l'un des côtés du tableau, il agiroit contre l'intention du Peintre qui auroit placé, ſelon la vraiſemblance la plus approuvée, ſes objets les plus eſſentiels dans le milieu, & ceux qui ne ſeroient qu'acceſſoires dans les côtés; car il arrive ſouvent que de cet ordre dépend toute l'intelligence de ſa penſée. D'où il s'enſuit qu'il faut fixer l'œil, & que le Peintre doit le déterminer à l'endroit de ſon tableau qu'il jugera à propos pour l'effet de son ouvrage.

La seconde chose que l'on répond, c'est que dans les sens tous les objets qui regardent les plaisirs, ne demandent pas seulement les agrémens qu'ils ont reçus de la nature; ils exigent encore les secours que l'art est capable de leur donner pour rendre leurs effets plus sensibles.

Par la seconde objection, l'on pourroit me dire que l'enthousiasme emporte souvent trop loin certains génies, & passe par dessus beaucoup de fautes sans les appercevoir. A quoi il seroit aisé de répondre que cet emportement n'est plus le véritable enthousiasme; puisqu'il passe les bornes de la justesse, & de la vraisemblance que nous lui avons données.

J'avoue qu'il paroît qu'un des effets de l'enthousiasme est de cacher souvent quelque défaut à la faveur du transport commun qu'il nous cause; ce qui n'est pas un grand malheur. Car en effet l'enthousiasme avec quelques défauts, sera toujours préféré à une médiocrité correcte; parce qu'il ravit l'ame, sans lui donner le tems de rien examiner, & de refléchir sur le détail de chaque chose. Mais, à proprement parler, cet effet n'est pas tant de l'enthousiasme que de notre esprit, qui s'en laissant pénétrer, passe quelquefois au-delà des bornes de la vraisemblance.

Si on vouloit encore m'objecter que tout ce que je dis de l'enthousiasme peut être attribué au sublime; je répondrois que cela dépend de l'idée que chacun attache à ces deux mots, à quoi je serois toujours disposé à m'accommoder, nonobstant la différence que j'en ai expliquée dans le corps de ce discours.

DU DESSEIN.

LE mot de dessein par rapport à la Peinture, se prend de trois manieres : ou il représente la pensée de tout l'ouvrage avec les lumieres & les ombres, & quelquefois avec les couleurs mêmes, & pour lors il n'est pas regardé comme une des parties de la Peinture, mais comme l'idée du tableau que le Peintre médite : ou il représente quelque partie de figure humaine, ou quelque animal, ou quelque draperie, le tout d'après le naturel, pour être peint dans quelque endroit du tableau, & pour servir au Peintre comme d'un témoin de la vérité, & cela s'appelle une étude; ou bien il est pris pour la circonscription des objets, pour les mesures & les proportions des formes extérieures; & c'est dans ce sens qu'il est une des parties de la Peinture.

Si le dessein est, comme il est vrai, la circonscription des formes extérieures, s'il les réduit dans les mesures & dans les proportions qui leur conviennent, il est vrai de dire aussi que c'est une espece de création, qui commence à tirer comme du néant, les productions visibles de la nature, qui sont l'objet du Peintre.

Quand nous avons parlé de l'invention, nous avons dit que cette partie dans l'ordre de l'exécution étoit la premiere. Il n'en est pas de même dans l'ordre des études, où le dessein doit s'apprendre avant toute chose. (1)

Il est la clef des beaux-arts; c'est lui qui

(1) Comme ce que donne ici Mr. *De Piles* sur le dessein, ne paroît pas assez instructif pour un ouvrage élementaire tel que celui-ci, on peut, pour y suppléer, consulter le livre intitulé *méthode pour apprendre le dessein*, par le sieur *Jombert*; *in-quarto*, enrichi de cent planches, imprimé à Paris en 1756.

donne entrée aux autres parties de la Peinture, l'instrument de nos démonstrations, & la lumiere de notre entendement. C'est donc par lui que les jeunes étudians doivent non-seulement commencer, mais c'est de lui qu'ils doivent contracter une forte habitude, pour acquérir avec plus de facilité la connoissance des autres parties dont il est le fondement.

Le dessein étant donc le fondement de la Peinture, on ne sauroit prendre trop de soin pour le rendre solide, & pour soutenir un édifice composé d'autant de parties qu'est celui de la Peinture. Ainsi je tâcherai d'en parler avec tout l'ordre que demande une connoissance si nécessaire.

Je regarde dans le dessein plusieurs parties d'une extrême nécessité à quiconque veut devenir habile, dont voici les principales. La Correction, le bon goût, l'élégance, le Caractere, la diversité, l'expression & la perspective.

De la Correction.

Correction est un terme dont les Peintres se servent ordinairement pour exprimer l'état d'un dessein qui est exempt de fautes dans les mesures. Cette Correction dépend de la justesse des proportions, & de la connoissance de l'anatomie.

Il y a une proportion générale fondée sur les mesures les plus convenables pour faire une belle figure. On peut consulter & examiner ceux qui ont écrit des proportions, & qui ont donné des mesures générales pour les figures humaines, supposé qu'ils ayent eux-mêmes consulté à fond & la nature & la sculpture des anciens.

Mais comme dans chaque espece que la nature produit, elle n'est pas déterminée à une seule sorte d'objet, & que sa diversité fait une de ses plus grandes beautés, il y a aussi des proportions particulieres, qui regardent principalement les sexes, les âges & les conditions, & qui dans ces mêmes états trouvent encore une infinie variété. Pour ce qui est des proportions particulieres, la nature en fournit autant qu'il y a d'hommes sur la terre; mais pour rendre ces proportions justes & agréables, il n'y a que l'antique dont la source est dans la nature, qui puisse servir d'exemple & former

former une ſolide idée de la belle diverſité.

Pluſieurs habiles Peintres ont meſuré les figures antiques dans toutes leurs parties, & ont communiqué à leurs éleves les études qu'ils en ont faites. Mais ſi ces démonſtrations n'ont pas été rendues, ni aſſez publiques, ni aſſez exactes, nous avons en France en notre poſſeſſion un nombre plus que ſuffiſant de belles ſtatues antiques, ou originales, ou moulées ſur les originaux, d'où chacun peut tirer les lumieres & les détails néceſſaires pour ſon inſtruction.

Ce qui eſt de certain, c'eſt qu'il eſt impoſſible de ſe prévaloir des meſures des figures antiques, ſans les avoir étudiées exactement, ſans les avoir deſſinées avec attention, & ſans les avoir données en garde à ſa mémoire après quelque tems d'une pratique opiniâtre. Vaſari fait dire à Michel-ange que *le compas doit être dans les yeux, & non pas dans les mains*. Ce bon mot a été bien reçu de tous les Peintres : mais Michel-ange n'a pu le dire, & les autres n'ont pu lui donner cours, qu'en ſuppoſant une habitude des plus belles proportions.

Comme c'est de l'antique que l'on doit non-seulement tirer ce qu'il y a de meilleur pour les proportions, mais qu'il contient encore plusieurs choses qui conduisent au sublime & à la perfection, il est nécessaire de s'en faire autant qu'il est possible, une idée nette, qui soit soutenue de la raison. Nous considérons donc l'antique dans son origine, dans sa beauté, & dans son utilité.

De l'Antique.

Quoique le mot l'antique, pris dans la force de son origine, signifie tout ce qui est ancien, on ne le prendra ici que pour les ouvrages de sculpture qui ont été faits dans le siecle des grands hommes, qui étoit celui du grand Alexandre, où les sciences & les beaux-arts étoient dans leur perfection. Ainsi je crois devoir épargner à mon lecteur l'ennui que je lui donnerois, si je voulois rapporter ici les noms des premiers sculpteurs, qui par une longue suite d'années ont pris la sculpture dans son berceau, pour la conduire jusqu'à l'âge où elle devoit arriver à cette perfection qui mérite, pour ainsi dire, le nom d'antique que nous lui attribuons aujourd'hui.

Les louanges que l'on donna pour lors aux excellens ouvrages, augmenta le nombre des bons ſculpteurs ? & la quantité de ſtatues que l'on érigeoit aux gens qui ſe faiſoient diſtinguer par leur mérite, auſſi bien que les idoles dont on ornoit les temples, donnoient de plus en plus matiere aux grands génies de s'exercer, & de perfectionner leurs ouvrages à l'envi les uns des autres.

Ce fut en ce tems-là que Policlete l'un des plus grands ſculpteurs de la Grece, s'aviſa de faire une ſtatue qui eût toutes les proportions qui conviennent à un homme parfaitement bien formé. Il ſe ſervit pour cela de pluſieurs modeles naturels, & après avoir réduit ſon ouvrage dans la derniere perfection, il fut examiné par les habiles gens avec tant d'exactitude, & admiré avec tant d'éloges, que cette ſtatue fut d'un commun conſentement appellée la regle, & fut ſuivi en général par tous ceux qui cherchoient à ſe rendre habiles. Il eſt aſſez vraiſemblable que cette expérience ayant réuſſi pour un ſexe, on en fit autant pour un autre, & qu'on la poussa même à la diversité des âges & des conditions.

Il me paroît que c'est à ce Policlete que l'on peut raisonnablement fixer l'origine des merveilleux ouvrages que nous appellons antiques, puisqu'on les avoit déja portés au degré de perfection où nous les voyons. Les sculpteurs de ces tems-là continuerent de donner des marques de leur habileté jusqu'au regne de l'Empereur Galien, environ l'an 360. que les Gots ravagerent la Grece sans connoissance, & sans aucun respect pour les belles choses. Mais puisque nous regardons les proportions de l'antique comme les modeles de la perfection, il est de l'ordre naturel de parler ici de sa beauté.

De la beauté de l'antique.

Quelques-uns ont dit que la beauté du corps humain consistoit dans un juste accord des membres entr'eux par rapport à un tout parfait; d'autres la mettent dans un bon tempérament, dans une vigoureuse santé, où le mouvement & la pureté du sang répandent sur la peau des couleurs également vives & fraîches. Mais la commune opinion n'admet aucune définition du beau. Le beau, dit-on, n'est rien de réel, chacun en juge selon son goût, en un mot, que le beau n'est autre chose que ce qui plaît.

Quoiqu'il en soit, peu de sentimens ont été partagés sur la beauté de l'antique. Les gens d'esprit qui aiment les beaux-arts ont estimé dans tous les tems ces merveilleux ouvrages, c'est-à-dire, non-seulement aujourd'hui qu'ils sont rares, mais dans les tems que tout étoit plein de statues, & qu'elles étoient dans la Grece & dans Rome, comme un autre peuple. Nous voyons dans les anciens auteurs quantité de passages, où pour louer les beautés vivantes, on les comparoit aux statues. *Les sculpteurs*, dit Maxime de Tyr, *par un admirable artifice choisissent de plusieurs corps les parties qui leur semblent les plus belles, & ne font de cette diversité qu'une seule statue. Mais ce mélange est fait avec tant de prudence & si à propos, qu'ils semblent n'avoir eu pour modele qu'une seule & parfaite beauté. Et ne vous imaginez pas*, poursuit le même auteur, *de pouvoir jamais trouver une beauté naturelle qui le dispute aux statues.*

l'art a toujours quelque chose de plus parfait que la nature. Ovide dans le 12. de ses Métamorphoses, où il fait la description de Cyllare, le plus beau des centaures, dit, *qu'il avoit une si grande vivacité dans le visage, que le col, les épaules, les mains & l'estomac en étoient si beaux, qu'on pouvoit assurer qu'en tout ce qu'il avoit de l'homme, c'étoit la même beauté que l'on remarque dans les statues les plus parfaites.* Et Philostrate parlant d'Euphorbe, dit *que sa beauté avoit gagné le cœur des Grecs, & qu'il étoit si approchant de la beauté d'une statue qu'on l'auroit pris pour Apollon.* Et plus bas parlant de la beauté de Néoptoleme, & de la ressemblance qu'il avoit avec son pere Achille, il dit, *Qu'en beauté son pere avoït autant d'avantage sur lui, que les statues en ont sur les beaux hommes.*

Ce n'étoit pas seulement chez les Grecs que l'on érigeoit des statues aux gens de mérite, & qu'on s'en faisoit des idoles, le peuple romain se servoit des mêmes moyens pour récompenser les grandes actions, & pour honorer leurs Dieux. Les romains dans la conquête de la Grece en enleverent non-ſeulement les plus belles ſtatues, mais en emmenerent les meilleurs ouvriers qui en inſtruiſirent d'autres, & qui ont laiſſé à la poſtérité des marques éternelles de leur ſavoir, comme nous le voyons par tant d'admirables ſtatues, par tant de buſtes, par tant de vaſes, & tant de bas-reliefs, & par ces belles colonnes Trajane & Antonine. Ce ſont toutes ces antiquités que l'on doit regarder comme les véritables ſources où il faut que les Peintres & les ſculpteurs aillent puiſer eux-mêmes, pour répandre une beauté ſolide ſur ce que leur génie pourra d'ailleurs leur inſpirer.

Les auteurs modernes ont ſuivi ces mêmes ſentimens ſur la beauté de l'antique. Je rapporterai ſeulement celui de Scaliger. *Le moyen*, dit-il, *que nous puiſſions rien voir qui approche de la perfection des belles ſtatues, puiſqu'il eſt permis à l'art de choiſir, de retrancher, d'ajoûter, de diriger, & qu'au contraire la nature s'eſt toujours altérée depuis la création du premier homme, en qui Dieu joignit la beauté de la forme à celle de l'innocence.*

Traduction litterale du Latin de Rubens.

De l'imitation des statues antiques.

IL y a des Peintres à qui l'imitation des statues antiques est très-utile, & à d'autres dangereuse jusqu'à la destruction de leur art. Je conclus néanmoins que pour la derniere perfection de la Peinture, il est nécessaire d'avoir l'intelligence des antiques, voire même d'en être pénétré ; mais qu'il est nécessaire aussi que l'usage en soit judicieux, & qu'il ne sente la pierre en façon quelconque.

Ex Rubenio.

De imitatione statuarum.

ALiis utilissima, aliis damnosa usque ad exterminium artis. Concludo tamen ad summum ejus perfectionem esse necessariam earum intelligentiam, imo imbibitionem : sed judiciose applicandum earum usum & omnino citra saxum. Nam plures imperiti & etiam periti non distinguunt materiam à forma, saxum à figura, nec necessitatem marmoris ab artificio.

Car l'on voit des Peintres ignorans & même des savans qui ne savent pas distinguer la matiere d'avec la force, la figure d'avec la pierre, ni la nécessité où eſt le ſculpteur de ſe ſervir du marbre d'avec l'artifice dont il s'emploie.

Una autem maxima ſtatuarum optimas utiliſſimas, ut viles inutiles eſſe, vel etiam damnoſas: nam tyrones ex iis neſcio quid crudi, terminati & difficilis moleſtaque anatomiæ dum trahunt videntur proficere, ſed in opprobrium naturæ, dum pro carne marmor coloribus tantum repræſentant. Multa ſunt enim notanda imo & vitanda etiam in optimis accidentia citra culpam artificis præcipue differentia umbrarum, cum caro, pellis, cartilago ſua diaphanitate multa leniant precipitia in ſtatuis nigredinis & umbræ quæ ſua denſitate ſaxum dupli-

Il eſt conſtant que les ſtatues les plus belles ſont très-utiles, comme les mauvaiſes ſont inutiles & mêmes dangereuſes: Il y a de jeunes Peintres qui s'imaginent être bien avancés, quand ils ont tiré de ces figures je ne ſais quoi de dur, de terminé, de difficile & de ce qui eſt plus épineux dans l'anatomie: mais tous ces ſoins vont à la honte de la nature, puiſqu'au lieu d'imiter la chair, ils ne repréſentent que du marbre teint de diverſes couleurs. Car il y a pluſieurs accidens à remarquer, ou plutôt à éviter dans les ſtatues même les plus belles, leſquels ne viennent point de

cat inexorabiliter obvium. Adde quasdam maccaturas ad omnes motus variabiles & facilitate pellis aut dimissas aut contractas à statuariis vulgo evitatas, optimis tamen aliquando admissas, Picturæ certo sed cum moderatione necessarias. Lumine etiam ab omni humanitate alienissimæ differunt lapideo splendore & aspera luce superficies magis elevante ac par est, aut saltem oculos fascinante.

la faute de l'ouvrier. Ils consistent principalement dans la différence des ombres; vu que la chair, la peau, les cartillages, par leur qualité diaphane adoucissent, pour ainsi dire, la dureté des contours, & font éviter beaucoup d'écueils qui se trouvent dans les statues, à cause de leur ombre noire qui par son obscurité fait paroître la pierre, quoique très-opaque, encore plus dure & plus opaque qu'elle n'est en effet. Ajoutez à celaqu'il y a dans le naturel certains endroits qui changent selon les divers mouvemens, & qui à cause de la souplesse de la peau sont quelquefois, tantôt unis & tendus, & tantôt pliés & ramassés, que les sculpteurs pour l'ordinaire ont pris soin d'éviter; mais que les plus habiles n'ont pas négligés, & qui sont absolument nécessaires dans la Peinture, pourvu qu'on en uſe avec modération. Non ſeulement les ombres des ſtatues, mais encore leurs lumieres ſont tout-à-fait différentes de celles du naturel ; d'autant que l'éclat de la pierre & l'âpreté des jours dont elle eſt frappée éleve la ſuperficie plus qu'il ne faut, ou du moins font paroître aux yeux des choſes qui ne doivent point être.

Ea quiſquis ſapienti diſcretione ſeparaverit, ſtatuas cominus amplectetur, nam quid in hoc erroneo ſæculo degeneres poſſumus, quam vilis genius nos humi detinet ab heroico illo imminutos ingenio judicio ; ſeu Patrum nebula ſuſci ſumus ſua voluntate Deum ad pejora lapſi non remittimur aut veteraſcente mundo indeboliti irrecuperabili damno, ſeu etiam objectum naturali

Celui qui par une mûre diſcrétion ſaura faire le diſcernement de toutes ces choſes, ne peut conſidérer avec trop d'attention les ſtatues antiques, ni les étudier trop ſoigneuſement : puiſque dans les ſiècles erronés où nous vivons, nous ſommes fort éloignés de rien produire de ſemblable, ſoit que la baſſeſſe de notre génie nous tienne rampans & ne nous permette pas d'aller juſqu'où les anciens

antiquitus origini perfectionique propius offerebat ultro compactum quod nunc seculorum senescentium defectu ab accidentibus corruptum nihil sui retinuit delabente in plura perfectione sua cedentibus vitiis : ut etiam staturæ hominum multorum sententiis probatur paulatim decrescentis quippe profani sacrique de heroüm, gigantum, cyclopumque ævo multa quidem fabulosa aliqua tamen vera narrant sine dubio.

ſont arrivés par leur jugement & par leur eſprit véritablement héroïque ; ou bien que nous ſoyons enveloppés des mêmes ténebres où nos peres ont vécu ; ou que Dieu permette qu'ayant négligé de nous retirer d'une erreur dans laquelle nous étions tombés, nous allions de mal en pire : ſoit encore que par un dommage irréparable il arrive que nos eſprits s'affoibliſſent & ſe ſentent de la vieilleſſe du monde : ſoit enfin que les corps humains ayant été dans les ſiècles paſſés plus près de leur origine & de leur perfection, ſe ſoient trouvés des modeles parfaits & ayent fourni naturellement toutes les beautés que nous ne reconnoiſſons plus aujourd'hui dans la nature. La perfection qui étoit une, s'eſt poſſible partagée & affoiblie par les vices qui lui ont ſuccédé inſenſiblement ; de ſorte que cette corruption ſeroit venue à tel point, qu'il ſemble que les corps ne ſoient plus les mêmes, ainſi qu'on pourroit le conjecturer par les écrits que nous ont laiſſés pluſieurs auteurs tant ſacrés que profanes, leſquels nous ont parlé de la ſtature ancienne des hommes en la perſonne des héros, des géans & des cyclopes ; & ſi en cela ils nous ont conté beaucoup de fables, ils nous ont dit ſans doute quelques vérités.

Cauſa præcipua quâ ævi homines differunt ab antiquis eſt ignavia & inexercitatum vivendi genus ; quippe eſſe, bibere nulla exercitandi corporis cura. Igitur prominet depreſſum ventris onus ſemper aſſidua repletum ingluvie, crura enervia & brachia otii ſui conſcia. Contra antiquitus omnes quotidie in palæſtris & gymnaſiis exercebantur violenter, ut vere dicam,

La principale raiſon pourquoi les corps humains de notre tems ſont différens de ceux de l'antiquité, c'eſt la pareſſe, l'oiſiveté, & le peu d'exercice que l'on fait ; car la plupart des hommes n'exercent leur corps qu'à boire & à faire bonne chere. Ne vous étonnez donc pas ſi amaſſant graiſſe ſur graiſſe, on a un ventre gros & chargé, des jambes mol-

nimis ad sudorem, ad lassitudinem extremam usque. Vide Mercurialem de arte gymnastica, quam varia laborum genera, quam difficilia, quam robusta habuerint. Ideo partes illæ ignavæ absumebantur tantopere, venter restringebatur abdomine in carnem migrante. Et quidquid in corpore humano excitando passive se habent : nam brachia, crura; cervix, scapuli & omnia quæ agunt auxiliante natura & succum calore attractum subministrante in immensum augentur & crescunt; ut videmus terga Getulorum, brachia gladiatorum, crura saltantium & totum fere corpus remigum.

les & énervées, & & des bras qui se reprochent à eux-mêmes leur oisiveté. Au lieu que dans l'antiquité les hommes s'exerçoient tous les jours dans les académies & lieux publics destinés aux exercices du corps, & poussoient même souvent ces exercices jusqu'à des sueurs & des lassitudes extrêmes. Voyez dans le livre qu'a écrit Mercurialis touchant l'art gymnastique, en combien de façons différentes ils travailloient leurs corps, & quelle force il falloit avoir pour cela. Dans la vérité rien n'étoit meilleur pour faire fondre les parties trop molles & trop grasses d'oisiveté que ces sortes d'exercices : la panse se retiroit, & tous les endroits qui étoient agités se changeoient en chair & fortifioient les muscles : car les bras, les jambes, le cou, les épaules, & tout ce qui travaille étant aidé de la nature qui attire par la chaleur un suc dont elle les nourrit, prennent de la force, croissent & s'augmentent extrêmement, ainsi que nous le voyons aux dos des Getes, aux jambes des danseurs, & presque à tout le corps des rameurs.

Rubens, dans un manuscrit latin qui est entre mes mains, en parle de cette sorte. J'ai rapporté ses propres paroles pour autoriser la fidelité de la traduction. *De imitatione statuarum. Aliis utilissima &c.*

Enfin la louange des gens d'esprit, les témoignages des auteurs & l'estime universelle des siecles les plus éclairés : toutes ces choses, dis-je, qui sont les plus forts préjugés en faveur de l'antique, ne servent pourtant qu'à confirmer cette unique raison de sa beauté, savoir, que l'antique n'est beau que parce qu'il est fondé sur l'imitation de la belle nature dans la convenance de chaque objet qu'on a voulu représenter.

Un dieu, un héros, & un homme ordinaire ont des caracteres différens que l'on remarque dans les plus belles statues antiques. Comme, par exemple, dans l'Apollon, la divinité ; dans l'Hercule, la force extraordinaire, & dans l'Antinoüs la beauté humaine.

Le goût de l'antique, me dira-t-on, qui paroît fondé sur le consentement des gens d'esprit, a pourtant varié du tems des Gots.

Mais on peut répondre que la maniere gothique est venue dans un tems où la guerre ayant fait périr les beaux-arts, les ouvriers n'eurent point d'autre objet pour les renouveller que l'imitation de la nature telle qu'elle se présentoit par hazard ; & que pour les ornemens, leur imagination s'exerçoit plutôt dans les choses difficiles qu'ils croyoient leur devoir acquérir de la réputation, que dans le bon goût qu'ils ne connoissoient pas.

Ce n'est donc point pour avoir rejetté l'antique que les Gots s'en sont écartés, c'est pour ne l'avoir pas connu. Tous les arts ont commencé par imiter la nature, & ils ne se sont perfectionnés que par le

bon

bon choix. Ce bon choix qui se trouve dans l'antique, a été fait par des hommes d'un bon esprit, qui cherchoient la gloire par la science, & qui ont examiné pour arriver à leur fin, les modeles les plus parfaits, dans un pays où les hommes naissent naturellement beaux, & dans un tems fertile en grands génies, où les beaux-arts étoient assiduement étudiés, approfondis dans leur source, & poussés dans une perfection qui est encore aujourd'hui l'objet de notre étonnement.

Que pourroit-on faire davantage pour donner à la postérité une grande idée de l'antique, une idée prise non d'une pratique insipide, ou d'une maniere exagérée que les disciples prennent des maîtres, d'un esprit borné & d'une capacité médiocre; mais d'une idée qui n'a point d'autre source que la nature dans laquelle le vrai paroît dans toute sa pureté, dans toute son élégance, dans toutes ses graces & dans toute sa force, sans jamais sortir de sa simplicité. Voilà l'intérêt qu'ont tous ceux qui dessinent, de regarder le nud de l'antique, comme la nature épurée, & comme la regle la plus assurée de la perfection.

Mais comme il est inutile de vouloir profiter de la vue des belles choses sans les bien concevoir, il est impossible de pénétrer la beauté de l'antique, non plus que le vrai de la nature, sans le secours de l'anatomie. On peut bien en voyant & dessinant l'antique acquérir une certaine grandeur de dessein, & se faire en gros une pratique qui tend au bon goût & à la délicatesse : mais ces avantages, s'ils sont sans connoissance & sans principes, n'iront qu'à éblouir le spectateur par un dehors spécieux & par des reminiscences mal placées. Et tel qui s'extasie à la vue de ces beaux ouvrages de l'antiquité, est encore fort éloigné de savoir la véritable source des beautés qu'il admire, à moins qu'il ne sache cette partie fondamentale du dessein, je veux dire, l'anatomie.

J'ai donc à faire voir que l'anatomie est le véritable fondement du dessein, & que cette science sert à découvrir les beautés de l'antique. Je ferai voir en même tems que la connoissance qui en est nécessaire au Peintre & au sculpteur, est très-facile à acquérir, & que la négligence que l'on a eue pour l'apprendre, ne vient que de ce qu'on l'a regardée comme un chemin qui conduisoit dans une sécheresse de dessein, & dans une maniere trop ressentie. Mais ceux qui voudront y faire un peu de réflexion, connoîtront au contraire qu'elle est la base solide de la vérité & de la correction des contours, bien loin d'en corrompre la pureté & d'altérer les muscles dans leurs liaisons.

J'ai écrit autrefois sous un nom emprunté (1) un abregé d'anatomie accommodé aux arts de Peinture & de sculpture, dans lequel les démonstrations sont fort sensibles; & j'en dirai encore ici quelque chose pour en faciliter d'autant plus l'intelligence, que ceux qui en ont besoin croient qu'elle est fort difficile.

De l'anatomie.

L'anatomie est une connoissance des parties du corps humain; mais celle dont les Peintres ont besoin, ne regarde à la rigueur que les os & les principaux muscles qui les couvrent; & la démonstration de ces

(1) *Abrégé d'anatomie, par Tortebat, dont le sieur Jombert, Libraire, vient de donner une nouvelle édition in folio à Paris, en 1765.*

deux choses se peut faire avec facilité. L. Nature nous a donné des os pour la solidité de notre corps, & pour la fermeté de chaque membre. Elle y a attaché des muscles comme des agens extérieurs qui tirent les os du côté que la volonté le commande. Les os déterminent les mesures des longueurs, & les muscles celles des largeurs, ou du moins c'est de l'office des muscles que dépendent la forme & la justesse des contours.

Il est d'une nécessité indispensable de bien connoître la forme & la jonction des os, d'autant qu'ils alterent souvent les mesures dans le mouvement, comme il est nécessaire de bien savoir la situation & l'office des muscles; puisqu'en cela consiste la vérité la plus sensible du dessein.

Les os sont immobiles d'eux-mêmes & ne sont ébranlés que par les muscles. Les muscles ont leurs origines & leurs insertions; ils tiennent par leur origine à un os qu'ils n'ont jamais intention d'émouvoir, & ils tiennent par leur insertion à un autre os qu'ils tirent, quand ils veulent, du côté de leur origine.

Il n'y a point de muſcle qui n'ait ſon oppoſé : quand l'un agit, il faut que l'autre obéiſſe, ſemblables en cela aux ſceaux du puits dont l'un deſcend quand l'autre monte. Celui qui agit s'enfle & ſe reſſere du côté de ſon origine, & celui qui obéit s'étend & ſe relâche.

Les plus gros os & qui ſont les plus difficiles à s'ébranler, ſont couverts des plus gros muſcles, leſquels ſont ſouvent aidés dans leurs fonctions par d'autres qui, déterminés à faire le même office, augmentent la force du mouvement, & rendent la partie plus ſenſible.

Pluſieurs Peintres en prononçant fortement les muſcles ont voulu s'établir une réputation de ſavans dans l'anatomie, ou du moins ont voulu faire voir qu'ils la poſſédoient. Mais ils ont montré par-là même qu'ils la ſavoient mal, puiſqu'il paroît qu'ils ont ignoré qu'il y eût une peau qui enveloppe les muſcles, & qui les fait voir plus tendres & plus coulans, ce qui fait une partie du corps humain, & par conſéquent de l'anatomie. Les corps des femmes & des petits enfans qui ont tous leurs muſcles, auſſi bien que les atheletes, nous prouvent aſſez cette vérité.

Les auteurs des figures antiques n'ont point abuſé de la connoiſſance profonde qu'ils avoient de cette partie, en faiſant paroître les muſcles au-delà d'une prudente néceſſité; & la juſteſſe qu'ils ont conſervée en cela marque bien l'attention qu'ils croyoient qu'on y devoit donner. En effet, le moyen de juger de la vérité, ou de la fauſſeté d'un contour, ſi l'on ne connoît certainement à quel point le muſcle qui le forme doit être enflé ou relâché ſelon la deſtination de ſon office, & le degré de ſon action. Nous voyons ſouvent, comme nous avons déja dit, que faute de cette connoiſſance, tel qui admire une ſtatue antique n'en ſait pas d'autre raiſon que parce qu'elle eſt antique.

Et ſi vous lui demandez raiſon d'un contour de quelque figure même qu'il aura faite, il vous répondra qu'il l'a vue ainſi ſur la nature: & c'eſt ce qui arrive parmi les jeunes gens, & parmi ceux dont la ſcience ne conſiſte que dans la ſeule pratique.

Il arrive ſouvent que l'on voit dans le

nud des figures antiques & dans la nature même, certaines éminences dont on ne peut ſavoir la raiſon, ſi on ne ſait l'inférer de la ſituation & de l'office du muſcle qui les cauſe. Mais ceux qui poſſedent l'anatomie voient tout en ne voyant qu'une partie, & ſavent conduire des yeux ce que la peau & la graiſſe paroiſſent leur dérober, & ce qui eſt caché à ceux qui ignorent cette ſcience.

Je ne m'expliquerai point ici davantage; il ſuffit que j'en aie aſſez dit pour perſuader qu'il eſt impoſſible d'être véritablement habile dans le deſſein, ſans une connoiſſance claire & nette de l'anatomie, telle qu'elle convient aux arts de Peinture & de ſculpture. Je reviens ſeulement à dire que rien n'eſt plus aiſé que de l'acquérir dans le degré que nous ſuppoſons : contre l'imagination de ceux qui aiment mieux s'en faire un monſtre, que de donner quelque attention à cette partie ſi néceſſaire. Pour les démonſtrations, je renvoie mon lecteur à l'abregé d'anatomie que j'en ai fait, & qui a été imprimé, comme j'ai dit, ſous le nom de Tortebat.

Du goût du dessein.

Le goût est une idée qui suit l'inclination naturelle du Peintre, ou qu'il s'est formée par l'éducation. Chaque école a son goût de dessein, & depuis le rétablissement des beaux-arts celle de Rome a été toujours estimée la meilleure, parce qu'elle s'est formée sur l'antique : l'antique est donc ce qu'il y a de meilleur pour le goût du dessein, ainsi que j'ai tâché ci-dessus d'en donner des preuves.

De l'élégance.

L'élégance en général est une maniere de dire ou de faire les choses avec choix, avec politesse & avec agrément ; avec choix, en se mettant au-dessus de ce que la nature & les Peintres font ordinairement ; avec politesse, en donnant un tour à la chose, lequel frappe les gens d'un esprit délicat ; & avec agrément, en répandant en général un assaisonnement qui soit au goût & à la portée de tout le monde.

L'élégance n'est pas toujours fondée sur la correction, comme elle le paroît dans l'antique & dans Raphaël. Elle se fait souvent.

vent ſentir dans des ouvrages peu châtiés & négligés d'ailleurs, comme dans le Correge, où malgré les fautes contre la juſteſſe du deſſein, l'élégance ſe fait admirer dans le goût du deſſein même, dans le tour que ce Peintre donne aux actions, en un mot, le Correge ſort rarement de l'élégance.

Mais l'élégance qui eſt ſoutenue de la correction du deſſein, en nous préſentant une image de la perfection, remplit toute notre attente, attache notre attention, & éleve notre eſprit après l'avoir frappé d'un agréable étonnement. On peut encore définir l'élégance du deſſein de cette ſorte.

C'eſt une maniere d'être qui embelit les objets, ou dans la forme ou dans la couleur, ou dans tous les deux, ſans en détruire le vrai.

Celle qui regarde le deſſein ſe trouve dans l'antique préférablement à tous les grands Peintres qui l'ont imité, parmi leſquels le conſentement univerſel met Raphaël au deſſus des autres.

Des Caracteres.

Ce n'eſt pas la correction ſeule qui donne l'ame aux objets peints, c'est la maniere dont ils sont dessinés. Chaque espece d'objet demande une marque différente de distinction, la pierre, les eaux, les arbres, le poil, la plume; & enfin tous les animaux demandent des touches différentes pour exprimer l'esprit de leur caractere : le nud même des figures humaines a ses marques de distinction. Les uns pour imiter la chair donnent aux contours une inflexion qui porte cet esprit : les autres pour imiter l'antique conservent dans leurs contours la régularité des statues, de peur de rien perdre de leur beauté.

On voit même dans les desseins des grands maîtres, que pour exprimer les passions de l'ame, ils s'étoient familiarisés certains traits qui montrent plus vivement encore que leur Peinture l'expression de leur idée.

Le mot d'expression se confond ordinairement en parlant de Peinture avec celui de passion. Ils different néanmoins en ce que, expression est un terme général qui signifie la représentation d'un objet selon le caractere de sa nature, & selon le tour que le Peintre a dessein de lui donner pour la convenance de son ouvrage. Et la passion en Peinture, est un mouvement du corps accompagné de certains traits sur le visage, qui marquent une agitation de l'ame. Ainsi toute passion est une expression : mais toute expression n'est pas une passion. D'où l'on doit conclure qu'il n'y a point d'objet dans un tableau qui n'ait son expression.

Ce seroit ici le lieu de parler des passions de l'ame : mais j'ai trouvé qu'il étoit impossible d'en donner des démonstrations particulieres qui pussent être d'une grande utilité à l'art. Il m'a semblé au contraire, que si elles étoient fixées par de certains traits qui obligeassent les Peintres à les suivre nécessairement comme des regles essentielles, ce seroit ôter à la Peinture cette excellente variété d'expression, qui n'a point d'autre principe que la diversité des imaginations dont le nombre est infini, & les productions aussi nouvelles que les pensées des hommes sont différentes. Une même passion peut être exprimée de plusieurs façons toutes belles, & qui feront plus ou moins de plaisir à voir selon le plus ou le moins d'esprit des Peintres qui les ont exprimées, & des spectateurs qui les sentent.

Il y a dans les passions deux sortes de mouvemens; les uns sont vifs & violens, les autres sont doux & modérés. Quintilien appelle les premiers pathétiques, & les autres moraux. Les pathétiques commandent, les moraux persuadent; les uns portent le trouble & remuent puissamment les cœurs, les autres insinuent le calme dans l'esprit; & tous ont besoin de beaucoup d'art pour être bien exprimés.

Le pathétique est fondé sur les passions les plus violentes, sur la haine, sur la colere, sur l'envie, sur la pitié. Le moral inspire la douceur, la tendresse, l'humanité. Le premier regne dans les combats & dans les actions imprévues & momentanées; le dernier dans les conversations. L'un & l'autre demandent les bienséances & les convenances des figures que l'on introduit sur la scene.

Le Brun a fait un traité des passions dont il a tiré la plupart des définitions de ce qu'en a écrit Descartes. Mais tout ce qu'en a dit ce philosophe ne regarde que les mouvemens du cœur, & les Peintres n'ont besoin que de ce qui paroît sur le visage. Or quand les mouvemens du cœur produiroient les passions selon les définitions qu'on en donne, il est difficile de savoir comment ces mouvemens forment les traits du visage qui les représentent à nos yeux.

De plus, les définitions de Descartes ne sont pas toujours mesurées à la capacité des Peintres qui ne sont pas tous philosophes, quoique d'ailleurs ils aient bon esprit & bon sens. Il suffit qu'ils sachent que les passions sont des mouvemens de notre ame qui se laisse emporter à certains sentimens à la vue de quelque objet, sans attendre l'ordre, & le jugement de la raison. Le Peintre doit envisager cet objet avec attention, & le représenter présent quoiqu'absent, & se demander à soi-même ce qu'il feroit naturellement s'il étoit surpris de la même passion. Il faut même faire davantage : il faut prendre la place de la personne passionnée, s'échauffer l'imagination, ou la modérer selon le degré de vivacité, ou de douceur qu'exige la passion, après y être bien entré & l'avoir bien sentie : le miroir est pour cela d'un grand ſecours, auſſi bien qu'une perſonne qui étant inſtruite de la choſe voudra bien ſervir de modele.

Mais ce n'eſt point aſſez que le Peintre ſente les paſſions de l'ame, il faut qu'il les faſſe ſentir aux autres; & qu'entre pluſieurs caracteres dont une paſſion peut s'exprimer, il choiſiſſe ceux qu'il croira les plus propres à toucher ſur-tout les gens d'eſprit, ce qui ne peut ſe faire à mon avis, que par un ſens exquis, & par un jugement ſolide. Quand on a une fois attrapé le goût du ſpectateur, rien ne l'intéreſſe davantage en faveur du Peintre.

Pour les démonſtrations que le Brun en a données, elles ſont très-ſavantes & très-belles, mais elles ſont générales; quoiqu'elles puiſſent être utiles à la plupart des Peintres, on peut néanmoins ſur le ſujet, faire de belles expreſſions tout-à-fait différentes de celles de le Brun, quoique ce Peintre y ait très-bien réuſſi.

Les expreſſions générales ſont donc excellentes, parce que c'eſt d'elles que ſortent les expreſſions particulieres, comme les branches de l'arbre ſortent de leur tronc.

Mais je voudrois que chaque Peintre s'en fît une étude, en remarquant, le crayon à la main, les traits qui les désignent; & qu'il se servît pour cela de l'antique & de la nature, afin de se faire ainsi une idée générale des principales passions selon son génie; car nous pensons tous différemment & nous imaginons tous selon la nature de notre tempérament.

Quoique les passions de l'ame se fassent reconnoître plus sensiblement dans les traits du visage qu'ailleurs, elles demandent souvent d'être accompagnées des autres parties du corps. Car dans les sujets qui demandent l'expression de quelque partie essentielle, si vous ne touchez le spectateur que foiblement, vous lui inspirez une tiédeur qui le rebute: au lieu que si vous le touchez bien, vous lui donnez un plaisir infini.

La tête est donc la partie du corps qui contribue toute seule plus que toutes les autres ensemble à l'expression des passions. Les autres parties séparément ne peuvent exprimer que de certaines passions; mais la tête les exprime toutes. Il y en a néanmoins qui lui sont plus particulieres:

comme l'humilité qu'elle exprime lorsqu'elle est baissée; l'arrogance, quand elle est élevée; la langueur quand elle panche & qu'elle se laisse aller sur l'épaule; l'opiniâtreté, avec une certaine humeur revêche & barbare, quand elle est droite, fixe & arrêtée entre les deux épaules; & d'autres dont on conçoit mieux les marques qu'on ne les peut dire, comme la pudeur, l'admiration, l'indignation & le doute.

C'est par la tête que nous faisons mieux voir nos supplications, nos menaces, notre douceur, notre fierté, notre amour, notre haine, notre joie, notre tristesse, notre humilité. Enfin c'est assez de voir le visage pour entendre à demi-mot; la rougeur & la pâleur nous parlent, aussi bien que le mêlange des deux.

Les parties du visage contribuent toutes à mettre au dehors les sentimens du cœur; mais sur-tout les yeux, qui sont, comme, dit Cicéron, deux fenêtres par où l'ame se fait voir. Les passions qu'ils expriment le plus particuliérement sont, le plaisir, la langueur, le dédain, la sévérité, la douceur, l'admiration & la colere: la joie &

la tristesse pourroient encore être de ce nombre si elles ne partoient plus particuliérement des sourcils & de la bouche; & quoique ces deux dernieres parties s'accordent davantage pour exprimer ces deux passions, néanmoins si vous savez les joindre avec le langage des yeux, vous aurez une harmonie merveilleuse pour toutes les passions de l'ame.

Le nez n'a point de passion qui lui soit particuliere, il ne fait que prêter son secours aux autres parties du corps par un élevement de narines, qui est autant marqué dans la joie, que dans la tristesse. Il semble néanmoins que le mépris lui fasse lever le bout & élargir les narines en tirant en haut la levre de dessus à l'endroit qui approche des coins de la bouche. Les anciens ont fait du nez le siege de la moquerie. *Eum subdolæ irrisioni dicaverunt*, dit Pline. Ils y ont aussi logé la colere: on voit dans Perse, *Disce: sed ira cadat naso, rugosaque sanna.* Pour moi, je croirois volontiers que le nez est le siege de la colere dans les animaux plutôt que dans les hommes, & qu'il ne sied bien qu'au dieu

Pan, qui tient beaucoup de la bête, de ronfrogner son nez dans la colere, ainsi que les autres animaux, & que Philostrate nous le représente, lorsque les Nymphes qui l'avoient lié, lui faisoient mille insultes.

Le mouvement des levres doit être médiocre dans le discours, parce qu'on parle plutôt de la langue que des levres : & si vous le faites la bouche fort ouverte, il faut que ce soit pour exprimer une violente passion.

Pour ce qui est des mains, elles obéissent à la tête, elles lui servent en quelque maniere d'armes & de secours ; sans elles l'action est foible & comme à demi-morte : leurs mouvemens, qui sont presque infinis font des expressions sans nombre. N'est-ce pas par elles que nous desirons, que nous espérons, que nous promettons, que nous appellons, que nous renvoyons ? Elles sont encore les instrumens de nos menaces, de nos supplications, de l'horreur que nous témoignons pour les choses, ou de la louange que nous leur donnons. Par elles nous approuvons, nous refusons, nous craignons, nous interrogeons, nous montrons notre joie & notre tristesse, nos doutes, nos regrets, nos douleurs & nos admirations. Enfin l'on peut dire, puiſqu'elles ſont la langue des muets, qu'elles ne contribuent pas peu à parler un langage commun à toutes les nations de la terre, qui eſt celui de la Peinture.

De dire comme il faut que ces parties ſoient diſpoſées pour exprimer les différentes paſſions, c'eſt ce qui eſt impoſſible, & dont on ne peut donner de regles bien préciſes tant à cauſe que le travail en ſeroit infini, que parce que chacun en doit uſer ſelon ſon génie, & ſelon l'étude qu'il en a dû faire. Souvenez-vous ſeulement de prendre garde que les actions de vos figures ſoient toutes naturelles : *Il me ſemble*, (dit Quintilien, parlant des paſſions) *que cette partie ſi belle & ſi grande n'eſt pas inacceſſible, & qu'il y a un chemin qui y conduit aſſez facilement ; c'eſt de conſidérer la nature & de l'imiter : car les ſpectateurs ſont ſatisfaits, lorſque dans les choſes artificielles ils reconnoiſſent la nature telle qu'ils ont accoutumé de la voir ? En effet il eſt indubitable que les mouvemens de l'ame, qui ſont étudiés par art, ne ſont jamais si naturels que ceux qui se voient dans la chaleur d'une véritable passion.*

Ces mouvemens s'exprimeront bien mieux & seront bien plus naturels, si l'on entre dans les mêmes sentimens, & que l'on s'imagine être dans le même état que ceux que l'on veut représenter. *Car la nature* (dit Horace) *dispose notre intérieur à toutes sortes de fortunes; tantôt elle nous rend contens, tantôt elle nous pousse dans la colere, & tantôt elle nous accable tellement de tristesse, qu'elle nous abat entiérement, & nous met dans des inquiétudes mortelles : puis elle pousse au dehors les mouvemens du cœur par la langue, qui est son interprete.* Qu'au lieu de la *langue* le Peintre dise, *par les actions qui sont ses interpretes. Le moyen* (dit Quintilien) *de donner une couleur à une chose si vous n'avez pas cette couleur. Il faut que nous soyons touchés les premiers d'une passion avant que d'essayer d'en toucher les autres. Et comment faire* (ajoute-t-il) *pour se sentir ému, vu que les passions ne sont pas en notre puissance : en voici le moyen, si je ne me trompe. Il faut se former des visions & des images des choses absentes, comme si effectivement elles étoient devant nos yeux, & celui qui concevra le plus fortement ces images, pourra exprimer les passions avec plus d'avantage & de facilité.* Mais il faut prendre garde, comme nous avons déja dit, que dans ces images les mouvemens soient naturels; car il y en a qui s'imaginent avoir donné bien de la vie à leurs figures, quand ils leur ont fait faire des actions violentes & exagérées, que l'on peut appeller des contorsions du corps, plutôt que des passions de l'ame; & qui se donnent ainsi souvent bien de la peine pour trouver quelque forte passion, où il n'en faut qu'une fort légere.

Joignez à tout ce que j'ai dit des passions, qu'il faut extrêmement avoir égard à la qualité des personnes passionnées: la joie d'un roi ne doit pas être comme celle d'un valet, & la fierté d'un soldat ne doit pas ressembler à celle d'un capitaine: c'est dans ces différences que consiste le vrai discernement des passions.

Tout le monde sait que l'imitation des objets visibles de la nature consiste dans le deſſein & dans le coloris. Je viens d'expoſer ce que je conçois du premier en parlant de la correction du deſſein, fondée ſur les beautés de la nature & de l'antique, & ſur l'utilité de l'anatomie. J'ai dit quelque choſe du goût, de la diverſité, de l'élégance, du caractere, & des expreſſions des paſſions, ſelon le rapport que toutes choſes ont avec le deſſein. Il ne me reſte maintenant qu'à traiter du coloris, pour joindre ce que j'en dirai à ce que j'en ai écrit autrefois. Au reſte ſi en parlant du deſſein j'ai omis quelque choſe qui ait relation à cette partie, c'eſt parce que d'autres perſonnes que moi en ont écrit avec ſuccès, & qu'il ſeroit ennuyeux de rebattre une matiere, ſans pouvoir la mieux éclaircir.

DU PAYSAGE.

LE payſage eſt un genre de Peinture qui repréſente les campagnes & tous les objets qui s'y rencontrent. Entre tous les plaiſirs que les différens talens de la Peinture procurent à ceux qui les exercent, celui de faire du payſage me paroît le plus ſenſible, & le plus commode; car dans la grande variété dont il eſt ſuſceptible, le Peintre a plus d'occaſions que dans tous les autres genres de cet art, de ſe contenter dans le choix des objets, la ſolitude des rochers, la fraîcheur des forêts, la limpidité des eaux, leur murmure apparent, l'étendue des plaines & des lointains, le mélange des arbres, la fermeté du gazon, & les ſites tels que le payſagiſte les veut repréſenter dans ſes tableaux, font que tantôt il y chaſſe, que tantôt il y prend le frais, qu'il s'y promene, qu'il s'y repoſe, ou qu'il y rêve agréablement. Enfin il eſt le maître de diſpoſer de tout ce qui ſe voit ſur la terre, ſur les eaux, & dans les airs : parce que de toutes les productions de l'art & de la nature, il n'y en a aucune qui ne puiſſe entrer dans la compoſition de ſes tableaux.

Ainſi la Peinture, qui eſt une eſpece de création, l'eſt encore plus particuliérement à l'égard du payſage.

Parmi tant de ſtyles différens que les payſagiſtes ont pratiqués dans l'exécution de leurs tableaux, j'en diſtinguerai ſeulement deux dont les autres ne ſont qu'un mélange, le ſtyle héroïque, & le ſtyle paſtoral ou champêtre.

Le ſtyle héroïque eſt une compoſition d'objets qui dans leur genre tirent de l'art & de la nature tout ce que l'un & l'autre peuvent produire de grand & d'extraordinaire. Les ſites en ſont tout agréables & tout ſurprenans : les fabriques n'y ſont que temples, que pyramides, que ſépultures antiques, qu'autels conſacrés aux divinités, que maiſons de plaiſance d'une réguliere architecture ; & ſi la nature n'y eſt pas exprimée comme le haſard nous la fait voir tous les jours, elle y eſt du moins repréſentée comme on s'imagine qu'elle devroit être. Ce ſtyle eſt une agréable illuſion, & une eſpece d'enchantement quand il part d'un beau génie & d'un bon eſprit, comme étoit celui du Pouſſin : lui qui s'y eſt ſi bien exprimé. Mais ceux qui voudront ſuivre ce genre de Peinture, & n'auront pas le talent de ſoutenir le ſublime qu'il demande, courent ſouvent le riſque de tomber dans le puérile.

Le ſtyle champêtre eſt une repréſentation des pays qui paroiſſent bien moins cultivés qu'abandonnés à la bizarrerie de la ſeule nature. Elle s'y fait voir toute ſimple,

ſans

ſans fard & ſans artifice; mais avec tous les ornemens dont elle ſait bien mieux ſe parer, lorſqu'on la laiſſe dans ſa liberté, que quand l'art lui fait violence.

Dans ce ſtyle les ſites ſouffrent toutes ſortes de variétés : ils y ſont quelquefois aſſez étendus pour y attirer les troupeaux des bergers, & quelquefois aſſez ſauvages pour ſervir de retraite aux ſolitaires, & de ſûreté aux animaux ſauvages.

Il arrive rarement que le Peintre ait l'eſprit d'une aſſez grande étendue pour embraſſer toutes les parties de la Peinture. Il y en a ordinairement quelqu'une qui attire notre prédilection, & qui occupe tellement notre eſprit, qu'elle nous fait oublier les ſoins que nous devrions donner aux autres parties; & nous voyons preſque toujours que ceux dont l'inclination les porte vers le ſtyle héroïque, croient avoir tout fait quand ils ont introduit dans la compoſition de leur tableau, des objets nobles & capables d'élever l'imagination, ſans ſe mettre autrement en peine de l'intelligence & de l'effet d'un bon coloris. Ceux au contraire qui ſont dans le ſtyle paſtoral, s'attachent fortement à la couleur pour repréſenter plus vivement la vérité. L'un & l'autre ſtyle ont leurs ſectateurs & leurs partiſans. Ceux qui ſuivent le ſtyle héroïque, ſuppléent par leur imagination à ce qui y manque de vérité, & n'y ſouhaitent rien davantage.

Ainſi pour contrebalancer l'élevation des payſages héroïques, je croirois qu'il ſeroit à propos de jetter dans les payſages champêtres, non-ſeulement un grand caractere de vérité, mais encore quelque effet de la nature piquant, extraordinaire & vraiſemblable comme a toujours fait le Titien.

Il y a une infinité de payſages où l'héroïque & le champêtre ſont heureuſement joints enſemble, & l'on en pourra reconnoître le plus & le moins par la deſcription que je viens de faire de ces deux manieres de s'exprimer dans le payſage.

Les choſes qui ſont particulieres au païſage, & ſur leſquelles on peut réflechir, ſont, à mon avis, les ſites, les accidens, le ciel & les nuages, les lointains & les montagnes, le gazon, les roches, les terreins, les terraſſes, les fabriques, les eaux, le devant du tableau, les plantes, les figures & les arbres. J'ai fait sur toutes ces choses quelques réflexions que le lecteur trouvera bon que je lui expose.

Des Sites.

Le mot de site signifie la vue, la situation & l'assiette d'une contrée. Il vient de l'Italien *Sito*, & nos Peintres l'ont fait passer en France, ou parce qu'ils s'y étoient accoutumés en Italie, ou parce qu'ils l'ont trouvé, comme il me semble fort expressif.

Les sites doivent être bien liés & bien débrouillés par leur forme, en sorte que le spectateur puisse juger facilement qu'il n'y a rien qui empêche la liaison d'un terrein à un autre, quoiqu'il n'en voie qu'une partie.

Il y a des sites de plusieurs sortes, & le Peintre les représente indifféremment selon les pays qu'il suppose, ouverts ou serrés, montueux, aquatiques, cultivés & habités, incultes & solitaires, ou enfin variés par un mélange prudent d'une partie de ces choses. Mais si le Peintre est obligé d'imiter, par exemple la nature d'un pays plat

& uniforme, il doit le rendre agréable par la disposition d'un bon clair-obscur, & chercher de l'avantage dans la distribution des couleurs qui peuvent plaire, & qui peuvent se rencontrer d'un terrein plat à un autre.

Il est certain cependant que les sites extraordinaires plaisent & qu'ils réjouissent l'imagination par la nouveauté & par la beauté de leurs formes, quand même la couleur locale & l'exécution en seroient médiocres; parce qu'au pis aller, on regarde ces sortes de tableaux comme des ouvrages qui ne sont point achevés, & qui peuvent recevoir leur perfection de la main d'un Peintre intelligent dans le coloris. Mais les sites, & les objets communs demandent pour plaire des couleurs & une exécution parfaite. Claude le Lorrain n'a réparé que par là l'insipidité & le choix médiocre de la plûpart des ses sites. Mais de quelque maniere que soit un site, l'un des plus puissans moyens de le faire valoir, & même de le multiplier & de le varier, sans changer sa forme, c'est la supposition sage & ingénieuse des accidens.

Des Accidens.

L'accident en Peinture est une interruption qui se fait de la lumiere du soleil par l'interposition des nuages ; en sorte qu'il y ait des endroits éclairés sur la terre & d'autres ombrés, qui selon le mouvement des nuages se succedent les uns aux autres, & font des effets merveilleux, & des changemens de clair-obscur, qui semblent produire autant de nouveaux sites. L'exemple s'en voit journellement sur la nature ; & comme cette nouveauté de sites n'est fondée que sur la forme des nuages & sur leur mouvement, lequel est fort inconstant & fort inégal, il s'ensuit de-là que les accidens sont arbitraires, & que le Peintre qui a du génie en peut disposer à son avantage lorsqu'il juge à propos de s'en servir ; car absolument parlant il n'y est point obligé, & il y a eu d'habiles païsagistes qui ne les ont jamais mis en usage, ou par timidité ou par habitude, comme Claude le Lorrain & quelques autres.

Du Ciel & des Nuages.

Le ciel, en termes de Peinture, est

cette partie éthérée que nous voyons au-dessus de nous, mais c'est encore plus particuliérement la région de l'air que nous respirons, & celles ou se forment les nuées & les orages.

Sa couleur est un bleu qui devient plus clair à mesure qu'il approche de la terre à cause de l'interposition des vapeurs qui sont entre nous & l'horison, lesquelles étant pénétrées de la lumiere, la communiquent aux objets, plus ou moins selon qu'ils en sont plus près, ou plus éloignés.

Il y a seulement à observer que cette lumiere étant jaune ou rougeâtre sur le soir lorsque le soleil se couche, ces mêmes objets participent non-seulement de la lumiere, mais aussi de la couleur. Ainsi la lumiere jaune venant à se mêler avec le bleu dont le ciel est naturellement coloré, elle l'altere & lui donne un œil plus ou moins verdâtre selon que le jaune de la lumiere est plus ou moins chargé.

Cette observation est générale & infaillible, mais il y en a une infinité de particulieres qui doivent se faire le pinceau à la main sur le naturel, lorsque l'occasion s'en présente. Car il y a des effets très-beaux & très-singuliers qu'il est difficile de faire concevoir par des raisons physiques. Qui dira, par exemple, pourquoi il se voit des nuages dont la partie éclairée est d'un beau rouge, pendant que la source de la lumiere dont ils sont frappés est d'un jaune très-vif & très-distingué ? Qui rendra raison des différens rouges qui se voient sur des nuées différentes, dans le moment que ces différents rouges ne reçoivent la lumiere que d'un même endroit ? Car les couleurs & les effets surprenans dont je parle, ne paroissent avoir aucune relation avec l'arc-en-ciel dont les philosophes prétendent donner de solides raisons.

Tous ces effets extraordinaires se voient le soir sur le déclin du jour quand le tems semble vouloir changer, ou qu'un grand orage se prépare, ou quand il est passé, & qu'il nous laisse voir sur ses fins de quoi attirer notre attention.

Le caractere des nuages est d'être legers & aëriens dans la forme & dans la couleur ; & quoique le nombre des formes en soit infini, il est très-à-propos de les étudier,

& d'en faire choix d'après nature, quand un bon moment nous en présente de beaux. Si on veut les représenter minces, il faut les peindre en les confondant légérement avec leur fond sur-tout aux extrémités, ou comme s'ils étoient transparens: & si l'on veut qu'ils soient épais, il faut que les réflets y soient ménagés, de maniere que sans perdre leur légereté, ils paroissent tourner & se lier, s'il est besoin, avec d'autres nuages qui leur seroient voisins. Les petits nuages font souvent une petite maniere & rarement un bon effet, à moins qu'étant près les uns des autres, ils ne paroissent tous ensemble ne faire qu'un seul objet.

Enfin le caractere du ciel est d'être lumineux, & comme il est même la source de la lumiere, tout ce qui est sur la terre lui doit céder en clarté; s'il y a pourtant quelque chose qui puisse approcher de sa lumiere, ce sont les eaux & les corps polis qui sont capables de recevoir des réflets lumineux.

Mais le Peintre ne doit pas en faisant le ciel lumineux, le rendre toujours brillant

par-tout

par-tout, il doit au contraire ménager ſi bien la lumiere, que la plus grande ne ſoit qu'à un ſeul endroit ; & pour la rendre plus ſenſible, il faut qu'il ait ſoin, autant qu'il le pourra, de l'oppoſer à quelque objet terreſtre qui la rendra beaucoup plus vive par ſa couleur un peu obſcure, comme à un arbre, à une tour, ou à quelque fabrique un peu élevée.

Cette lumiere principale peut encore être rendue ſenſible par une certaine diſpoſition de nuages, par le moyen d'une lumiere ſuppoſée, ou qui peut être renfermée ingénieuſement entre des nuées, dont la douce obſcurité ſeroit inſenſiblement répandue & ménagée de côté & d'autre. Nous en avons quantité d'exemples dans les Peintres Flamans qui ont le mieux entendu le payſage, comme Paul Bril, Breugel, Saveri. Les eſtampes mêmes que les Sadelers & Merian ont gravées, nous donnent une idée fort nette de ces ſortes de lumieres, & réveillent merveilleuſement le génie de ceux qui ont des principes du clair-obſcur.

Des Lointains & des Montagnes.

Les lointains ont une grande relation avec le ciel, c'eſt lui qui en détermine la force ou la foibleſſe : ils ſont plus obſcurs quand il eſt plus chargé, & plus éclairés quand il eſt plus ſerein : ils confondent quelquefois enſemble leurs formes & leurs lumieres, & il y a des tems & des pays où les nuages paſſent entre les montagnes dont le ſommet s'éleve, & ſe fait voir au-deſſus d'eux. Les montagnes fort hautes & couvertes de neiges ſont propres à faire naître dans les lointains des effets extraordinaires qui ſont avantageux au Peintre, & agréables au ſpectateur.

La forme des lointains eſt arbitraire, il faut ſeulement qu'elle s'accorde au tout-enſemble du tableau & à la nature du pays que l'on repréſente. Ils ſont d'ordinaire bleus à cauſe de l'interpoſition de l'air qui eſt entre nous & ces lointains ; mais ils quittent cette couleur peu à peu à meſure qu'ils s'approchent de nous, & prennent celle qui eſt naturelle aux objets.

Dans la dégradation des montagnes, il faut obſerver une liaiſon inſenſible, par des tournans que les reflets rendent vraisemblables, & éviter entr'autres choses dans les extrêmités une certaine dureté qui les fait paroître tranchées, comme si elles avoient été coupées aux ciseaux & appliquées sur la toile.

Il faut encore observer que l'air qui est au pied des montagnes étant chargé de vapeurs, est par conséquent plus susceptible de lumiere que la cime. En ce cas là, je suppose que la source de la lumiere soit dans une élévation raisonnable, & qu'elle éclaire les montagnes également, ou que les nuages leur dérobent la lumiere du soleil. Mais si l'on suppose la lumiere fort basse, & qu'elle frappe les montagnes, alors la cime en sera vivement éclairée aussi bien que tout ce qui recevra le même degré de lumiere.

Quoique les formes diminuent de grandeur, & que les couleurs perdent de leur force depuis le premier plan du tableau jusqu'aux lointains les plus éloignés, & que cette insensible diminution se voie toujours dans la nature, & se pratique d'ordinaire, elle n'exclut pas pourtant l'usage des accidens dont nous avons parlé ; & ces accidens peuvent beaucoup contribuer au merveilleux d'un payſage, quand le Peintre a l'occaſion de s'en ſervir bien à propos, & qu'il a une idée juſte du bon effet qu'il en attend dans ſon ouvrage.

Du Gazon.

J'appelle gazon, le verd dont les herbes colorent la terre. Il y en a de beaucoup de manieres différentes, & leur diverſité vient non-ſeulement de la nature des plantes qui ont la plûpart leur verd particulier ; mais encore du changement des ſaiſons & de la couleur des terres, lorſque les herbes y ſont clair-ſemées. Cette variété donne lieu au Peintre de faire un choix, ou d'aſſembler ſur une même étendue de terrein pluſieurs verds entremêlés & indécis, qui ſont ſouvent très-avantageux à ceux qui ſavent en profiter ; parce que cette diverſité de verds qui ſe trouve très-ſouvent dans la nature, donne un caractere de vérité aux endroits où l'on a ſu les employer à propos. Il y en a un merveilleux exemple dans le payſage de la vue de Malines de Rubens.

Des Roches.

Quoique les roches ſoint de toutes ſortes de formes, & qu'elles participent de toutes ſortes de couleurs, elles ont pourtant dans leur diverſité certains caractères qui ne peuvent bien s'exprimer qu'après les avoir examinées ſur le naturel. Il y en a qui ſont par bans & par lits feuilletés, d'autres par gros blocs ſaillans ou rentrans, d'autres par grands quartiers contigus, d'autres enfin ſont d'une maſſe énorme, & de la figure d'une ſeule pierre, ou parce que c'eſt ſa propre nature, comme le grais, ou parce que les injures des ſaiſons pendant pluſieurs ſiecles ont effacé les marques dont je viens de parler. Mais de quelque forme que ſoient les roches, elles ont d'ordinaire certaines interruptions de fentes, de caſſures, de trous, de brouſſailles, de mouſſes & de taches que le tems y a imprimées : de ſorte que toutes ces choſes bien menagées, donnent infailliblement une idée de la vérité.

Les roches ſont d'elles-mêmes mélancoliques & propres aux ſolitudes ; elles inſpirent un air frais quand elles ſont accompagnées d'arbrisseaux : mais elles sont d'un agrément infini, lorsque par le moyen des eaux qui en sortent, ou qui les lavent, elles acquierent une ame qui les fait en quelque sorte devenir sociables.

Des Terreins.

Terrein en terme de Peinture est un espace de terre distingué d'un autre, & sur lequel il n'y a ni bois fort élevés, ni montagnes fort apparentes. Les terreins contribuent plus que toute autre chose à la dégradation & à l'enfoncement du paysage : parce qu'ils se chassent l'un l'autre, ou par leurs formes, ou par le clair-obscur, ou par la diversité des couleurs, ou enfin par une liaison insensible qui conduit d'un terrein à un autre.

La multiplication des terreins est souvant opposée à la grandeur de maniere sans la détruire absolument : car outre que cette multiplication sert à faire voir une grande étendue de pays, elle est susceptible d'accidens, qui étant bien entendus, font un très-bon effet.

Il y a une délicatesse à observer dans les

terreins, qui est que pour les bien caractériser, il faut éviter que les arbres qui y seront placés, n'aient les mêmes verds & les mêmes couleurs que leurs terreins, sans tomber néanmoins dans des différences trop sensibles.

Des Terrasses.

Terrasse en Peinture est un espace de terre ou tout-à-fait dénué ou peu chargé d'herbes, comme sont les grands chemins & les lieux souvent fréquentés. On n'emploie gueres les terrasses que sur le devant du tableau où elles doivent être spacieuses & bien ouvertes, accompagnées si l'on veut de quelque verdure qui s'y trouve comme par accident, aussi bien que quelques pierres qui étant placées avec prudence, rendent la terrasse plus vraisemblable.

Des Fabriques.

On appelle fabrique, en terme de Peinture, les bâtimens en général que le Peintre représente; mais plus particulierement ceux qui ont quelque regularité d'architecture, ou du moins qui ſont plus apparens. Ainſi ce terme convient bien moins aux maiſons de payſans & aux chaumieres des bergers, leſquelles on introduit dans le goût champêtre, qu'aux bâtimens réguliers & ſpacieux que l'on fait toujours entrer dans le goût héroïque.

Les fabriques en général ſont d'un grand ornement dans le payſage, quand même elles ſeroient gothiques, ou qu'elles paroîtroient inhabitées & à moitié ruinées : elles élevent la penſée par l'uſage auquel on s'imagine qu'elles ont été deſtinées, comme nous voyons ces anciennes tours qui ſemblent avoir ſervi d'habitation aux fées, & qui ſont devenues la retraite des bergers & des hibous.

Le Pouſſin a peint dans ſes ouvrages des fabriques romaines d'une grande élégance, & Bourdon des fabriques gothiques qui toutes gothiques qu'elles ſont, ne laiſſent pas de jetter un air ſublime dans ſes payſages. Le petit Bernard en a inventé dans ſon hiſtoire ſainte d'un goût babylonien, pour ainſi dire, qui ont beaucoup de grandeur & de magnificence, quoique le goût en soit extraordinaire. Je ne voudrois pas tout-à-fait les rejetter, elles élevent l'imagination, & je suis persuadé qu'elles pourroient réussir dans le style héroïque parmi les demi-loins, si l'on en savoit faire un bon usage.

Des Eaux.

Le paysage doit une grande partie de son ame à l'eau que le Peintre y introduit. On l'y voit de différentes façons, elle y est tantôt impétueuse, lorsqu'un orage la fait déborder, lorsqu'à la chute des rochers elle rejaillit & remonte contre elle-même; ou lorsqu'ayant été pressée par quelque corps étranger, elle s'en échappe & se divise en une infinité d'ondes argentines, qui par l'apparence de leur mouvement & de leur murmure, séduisent agréablement nos yeux & nos oreilles. Tantôt tranquille elle serpente dans un lit sablonneux; tantôt comme privée de mouvement, elle nous sert d'un miroir fidele pour multiplier tous les objets qui lui sont opposés, & qui en cet état de repos lui donnent encore plus de vie que lorsqu'elle est dans sa plus grande agitation. Voyèz les ouvrages de Bourbon du moins en estampes, c'est un de ceux qui a donné plus d'ame aux eaux, & qui les a traitées avec plus de génie.

L'eau ne convient pas à toute sorte de site; mais pour la rendre véritable, les Peintres qui en introduisent dans leurs tableaux, doivent être parfaitement instruits de la justesse des réflexions aquatiques. Car ce n'est que par les réflexions que l'eau en Peinture nous paroît de véritable eau, & par la pratique seule dénuée de justesse, l'ouvrage est privé de la perfection de son effet, & nos yeux ne jouissent pas de la moitié du plaisir qu'ils devroient avoir. Cette négligence seroit d'autant moins pardonnable au Peintre, qu'il est fort aisé de se faire une habitude, de la regle de ces réflexions.

Il faut observer néanmoins que l'eau qui est un miroir ne représente fidelement les objets qui lui sont opposés qu'autant qu'elle est tranquille: car si elle est dans quelque mouvement par son cours naturel, ou par l'impulsion du vent, sa superficie qui en devient inégale, reçoit ſur ſes ondulations des jours & des ombres qui ſe mêlant avec l'apparence des objets, en altere la forme & la couleur.

Du devant du Tableau.

Comme le devant du tableau eſt l'introducteur des yeux, on ne ſauroit apporter trop de précaution pour faire en ſorte qu'ils ſoient bien reçus, tantôt par l'ouverture d'une belle terraſſe dont le deſſein & le travail ſoient également recherchés, tantôt par des plantes de pluſieurs ſortes bien caractériſées, & quelquefois accompagnées de leurs fleurs, tantôt par des figures d'un goût piquant, & tantôt par des objets peu communs capables d'attirer notre admiration par leur nouveauté, ou par quelque autre choſe qui faſſe plaiſir à la vue, & qui ſe trouve placé comme par hazard.

Enfin le Peintre ne ſauroit trop étudier les objets qui ſont ſur les premieres lignes du tableau; ils attirent les yeux du ſpectateur, ils impriment le premier caractere de vérité, & contribuent extrêmement à faire jouer l'artifice du tableau, & à prévenir l'estime que nous devons avoir de tout l'ouvrage.

Je sais qu'il y a de très-beaux paysages dont les devans qui paroissent bien choisis, & qui donnent une grande idée, sont pourtant d'un travail très-léger. J'avoue même qu'on doit pardonner cette légereté quand elle est spirituelle, qu'elle répond à la qualité du terrein, & qu'elle mene l'imagination à un caractere de vérité. Mais on ne peut disconvenir aussi que l'effet n'en soit rare, & qu'il ne soit à craindre que cette exécution légere ne donne quelque idée de pauvreté ou d'une trop grande négligence. Je voudrois donc que de quelque maniere que les devans du tableau soient disposés, on se fît une loi indispensable de les terminer par un travail exact & bien entendu.

Des Plantes.

On ne peint pas toujours des plantes sur les premieres lignes du tableau, parce qu'il y a différens moyens de rendre agréables les devans du paysage, comme nous le venons de dire. Mais lorſqu'on a réſolu d'y en introduire, je voudrois qu'on les peignît d'après nature avec quelque exactitude, ou du moins que parmi celles que l'on peint de pratique; il y en eût quelques-unes de plus terminées, dont on connût l'eſpece par la différence du deſſein & de la couleur; afin que par une ſuppoſition vraiſemblable elles communiquaſſent aux autres un caractere de vérité. Ce qui ſe dit ici pour les plantes, ſe peut dire pour les branches des arbres & pour leur écorce.

Des Figures.

Le Peintre en compoſant ſon payſage peut avoir dans la penſée d'y imprimer un caractere conforme au ſujet qu'il pourroit avoir choiſi, & que ſes figures doivent repréſenter. Il ſe peut faire auſſi (& c'eſt ce qui arrive ordinairement) qu'il ne ſonge à ſes figures qu'après que ſon payſage eſt tout-à-fait terminé: & la vérité eſt que dans la plûpart des payſages, les figures ſont plutôt faites pour les accompagner, que pour leur convenir.

Je ſais qu'il y a des payſages dont les ſites

& les dispositions ne demandent que de simples figures passageres, & que plusieurs bons maîtres ont introduites dans leurs tableaux chacun dans son style, comme a fait Poussin dans son héroïque, & Fouquier dans son champêtre avec toute la vraisemblance & la grace possibles. Je sais aussi qu'il y a des figures de repos qui paroissent intérieurement occupées; & l'on ne peut trouver à redire à ces deux façons de traiter les figures, parce qu'elles agissent également quoique différemment. L'inaction est plutôt ce que l'on pourroit blâmer dans les figures : car par cet état qui leur ôte toute liaison avec le paysage, elles y paroîtroient toujours postiches, mais sans vouloir ôter là-dessus la liberté du Peintre; je suis persuadé que le meilleur moyen de faire valoir les figures, est de les accorder tellement au caractere du paysage, qu'il semble que le paysage n'ait été fait que pour les figures. Je voudrois qu'elles ne fussent ni insipides, ni indifférentes; mais qu'elles représentassent quelque petit sujet pour réveiller l'attention du spectateur, ou du moins pour donner un nom au tableau, & le distinguer d'entre les autres parmi les curieux.

Il faut extrêmement prendre garde à proportionner la grandeur des figures à celles des arbres & des autres objets qui entrent dans le paysage; si on les fait trop grandes, on rend le paysage de petite maniere; si au contraire on les fait trop petites, on leur donne un air de pigmées qui en détruit la valeur, & le paysage en devient énorme. Au reste il y a bien plus d'inconvenient en faisant les figures trop grandes, qu'en les faisant trop petites; celles-ci donnent du moins un air de grandeur à tout le reste.

Mais comme les figures sont d'ordinaire petites dans les paysages, il faut que le Peintre ait soin de les toucher d'esprit, & de les accompagner par endroits de couleurs vives mais convenables pour attirer la vue, sans sortir d'un discret menagement pour la vraisemblance, & pour l'union des couleurs.

Que le Peintre se souvienne enfin qu'entre les parties qui donnent l'ame au paysage, les figures tiennent le premier rang.

& que pour cette raiſon il eſt fort à propos d'en ſemer aux endroits où elles conviendront.

Des Arbres.

Il m'a toujours paru que l'un des plus grands ornemens du payſage, conſiſtoit dans la beauté de ſes arbres, à cauſe de la variété de leurs eſpeces, de la fraîcheur qui paroît les accompagner, & ſur-tout de leur légereté qui nous induit à croire qu'étant expoſées à l'agitation de l'air, ils ſont toujours en mouvement.

Quoique la diverſité plaiſe dans tous les objets qui compoſent un payſage, c'eſt principalement dans les arbres qu'elle fait voir ſon plus grand agrément. Elle s'y fait remarquer dans l'eſpece & dans la forme. L'eſpece des arbres demande une étude & une attention particuliere du Peintre pour les faire diſtinguer les uns des autres dans ſon ouvrage. Il faut que du premier coup d'œil on voie que c'eſt un chêne, un orme, un ſapin, un ſicomore, un peuplier, un ſaule, un pin & les autres arbres qui par une couleur ou une touche ſpécifique,

peuvent

peuvent être reconnus pour une espece particuliere. Cette étude est d'une trop grande recherche pour l'exiger dans toute son étendue, & peu de Peintres l'ont même faite avec l'exactitude raisonnable que demande leur art. Mais il est constant que ceux qui approcheront le plus de cette perfection, jetteront dans leur ouvrage un agrément infini, & s'attireront une grande distinction.

Outre la variété qui se trouve dans chaque espece d'arbre, il y a dans tous les arbres une variété générale. Elle se fait remarquer dans les différentes manieres dont leurs branches sont disposées par un jeu de la nature, laquelle se plaît à rendre les uns plus vigoureux & plus touffus, & les autres plus secs & plus dégarnis; les uns plus verds & les autres plus roux ou plus jaunâtres.

La perfection seroit de joindre dans la pratique ces deux variétés ensemble; mais si le Peintre ne représente que médiocrement celle qui regarde l'espece des arbres, qu'il ait du moins un grand soin de varier les formes & la couleur de ceux qu'il veut repréſenter : car la répétition des mêmes touches dans un même payſage, cauſe une eſpece d'ennui pour les yeux ; comme la monotonie dans un diſcours pour les oreilles.

La variété des formes eſt même ſi grande, que le Peintre ſeroit inexcuſable de ne la pas mettre en uſage dans l'occaſion, principalement lorſqu'il s'apperçoit qu'il a beſoin de reveiller l'attention du ſpectateur. Car parmi les arbres en général, la nature nous en fait voir de jeunes, de vieux, d'ouverts, de ſerrés, de pointus ; d'autres à claire-voie, à tiges couchées & étendues ; d'autres qui font l'arc en montant, & d'autres en deſcendant, & enfin d'une infinité de façons qu'il eſt plus aiſé d'imaginer que d'écrire.

On trouvera, par exemple, que le caractere des jeunes arbres eſt d'avoir les branches longues, menues, & en petit nombre, mais bien garnies, les touffes bien refendues, & les feuilles vigoureuſes & bien formées.

Que les vieux au-contraire ont les branches courtes, groſſes, ramaſſées & en grand nombre ; les touffes émoussées, & les feuilles inégales & peu formées. Il en est ainsi des autres choses qu'un peu d'observation & de génie feront parfaitement connoître.

Dans la variété des formes de laquelle je viens de parler, il doit y avoir une distribution de branches qui ait un juste rapport & une liaison vraisemblable avec les touffes, en sorte qu'elles se prêtent un mutuel secours pour donner à l'arbre une légereté & une vérité sensibles.

Mais de quelque maniere que l'on tourne & que l'on fasse voir les branches des arbres, & de quelque nature qu'ils soient, que l'on se souvienne toujours que la touche en doit être vive & légere, si l'on veut leur donner tout l'esprit que demande leur caractere.

Les arbres sont encore différens par leur écorce. Elle est ordinairement grise ; mais ce gris, qui dans un air grossier, dans les lieux bas & marécageux devient noirâtre, se fait voir au-contraire plus clair dans un air subtil ; & il arrive souvent que dans les lieux secs l'écorce se révêt d'une mousse légere & adhérente qui la fait paroître tout-à-fait jaune. Ainsi pour rendre l'écorce d'un arbre sensible, le Peintre peut la supposer claire sur un fond obscur, & obscure sur un fond clair.

L'observation des écorces différentes mérite une attention particuliere; ceux qui voudront y faire réflexion, trouveront que la variété des écorces des bois durs consiste en général dans les fentes que le tems y a mises comme une espece de broderie, & qu'à mesure qu'ils vieillissent, les crévasses des écorces deviennent plus profondes. Le reste dépend des accidens qui naissent de l'humidité, ou de la sécheresse, par des mousses vertes, & par des taches blanches & inégales.

L'écorce des bois blancs donnera au Peintre plus de matiere à s'exercer, s'il veut prendre le plaisir d'en examiner la diversité qu'il ne doit pas négliger dans ses études. Cette réflexion m'oblige de dire ici quelque chose de l'étude du paysage, & je le ferai selon que je le conçois, sans vouloir assujettir personne à suivre mon sentiment.

De l'Etude du Paysage.

L'étude du Paysage se peut considérer de deux façons. La premiere est pour ceux qui commencent & qui n'ont jamais pratiqué ce genre de Peinture, & l'autre regarde les Peintres qui en ont déja quelque habitude.

Ceux qui n'ont jamais fait de paysages & qui veulent s'y exercer, trouveront dans la pratique que leur plus grande peine sera de peindre des arbres ; & il me paroît aussi que non-seulement dans la pratique, mais encore dans la spéculation, les arbres font la plus difficile partie du paysage, comme ils en sont le plus grand ornement.

Cependant il n'est ici question pour ceux qui commencent, que de leur donner une idée des arbres en général, & de leur procurer une habitude de les bien toucher.

Quoiqu'il paroisse inutile de leur faire remarquer les effets ordinaires qui arrivent dans les plantes & dans les arbres, parce qu'il n'y a presque personne qui ne s'en apperçoive; il y a pourtant des choses qui bien qu'on ne les ignore pas, méritent néanmoins quelque réflexion. L'on ſait ; par exemple, que tout arbre cherche l'air, comme la principale cauſe de ſa vie & de ſes productions, les uns plus, les autres moins : & c'eſt pour cela que dans leur accroiſſement, ſi vous en exceptez le cyprès & quelques arbres de cette nature, ils s'écartent l'un de l'autre, & de tous corps étrangers autant qu'ils le peuvent; leurs branches & leurs feuilles font la même choſe. Ainſi pour leur donner cette légereté & cet air dégagé qui eſt leur principal caractere, il faut avoir ſoin dans la diſtribution des branches, des touffes & des feuilles, qu'elles ſe fuient l'une l'autre, qu'elles tirent toutes de différens côtés, & qu'elles ſoient bien refendues; & que ces choſes ſe faſſent ſans affecter aucun arrangement, mais ſeulement comme ſi le hazard avoit pris plaiſir de ſeconder la nature dans la bizarrerie de ſa diverſité.

Mais de dire de quelle maniere cette diſtribution de tiges, de touffes & de feuilles ſe doit faire, il eſt inutile à mon avis d'en rapporter ici le détail qui ne pourroit être qu'une démonſtration copiée d'après les grands maîtres ; leurs ouvrages & un peu d'attention sur les effets de la nature, en feront plus comprendre que tous les discours que j'en pourrois faire. J'entens par les grands maîtres, ceux principalement qui ont donné des estampes au Public : ainsi ceux qui commencent à peindre le paysage, apprendront d'abord plus en réflechissant sur ces estampes & en les copiant, qu'ils ne feroient d'après les tableaux.

Parmi une assez grande quantité de ces grands maîtres de toutes les écoles, je préférerois les estampes en bois du Titien, où les arbres sont bien formés, & celles que Corneille Cort & Augustin Carache ont gravées : & je répete pour ceux qui commencent, qu'ils ne sauroient mieux faire que de contracter avant toutes choses une habitude d'imiter la touche de ces grands maîtres ; & en les imitant, de réflechir sur la perspective des branches & des feuilles, & de prendre garde de quelle maniere elles paroissent lorsqu'elles montent & qu'elles sont vues par dessous, lorsqu'elles sont vues par dessus, lorsqu'elles se présentent de front & qu'elles ne sont vues que par la pointe, lorsqu'elles se jettent de côté; & enfin aux différens aspects dont la nature les présente sans sortir de son caractere.

Et après avoir beaucoup étudié & copié à la plume ou au crayon le Titien & les Caraches, leurs estampes premierement, puis leurs desseins, si l'on en peut avoir, il faut tâcher d'imiter avec le pinceau les touches que ces grands hommes ont le plus nettement spécifiées. Mais comme les tableaux du Titien & ceux des Caraches sont fort rares, on peut leur en substituer d'autres qui ont eu un bon caractere dans leur touche, parmi lesquels on peut suivre Fouquier, comme un très-excellent modele : Paul Bril, Breugel, & Bourdon, sont encore très-bons, leur touche est nette, vive & légere.

Mais après avoir bien observé la nature des arbres & la maniere dont les feuilles s'écartent & se rangent, & dont les branches sont refendues, il faut s'en faire une vive idée afin d'en conserver par-tout l'esprit, soit en les rendant sensibles & distinctes

res sur les devans du tableau, soit en les confondant à mesure qu'elles seront éloignées.

Enfin après avoir contracté de cette sorte quelque habitude d'après les bonnes manieres, on pourra étudier d'après nature en la choisissant & en la rectifiant sur l'idée que ces grands maîtres en ont eue. Pour la perfection, il faut l'attendre d'une bonne pratique & de la persévérance dans le travail. Voilà, ce me semble, ce qui regarde ceux qui ayant inclination de faire du paysage, cherchent les moyens de bien commencer.

A l'égard de ceux qui ont déja quelque habitude dans ce genre de Peinture, il est bon qu'ils amassent des matériaux, & qu'ils fassent des études des objets au moins qu'ils ont souvent l'occasion de représenter.

Les Peintres appellent ordinairement du nom d'étude les parties qu'ils dessinent ou qu'ils peignent séparement d'après nature, lesquelles doivent entrer dans la composition de leur tableau, de quelque nature qu'elles puissent être; figures, têtes, pieds, mains, draperies, animaux, montagnes, arbres, plantes, fleurs, fruits, & tout ce qui peut les assurer dans l'imitation de la nature. Ils appellent, dis-je, du nom d'étude toutes ces parties dessinées, soit qu'ils s'en instruisent en les dessinant, soit qu'ils ne se servent de ce moyen que pour s'assurer de la vérité, & pour perfectionner leur ouvrage. Quoiqu'il en soit, ce nom convient d'autant mieux à l'usage des Peintres, que dans la diversité de la nature, ils découvrent toujours des choses nouvelles, & se fortifient dans celles qui étoient déja de leur connoissance.

Comme il n'est question que de l'étude des objets qui se trouvent à la campagne, je voudrois que le paysagiste mît un tel ordre dans celles qu'il doit faire, que les desseins dont il auroit besoin pour représentation de quelque objet, se trouvassent promptement sous sa main. Je souhaiterois, par exemple, qu'il copiât d'après nature & sur plusieurs papiers les effets différens que l'on remarque aux arbres en général, & qu'il fît la même chose sur les différentes especes des arbres en particulier, comme dans la tige, dans la feuille

& dans la couleur. Je voudrois même qu'il en fît autant pour quelques plantes dont la diversité est d'un grand ornement pour les terrasses qui sont sur les devans.

Je voudrois encore qu'il étudiât de la même maniere les effets du ciel dans les différentes heures du jour, dans les différentes saisons, dans les différentes dispositions des nuages, dans un tems serein & dans celui des tonnores & des orages. J'en dis autant pour les lointains, pour les divers caracteres des roches, des eaux & des principaux objets qui entrent dans le paysage.

Après ces études séparées que le paysagiste a dû faire dans l'occasion, je lui demanderois de ramasser ensemble celles qui regardent les mêmes matieres, & d'en faire comme un livre; afin qu'étant ainsi rangées, il puisse les trouver plus promptement, & s'en aider dans le besoin.

Les études des paysagistes consistent donc dans les recherches des beaux effets de la nature, desquels il peut avoir besoin dans la composition de ses tableaux, ou dans l'exéc..tion de quelque partie, soit pour la forme, ſoit pour la couleur. Mais la queſtion eſt de bien choiſir ces beaux effets de la nature. Il faut pour cela être né avec un bon eſprit, un bon goût & un beau génie, & avoir cultivé ce génie par les obſervations que l'on aura faites ſur les ouvrages des meilleurs maîtres, & avoir examiné comment ils ont eux-mêmes choiſi la nature, & comment en la rectifiant ſelon leur art, ils en ont conſervé le caractere. Avec ces avantages que donne la naiſſance, & que l'art perfectionne, le Peintre ne peut manquer de faire de bons choix; & ſachant ainſi démêler le bon d'avec le mauvais, il tirera beaucoup d'utilité des choſes même les plus communes.

Pour faire ces ſortes d'études, pluſieurs Peintres ſe ſont ſervis de divers moyens, & j'ai cru qu'il ne ſeroit pas hors de propos de rapporter ici ceux que j'ai vu pratiquer, & dont j'ai moi-même quelque expérience.

C'eſt donc d'après nature & en pleine campagne que quelques-uns ont deſſiné & fini exactement les morceaux qu'ils ont choiſis, ſans y ajoûter des couleurs. D'autres ont peint avec des couleurs à huile ſur du papier fort & de demi-teinte, & ont trouvé cette maniere commode en ce que les couleurs venant à s'emboire, donnent la facilité de mettre couleur ſur couleur, quoique différente l'une de l'autre. Ils portent à cet effet une boëte plate qui contient commodément leur palette, leurs pinceaux, de l'huile & des couleurs. Cette maniere, qui demande à la vérité quelque attirail, eſt ſans doute la meilleure pour tirer de la nature plus de détails, & avec plus d'exactitude, ſur-tout, ſi après que l'ouvrage eſt ſec & verni, on vouloit retourner ſur les lieux pour retoucher les choſes principales & les finir d'après nature. D'autres ont ſeulement tracé les contours des objets, & les ont lavés de couleurs approchantes de celles de la nature, mais légérement, & ſeulement pour ſoulager leur mémoire. D'autres ont obſervé attentivement les morceaux qu'ils vouloient retenir, & ſe ſont contentés de les confier à leur mémoire qui dans le beſoin les leur rapportoit fidélement. D'autres ſe ſont ſervis de paſtels & de lavis enſemble. D'autres plus curieux & plus patiens en ont fait à plusieurs fois dans les endroits où ils pouvoient aller facilement, & dont les sites étoient de leur goût. La premiere fois ils ne faisoient autre chose que de bien choisir leurs morceaux, & d'en dessiner le trait correctement; & les autres jours qu'ils y retournoient, c'étoit pour en remarquer les couleurs qui font voir autant de diversité, qu'il y a de changement dans les lumieres accidentelles.

Tous ces moyens sont fort bons, & chacun s'en doit servir selon ce qui lui convient, & selon l'activité de son tempérament. Mais ces manieres d'étudier demandent une préparation de la part du Peintre; il lui faut des couleurs, des pinceaux, des pastels & du loisir. Cependant il arrive des momens où la nature fait voir des beautés extraordinaires, mais passageres & inutiles pour le Peintre qui n'auroit pas tout le tems d'imiter ce qu'il voit avec admiration. Voici donc ce que je crois de plus expédient pour profiter de ces occasions momentanées.

Je suppose, comme cela doit être, que

le Peintre a toujours ſur ſoi un cahier de papier & du crayon de mine. Cela étant, il doit deſſiner promptement & légérement ce qu'il voit d'extraordinaire, & pour en retenir les couleurs il doit marquer les principaux endroits par des caracteres qui ſeront expliqués au bas du papier, & dont il ſuffira qu'il ait l'intelligence. Un nuage, par exemple, ſera marqué A; un autre nuage B; une lumiere C; une montagne D; une terraſſe E; & ainſi du reſte. L'on ajoutera à chaque lettre qui ſera répétée au bas du papier, telle choſe eſt colorée de telle ou telle couleur: ou bien, pour abréger, on mettra ſeulement, bleu, rouge, violet, gris, ou même d'autres marques plus abrégées, & connues ſeulement par celui qui s'en voudra ſervir.

Mais il faut obſerver dans cette maniere d'étudier qu'elle demande un prompt uſage de la palette & des pinceaux dès qu'on le pourra; autrement la plupart des choſes que l'on auroit marquées échapperoient en peu de jours de la mémoire. Et l'utilité en eſt ſi grande, que non ſeulement ſans ce moyen, le Peintre perd une infinité de beautés passageres : mais encore que les autres moyens dont nous venons de parler, peuvent se perfectionner par son secours ; c'est-à-dire, en se servant de marques & de caracteres.

Si l'on demande quel tems est le plus avantageux pour faire les études dont nous venons de parler, je répondrai que le paysagiste doit étudier la nature en tout tems, parce qu'il est obligé de la représenter en toutes les saisons, que néanmoins l'automne est la plus propre à donner au Peintre une récolte abondante des beaux effets de la nature ; la douceur de cette saison, la beauté du ciel, la richesse de la terre, & la variété d'objets, sont de puissans motifs pour exciter le Peintre à faire des recherches qui cultivent son génie, & qui perfectionnent son art.

Mais comme on ne peut pas tout voir, ni tout observer, il est très-louable de se servir des études d'autrui, & de les regarder comme si on les avoit faites soi-même. Raphaël envoya de jeunes gens en Grece pour dessiner des choses dont il croyoit tirer de l'utilité, & dont il s'est effectivement servi comme si lui-même les avoit dessinées sur les lieux. Bien loin que l'on puisse sur cette précaution rien reprocher à Raphaël, on doit en cela lui savoir gré du chemin qu'il a montré aux autres, pour chercher toutes sortes de moyens de s'avancer dans leur profession. Ainsi le paysagiste peut se servir des ouvrages de tous ceux qui ont excellé dans quelque partie, afin qu'il s'en fasse une bonne maniere, à la façon des abeilles qui tirent des meilleures fleurs ce qui fait le meilleur miel.

Observations générales sur le Paysage.

Comme les regles générales de la Peinture sont les fondemens de tous les genres de cet art, on y renvoie celui qui veut faire du paysage, ou plutôt l'on suppose qu'il en est instruit. On fera seulement ici quelques observations générales qui regardent ce genre de Peinture.

1. Le paysage suppose l'habitude des principales regles de la perspective, pour ne se point éloigner du vraisemblable.

2. Plus les feuilles des arbres sont près de la terre, plus elles sont grandes & ver-

tes ; parce qu'elles ſont plus à portée de recevoir abondamment la ſeve qui les nourrit. Et les branches d'en haut commencent les premieres à prendre le roux ou le jaune qui les colore dans l'arriere ſaiſon. Il n'en eſt pas de même des plantes dont les tiges ſe renouvellent tous les ans, & dont les feuilles ſe ſuivent avec un intervalle de tems aſſez conſidérable : de ſorte que la nature étant occupée à en produire de nouvelles pour garnir la tige à meſure qu'elle s'éleve, abandonne peu à peu celles qui ſont en bas, parce qu'ayant accompli les premieres leur tems & leur office, elles périſſent les premieres. C'eſt un effet, qui eſt plus ſenſible en quelques plantes, & moins en d'autres.

3. Le deſſous de toutes les feuilles eſt d'un verd plus clair que le deſſus, & tire preſque toujours ſur l'argentin. Ainſi les feuilles qui ſont agitées d'un grand vent doivent être diſtinguées des autres par cette couleur. Mais ſi on les voit par deſſous, lorſqu'elles ſont pénétrées de la lumiere du ſoleil, leur tranſparent paroît d'un verd ſi beau & ſi vif, que l'on juge facilement que

de tous les autres verds, il n'y en a point qui en approche.

4. Entre les choses qui donnent de l'ame au paysage, il y en a cinq qui sont essentielles, les figures, les animaux, les eaux, les arbres agités du vent, & la légéreté du pinceau. On pourroit y ajouter les fumées, quand le Peintre a occasion d'en faire paroître.

5. Quand une couleur regne par-tout dans un paysage, comme un même verd au Printems, ou comme un même roux dans l'Automne, elle donne au tableau un air de camayeux ou d'un ouvrage qui n'est pas achevé. J'ai vu plusieurs paysages de Bourdon, auxquels pour avoir employé par-tout un même style de grain, il ôtoit beaucoup de leur beauté, quoique d'ailleurs les sites & les eaux en fissent plaisir à voir. Je laisse au Peintre ingénieux le soin de réparer, & comme on dit, de racheter la couleur ingrate des Hivers & des Printems par des figures, par des eaux, & par des fabriques: car pour les sujets d'été & d'automne, ils sont susceptibles d'une grande diversité.

6. Le Titien & le Carache ſont les modeles les plus capables d'inſpirer le bon goût, & de mettre le Peintre dans la bonne voie, pour la forme & pour la couleur. Il faut faire tous ſes efforts pour bien comprendre les principes que ces grands hommes nous ont laiſſés dans leurs ouvrages, & s'en remplir l'imagination, ſi l'on veut s'avancer de plus en plus, & tendre à la perfection que le Peintre doit toujours avoir en vue.

7. Les payſages de ces deux Peintres, le Titien & le Carache, enſeignent beaucoup de choſes dont le diſcours ne ſauroit donner des idées bien préciſes, ni des principes généraux. Le moyen, par exemple, de déterminer les meſures de l'arbre en général, comme on détermineroit les meſures du corps humain. L'arbre n'a point de proportions arrêtées, une grande partie de ſa beauté conſiſte dans le contraſte de ſes branches, dans la diſtribution inégale de ſes touffes, & enfin dans une certaine bizarrerie dont la nature ſe joue, & dont le Peintre eſt un bon arbitre, quand il a bien goûté les ouvrages des deux Peintres que

je viens de nommer. Il faut néanmoins dire à la louange du Titien, que le chemin qu'il a frayé est le plus sûr de beaucoup, en ce qu'il a suivi exactement la nature dans sa diversité, avec un goût exquis, un coloris précieux & une imitation très-fidele; & le Carache, quoique très-habile, & les autres bons Peintres, n'ont pas été exempts de maniere dans l'exécution de leurs paysages.

8. Une des plus grandes perfections du paysage dans cette grande variété qu'il représente est l'imitation fidele de chaque caractere en particulier; comme son plus grand défaut est une pratique sauvage qui tombe dans ce qu'on appelle routine.

9. Parmi les choses que l'on peint de pratique, il est fort à propos d'en mêler quelques-unes faites d'après nature : cela induit le spectateur à croire que le reste a été pareillement fait d'après nature.

10. Comme il y a des styles de penser, il y en a aussi d'exécuter. J'en ai parlé de deux pour la pensée, le style héroïque & le style champêtre; & j'en trouve pareil nombre pour l'exécution, le style ferme

& le ſtyle poli. Ces deux derniers ne regardent que la main & la façon plus ou moins ſpirituelle de conduire le pinceau. Le ſtyle ferme donne de la vie à l'ouvrage, & fait excuſer les mauvais choix, & le ſtyle poli finit & polit toutes choſes, il ne laiſſe rien à faire à l'imagination du ſpectateur, laquelle ſe fait un plaiſir de trouver & d'achever des choſes qu'elle attribue au Peintre, quoiqu'elles viennent véritablement d'elle. Le ſtyle poli tombe dans le mou & dans le fade, s'il n'eſt ſoutenu d'un beau ſite : mais la jonction de ces deux caracteres rend l'ouvrage très-curieux.

11. Après avoir fait paſſer comme en revue les principales parties qui compoſent le payſage, après avoir parlé des études que l'on y pourroit faire, & après avoir fait quelques obſervations générales qui regardent ce genre de Peinture, je ne doute pas que pluſieurs perſonnes ne ſouhaitent encore, pour rendre cet ouvrage moins défectueux, quelque choſe touchant la pratique & l'emploi des couleurs. Mais comme chacun a ſa pratique particuliere, & que l'emploi des couleurs comprend une

partie des ſecrets de l'art, il faut attendre ce détail de l'amitié & de la converſation des Peintres les plus éclairés, & joindre leurs avis avec ſa propre expérience.

Sur la maniere de faire les portraits.

SI la Peinture eſt une imitation de la nature, elle l'eſt doublement à l'égard du portrait qui ne repréſente pas ſeulement un homme en général; mais un tel homme en particulier qui ſoit diſtingué de tous les autres; & de même que la premiere perfection d'un portrait eſt une extrême reſſemblance, ainſi le plus grand de ſes défauts eſt de reſſembler à une perſonne pour laquelle il n'a pas été fait, n'y ayant pas deux perſonnes dans le monde qui ſe reſſemblent. Mais avant que d'entrer dans le détail des choſes qui donnent la connoiſſance de cette imitation particuliere, il eſt bon de faire paſſer ici en revue quelques propoſitions genérales qui doivent préparer l'eſprit à recevoir ce que je dirai dans la ſuite, & ſuppléer à ce que je ne dirai pas, car autrement il faudroit un trop long diſcours.

I.

L'imitation eſt l'eſſence de la Peinture, & le bon choix eſt à cette eſſence ce que les vertus ſont à l'homme, il en releve le prix. C'eſt pour cela que le Peintre a grand intérêt de ne choiſir que des têtes avantageuſes ou de bons momens & des ſituations qui ſuppléent au défaut d'un beau naturel.

II.

Il y a des vues du naturel plus ou moins avantageuſes, tout dépend de le bien tourner, & de le prendre dans un bon moment.

III.

Il n'y a pas une perſonne dans le monde qui n'ait un caractere particulier de corps & de viſage.

IV.

La nature ſimple & naïve convient mieux à l'imitation, elle eſt d'un meilleur choix que celle qui eſt ajuſtée & que l'on a voulu embellir par un trop grand artifice.

V.

C'eſt une violence qu'on fait à la nature

que

que de la trop parer, & l'action qui en eſt inſéparable ne peut être libre dans les ajuſtemens qui portent avec eux de la contrainte. En un mot la nature parée en eſt moins nature, pour ainſi dire.

VI.

Il y a des moyens plus avantageux les uns que les autres pour arriver à une même fin.

VII.

Il ne faut pas ſeulement imiter ce que l'on peut voir d'avantageux à l'art.

VIII.

La comparaiſon fait valoir les choſes, & ce n'eſt que par elle qu'on en peut bien juger.

IX.

Les yeux des Peintres s'accoutument aiſément aux teintes dont ils ſe ſervent pour l'ordinaire, & à la maniere qu'ils ont appriſe de leurs maîtres; de ſorte qu'après cette habitude ils voient la nature, non pas comme elle eſt en effet, mais comme ils ont accoutumé de la peindre & de la colorier.

X.

Il est très-difficile qu'un tableau dont les figures seront de la grandeur du naturel, fasse son effet de près comme de loin. Un tableau savant ne plaira aux ignorans que dans sa distance, mais les connoisseurs en admireront l'artifice de près, & l'effet de loin.

XI.

L'intelligence donne du plaisir & de la facilité dans le travail ; le voyageur qui sait bien son chemin arrive plus sûrement & plus vîte, que celui qui cherche & qui tâtonne.

XII.

Il est bon, avant de s'engager dans un ouvrage, de le méditer & d'en faire une esquisse coloriée, pour son repos & pour le soulagement de sa mémoire.

On ne sauroit trop réfléchir sur ces propositions, & il est nécessaire de s'en former une telle habitude qu'elles se présentent d'elles-mêmes à l'esprit, sans être obligé lors du travail, de les rappeller dans sa mémoire quand on travaillera.

Quatre choses sont nécessaires pour rendre un portrait parfait, l'air, le coloris, l'attitude & les ajustemens.

I. *De l'air relativement aux portraits.*

L'air comprend les traits du visage, la coëffure & la taille.

Les traits du visage consistent dans la justesse du dessein & dans l'accord des parties, lesquelles toutes ensemble doivent représenter la physionomie des personnes que l'on peint, en sorte que le portrait de leurs corps soit encore celui de leurs esprits.

La justesse du dessein qui est requise dans les portraits, n'est pas tant ce qui donne l'ame & le véritable air, que cet accord des parties dans le moment qui marque l'esprit & le tempérament de la personne. L'on voit beaucoup de portraits correctement dessinés qui ont un air froid, languissant & hébété; & d'autres au contraire qui n'étant pas dans une si grande justesse de dessein, ne laissent pas de nous frapper d'abord du caractère de la personne pour laquelle ils ont été faits.

Peu de Peintres ont pris garde à bien accorder les parties enſemble : tantôt ils ont fait une bouche riante & des yeux triſtes ; & tantôt des yeux gais, & des joues relâchées ; & c'eſt ce qui met dans leur ouvrage un air faux & contraire aux effets de la nature.

Il faut donc prendre garde qu'au même tems que le modele ſe donne un air riant, les yeux ſe ſerrent, les coins de la bouche s'élevent avec les narines, les joues remontent, & les ſourcils s'éloignent l'un de l'autre : mais ſi le modele ſe donne un air triſte, toutes ces parties font un effet contraire.

Les ſourcils élevés font un air grave & noble ; mais étonné, s'ils ſont en arc.

Parmi toutes les parties du viſage, celle qui contribue davantage à la reſſemblance, c'eſt le nez, & il eſt d'un extrême conſéquence de le bien placer, & de le bien deſſiner.

Quoique les cheveux ſemblent faire partie des ajuſtemens, qui peuvent être tantôt d'une façon & tantôt d'une autre, ſans que l'air du viſage en ſoit altéré ; cependant il eſt ſi conſtant que la maniere dont on a accoutumé de ſe coëffer, ſert à la reſſemblance, que l'on a ſouvent héſité de reconnoître les hommes parmi leſquels on étoit tous les jours, quand ils avoient mis une perruque un peu différente de celle qu'ils avoient auparavant. Ainſi il faut, autant qu'on le peut, prendre l'air des coëffures pour accompagner & faire valoir celui des viſages, à moins qu'on ait des raiſons pour en uſer autrement.

Pour ce qui eſt de la taille, il eſt ſi véritable qu'elle contribue à la reſſemblance, que l'on reconnoît très-ſouvent les perſonnes ſans voir leur viſage. C'eſt pourquoi le meilleur eſt de deſſiner la taille d'après les perſonnes mêmes dont on fait le portrait, & dans l'attitude qu'on les veut mettre; c'eſt ainſi qu'en uſoit Van dyk. Il eſt d'une extrême conſéquence d'avertir ici le Peintre que les perſonnes dont on fait le portrait, étant ordinairement aſſiſes en paroiſſent d'une taille moins dégagée, parce que les épaules dans cet état remontent plus haut qu'elles ne doivent être naturellement. Ainſi pour deſſiner la taille avec avantage, il eſt à propos de faire tenir un moment ſon modele debout, tourné dans l'attitude qu'on lui veut donner, & l'obſerver en cet état. Il ſe préſente ici une difficulté à réſoudre ; & c'eſt ce que nous allons examiner.

S'il eſt à propos de corriger les défauts du naturel dans les portraits.

L'eſſentiel des portraits étant la reſſemblance, il paroît qu'il faut imiter les défauts comme les beautés, puiſque l'imitation en ſera plus complette ; on auroit même de la peine à prouver le contraire à une perſonne qui voudroit s'opiniâtrer dans cette theſe ; mais les dames & les cavaliers ne s'accommodent point des Peintres qui ſont dans ces ſentimens, & qui les pratiquent. J'ai vu des dames qui m'ont dit nettement qu'elles n'eſtimoient pas les Peintres qui faiſoient ſi fort reſſembler, & qu'elles aimeroient mieux qu'on leur donnât beaucoup moins de reſſemblance, & plus de beauté. Il eſt certain qu'on leur doit là-deſſus quelque complaiſance, & je ne doute point qu'on ne les puiſſe faire reſſembler ſans leur déplaire : car la reſſemblance eſſentielle eſt un juſte rapport des parties peintes avec celles du naturel, en forte que l'on connoiſſe, ſans héſiter, l'air du viſage & le tempérament de la perſonne dont on voit le portrait.

Cela poſé, je dis que tous les défauts ſans leſquels on connoît l'air & le tempérament des perſonnes, doivent être corrigés & omis dans les portraits des femmes & des jeunes hommes, un nez un peu de travers peut être redreſſé, une gorge trop ſeche, des épaules trop hautes, peuvent être accommodés au bon air que l'on demande ſans paſſer d'une extrémité à l'autre & tout cela avec beaucoup de diſcrétion, parce qu'en voulant trop corriger le naturel, on tombe dans le défaut de donner un air général à tous les portraits que l'on fait; de même qu'en s'attachant trop ſcrupuleuſement aux défauts & aux minuties, on ſe met en grand danger de tomber dans le bas & le meſquin.

Mais pour les héros, & pour ceux qui tiennent quelque rang dans le monde, ou qui ſe font diſtinguer par leurs dignités, par leurs vertus, ou par leurs grandes qualités, on ne ſauroit apporter trop d'exactitude dans l'imitation de leur visage, soit que les parties s'y rencontrent belles, ou bien qu'elles y soient défectueuses ; car ces sortes de portraits sont des marques authentiques qui doivent être consacrées à la postérité, & dans cette vue tout est précieux dans les portraits, si tout y est fidele. Mais de quelque maniere qu'agisse le Peintre, qu'il n'oublie jamais le bon air, ni la bonne grace, & qu'il y a dans le naturel des momens avantageux.

II. *Le Coloris.*

Le coloris dans les portraits est un épanchement de la nature, lequel fait connoître le véritable tempérament des personnes : & ce tempérament étant une chose essentielle à la ressemblance, il doit être représenté avec la même justesse que le dessein. Cette partie est d'autant plus estimable qu'elle est rare & difficile. On a vu une infinité de Peintres qui ont fait ressembler par les traits & par les contours : mais le nombre de ceux qui ont représenté par la couleur le véritable tempérament des personnes, est assurément très-petit.

Deux

Deux choses sont nécessaires dans le coloris, la justesse des teintes, & l'art de les faire valoir; le premier s'acquiert par la pratique en examinant & en comparant les couleurs que l'on voit sur le naturel, avec celles dont on veut les imiter: & l'art de faire valoir les teintes consiste à savoir ce qu'une couleur vaut auprès d'une autre, & à réparer ce que la distance & le tems diminuent de l'éclat & de la fraîcheur des couleurs.

Un Peintre qui ne fait que ce qu'il voit n'arrivera jamais à une parfaite imitation: car si son ouvrage lui semble bon de près, & sur son chevalet, de loin il déplaira aux autres & souvent à lui-même: une teinte qui de près paroît séparée & d'une certaine couleur, paroîtra d'une autre couleur dans sa distance, & se confondra dans la masse dont elle fait partie. Si vous voulez donc que votre ouvrage fasse un bon effet du lieu d'où il doit être vu, il faut que les couleurs & les lumieres en soient un peu exagérées, mais savamment & avec une grande discrétion. Voyez la maniere dont Titien, Rubens, van Dyk & Rembrant en ont usé : car leur artifice est merveilleux.

Il y a ordinairement dans le teint trois momens à observer ; le premier, quand le modele nouvellement arrivé se met en place, & pour lors il est plus animé & plus coloré qu'à son ordinaire, & cela se remarque dans la premiere heure; le second, quand le modele étant reposé se fait voir tel qu'il est ordinairement, & cela se trouve dans la seconde heure ; & le troisieme lorsque le modele las d'être dans la même attitude, change sa couleur ordinaire en celle que l'ennui a coutume de répandre sur le visage. Ainsi il est très-à-propos de s'en tenir au teint ordinaire des personnes & de l'accompagner de quelque bon moment qu'on ne puisse blâmer d'exagération. Il est bon aussi pour dissiper, ou prévenir l'ennui, de permettre aux personnes que l'on peint, de se lever pour faire quelques tours de chambre, & reprendre de nouveaux esprits.

Dans les draperies toutes sortes de couleurs indifféremment ne conviennent pas à toutes sortes de personnes. Dans les portraits d'homme, il suffit de chercher beaucoup de vérité & beaucoup de force ; mais aux portraits de femmes, il faut encore de l'agrément, & faire paroître dans un beau jour ce qu'elles ont de beauté, & tempérer par quelque industrie ce qu'elles ont de défauts.

C'est pour cela qu'auprès d'un teint blanc, vif & éclatant, il faut bien se garder de mettre d'un beau jaune qui le feroit paroître de plâtre ; mais plutôt des couleurs qui donnent dans le verd, ou dans le bleu, ou dans le gris, ou dans quelques autres semblables couleurs qui par leur opposition contribuent à faire paroître plus de chair ces sortes de teints que l'on trouve ordinairement aux blondes. Van Dyk s'est souvent servi dans ses fonds de rideaux feuille-morte ; mais la couleur en est douce & brune.

Les femmes brunes au contraire qui ont dans leur teint assez de jaune pour soutenir le caractere de chair, pourront fort bien être habillées de quelques draperies qui donnent dans le jaune, afin que leur teint semble en avoir moins, & en paroître plus frais ; & auprès des carnations qu ſont très-vives & hautes en couleur, le linge y fait à merveille.

Pour les fonds, il y a deux choſes à conſidérer, le ton & la couleur. On doit raiſonner de la couleur du fond, comme on raiſonne de celles des habits à l'égard de la tête. Le ton du fond doit être toujours différent de la maſſe qu'il ſoutient, & dont il eſt le fond, en ſorte que les objets qui ſeront deſſus ne paroiſſent point tranſparens, mais ſolides & de relief. Ce qui détermine le ton du fond eſt ordinairement le ton des cheveux, & quand ils ſont châtins-clairs on eſt ſouvent fort embarraſſé à moins qu'on ne ſe ſerve du ſecours d'un rideau ou de quelqu'accident de clair-obſcur que l'on ſuppoſe derriere, ou que ce fond ne ſoit un ciel.

Il faut encore obſerver que lorſqu'on fait des fonds unis, c'eſt-à-dire, lorſqu'il n'y a ni rideau ni payſage, ni autre ouvrage ſemblable mais ſeulement une eſpece de muraille, il doit y avoir pluſieurs couleurs qui faſſent comme des taches preſque imperceptibles. La raiſon en eſt, qu'outre que la nature eſt toujours de cette ſorte, l'union du tableau en eſt beaucoup plus grande.

III. *De l'Attitude.*

L'attitude doit être convenable à l'âge ; à la qualité des perſonnes & à leur tempérament. Aux hommes & aux femmes âgés elle doit être poſée, majeſtueuſe & quelquefois fiere ; & aux femmes en général il faut qu'elle ſoit d'une ſimplicité noble, & d'un enjouement modeſte : car la modeſtie doit être le caractere des femmes. C'eſt un attrait mille fois plus puiſſant que la coqueterie ; & dans la vérité il n'y a gueres de coquettes qui vouluſſent le paroître dans leur portrait.

Il y a de deux ſortes d'attitudes, l'une de mouvement, & l'autre de repos. Les attitudes de repos peuvent convenir à tout le monde, & celles qui ſont en mouvement ne ſont propres qu'aux jeunes perſonnes, & ſont très-difficiles à exécuter ; parce qu'une grande partie des draperies & des cheveux doit être agitée par l'air, le mouvement ne ſe faiſant jamais mieux voir en peinture, que par ces ſortes d'agitations. Les attitudes qui ſont en repos, ne doivent pas tellement y paroître qu'elles semblent représenter une personne oisive, & qui se tient exprès pour servir de modele. Et quoiqu'on représente une personne arrêtée, l'on peut, si on le juge à propos, lui donner une draperie volante, pourvu que la scene n'en soit pas dans une chambre ou dans quelque lieu fermé.

Il est sur-tout nécessaire que les figures qui ne sont point occupées, semblent vouloir satisfaire le desir de ceux qui ont la curiosité de les voir; & qu'ainsi elles se montrent dans l'action la plus convenable à leur tempérament & à leur état, comme si elles vouloient instruire le spectateur de ce qu'elles sont en effet; & comme la plupart du monde se pique de franchise, d'honnêteté & de grandeur d'ame, il faut fuir dans les attitudes toutes sortes d'affectations, que tout y soit aisé & naturel, & que l'on y fasse entrer plus ou moins de fierté, de noblesse & de majesté, selon que les personnes auront plus ou moins ce caractere, & qu'elles seront plus ou moins élevées en dignité. Enfin il faut que dans ces sortes d'attitudes les portraits semblent nous parler d'eux-mêmes, et nous dire, par exemple : tiens, regarde-moi, je suis ce Roi invincible environné de majesté : Je suis ce valeureux capitaine qui porte la terreur par-tout, ou bien qui ai fait voir par ma bonne conduite tant de glorieux succès : Je suis ce grand ministre qui ai connu tous les ressorts de la politique : Je suis ce magistrat d'une sagesse & d'une intégrité consommées : Je suis cet homme de lettre tout absorbé dans les sciences : Je suis cet homme sage & tranquile que l'amour de la philosophie a mis au-dessus des desirs & de l'ambition : Je suis ce prélat pieux, docte, vigilant : Je suis ce protecteur des beaux-arts, cet amateur de la vertu : Je suis cet artisan fameux, cet unique dans ma profession, &c. Et pour les femmes : Je suis cette sage Princesse dont le grand air inspire du respect & de la confiance : Je suis cette dame fiere dont les manieres grandes attirent de l'estime, &c. Je suis cette dame vertueuse, douce, modeste, &c. Je suis cette dame enjouée qui n'aime que les ris, la joie, &c. ainsi du reste. Enfin les attitudes sont le langage des portraits, & l'habile Peintre n'y doit pas faire une médiocre attention.

Mais les excellentes attitudes sont, à mon avis, celles qui font juger au spectateur que les personnes qui sont peintes sur la toile, se trouvent sans affectation dans un moment favorable à se faire voir avantageusement. Il y a seulement une chose à observer pour les portraits de femmes en quelque attitude qu'on les puisse mettre, c'est de les disposer & de les tourner d'une maniere que dans leur visage il y ait peu d'ombre, & d'examiner soigneusement si le modele est plus ou moins beau dans les ris que dans le sérieux, & en tirer son avantage. Venons aux ajustemens.

IV. *Les Ajustemens.*

Sous le mot d'ajustemens, je comprends les draperies qui habillent les personnes peintes, & la maniere dont elles sont accommodées.

Il faut que chacun soit vêtu selon sa qualité, & il n'y a que les ajustemens qui puissent faire en Peinture la distinction des gens : mais en conservant le caractere de cette qualité, il faut que les draperies soient bien choisies & bien jettées.

Les habits fort riches conviennent rarement aux hommes, & la grande chamarure est au-dessous de leur gravité. Les femmes doivent être parées négligemment sans perdre leur dignité & leur noblesse : & quand les hommes & les femmes voudront être autrement, le parti que le Peintre doit prendre, est de se faire un plaisir de l'imitation.

Les étoffes de différentes natures donnent à l'ouvrage un caractere de vérité que les draperies imaginaires détruisent.

On habille aujourd'hui la plupart des portraits d'une maniere assez bizarre; savoir si elle est à propos, c'est une question qu'il faut examiner.

Ceux qui sont pour ces sortes d'habits disent que les modes étant en France fort sujettes à changer, on trouve les portraits ridicules six ans après qu'ils ont été faits : que ces ajustemens qui sont du caprice du Peintre durent toujours : que les habits des femmes ont des manches ridicules qui leur tiennent les bras serrés d'une maniere fort contrainte, & peu favorable à la nature & à la Peinture ; & qu'enfin l'usage qui s'est introduit peu-à-peu d'habiller ainsi les portraits, doit être suivi en cela comme en autre chose.

D'autres au contraire soutiennent que les modes sont essentielles aux portraits, & qu'elles contribuent non-seulement au portrait de la personne, mais qu'elles sont encore celui du tems ; que les portraits faisant partie de l'histoire, doivent être fideles en toutes choses ; & cela, disent-ils, est si vrai que nous serions bien fâchés aujourd'hui de voir dans les médailles, dans les bas-reliefs & dans les autres ouvrages antiques, les Romains vêtus d'autres habits que de ceux qu'ils portoient, & nous trouverions ridicule qu'ils fussent habillés dans leurs portraits à la Grecque comme nous le sommes souvent dans les nôtres à la Romaine ; ou ce seroit tout au moins une erreur dans laquelle ils nous auroient mis. Pour ce qui est de la mode qu'on trouve ridicule six ans après qu'elle est passée, ils y répondent, & disent que ce n'est pas la faute de la mode, puisqu'elle a été une fois trouvée belle, mais bien de l'esprit qui ne juge pas des choses par rapport au tems où elles étoient, mais par rapport au présent. Ils ajoutent que cette aversion seroit à la vérité pardonnable pour des habits qu'on verroit à quelqu'un dans le commerce du monde; mais que dans la Peinture c'est une foiblesse que les yeux du corps ont communiquée à ceux de l'esprit, & que ce doit être plutôt un divertissement utile, & une instruction plaisante de voir qu'en tel tems on portoit des colets montés, & dans un autre des fraises, des chaperons, des aîlerons aux manches, des toques, des cheveux courts, des pourpoints tailladés, des colets de point coupé ou à languette, & plusieurs autres modes qui nous font connoître le tems auquel vivoient les personnes, comme les personnes nous font connoître le tems des modes. Ils rapportent encore l'autorité des anciens Peintres qui ont eu de la réputation, comme Titien, Raphaël Paul-Veronese, Tintoret, les Caraches, van Dyk, & enfin tous ceux qui ont peint des portraits avant ce nouvel usage que les femmes ont introduit en France depuis vingt ou trente ans.

Pour déterminer quelque chose entre ces deux partis, ce qui me semble de véritable, est que la difficulté de tirer des habits à la mode quelque chose d'avantageux pour la Peinture est bien plus grande, que d'habiller agréablement des portraits quand on a la liberté d'y employer ce que l'on juge à propos; & je croirois aussi qu'on pourroit mettre en usage tantôt les habits à la mode pour les portraits de famille, & tantôt des habits de quelque vertu, de quelque attribut, ou de quelque divinité payenne. Disons maintenant quelque chose touchant la pratique.

La Pratique.

Je suis persuadé que chaque personne en particulier ayant un esprit différent, envisage les fins qu'il se propose par des vues différentes; & qu'on peut arriver au bien par divers moyens; & je suis d'avis que chacun suive en cela la pente de son génie, & le chemin qu'il trouvera le plus court & le plus commode; ainsi je ne dirai rien là-dessus de particulier, j'exposerai seulement en général qu'il est bon de travailler à un portrait trois différentes fois, ébaucher, peindre, & retoucher. A l'ébauche, il faut extrêmement prendre garde avant que de rien faire, quel aspect sera le plus avantageux au portrait, exposer le modele en différentes vues si cela se peut, à moins qu'on n'ait un dessein arrêté qu'on veuille exécuter; & lorsqu'on se sera déterminé, il est d'une conséquence extrême de bien mettre les parties en place en les comparant toujours l'une avec l'autre, parce que le portrait non-seulement en ressemble mieux quand il est bien dessiné, mais qu'il est fâcheux de changer les parties la seconde fois que l'on travaille, où l'on ne devroit songer qu'à peindre, je veux dire, qu'à placer, & à unir ses couleurs.

L'expérience fait connoître qu'il est à propos d'ébaucher clair à cause de l'avantage des glacis & du transparent des couleurs, sur-tout dans les ombres; & lorsque toutes les parties seront bien ensemble & qu'elles seront toutes empâtées, il faudra les adoucir & les confondre avec discrétion ſans ôter l'air, afin qu'en finiſſant on ait le plaiſir de former à meſure que l'on travaillera. Ou ſi cette maniere de confondre les parties ne plaît pas aux génies de feu, qu'ils ſe contentent de marquer légérement ces mêmes parties, & ſeulement autant qu'il eſt néceſſaire pour donner l'air.

Il eſt bon à l'ébauche d'un portrait de mettre ſur le front plutôt moins que plus de cheveux, afin d'avoir la liberté quand on le finit de les placer où l'on veut, & de les peindre avec toute la tendreſſe & toute la délicateſſe poſſibles : que ſi au contraire vous ébauchez ſur le front quelque touffe de cheveux qui vous paroîtra de bon goût, & fort avantageuſe pour votre ouvrage, vous ſerez embarraſſé lorſqu'il faudra la finir, & que vous ne trouverez plus le naturel dans la même diſpoſition préciſément que vous le voulez peindre. Cette obſervation n'eſt pas pour ceux qui auroient une ſcience & une expérience conſommées, qui ont le naturel dans la tête, & qui le font obéir à leur idée comme il leur plaît.

La ſeconde fois que l'on travaille doit ſervir à mettre bien les couleurs dans leur place, & à les peindre de la maniere la plus convenable au modele que l'on imite, & à l'effet que l'on se propose. Mais avant que de commencer d'empâter, je voudrois que l'on examinât de nouveau si les parties sont bien en leur place, & que l'on donnât par-ci, par-là les coups qui contribuent le plus à la ressemblance, afin qu'étant assuré de cette ressemblance l'on travaillât avec plus de repos & de plaisir.

Supposé que l'on entende ce que l'on fait, & que le portrait soit dessiné juste, il faut autant qu'on le peut travailler vîte, le modele s'en accommode mieux, & l'ouvrage en a plus d'esprit & plus de vie: mais cette promptitude est le fruit de notre expérience; & l'on ne sauroit faire vîte qu'après avoir soigneusement étudié, & médité les choses durant beaucoup de tems, & essayé entre plusieurs moyens celui qui conduit le plus directement au bien : car pour trouver un chemin facile, & que l'on doive tenir souvent, il est permis d'être longtems à le chercher.

Avant que de retoucher un portrait, il est à propos que les cheveux en soient terminés, afin qu'en retouchant les carnations vous puissiez juger de l'effet de toute la tête.

Comme il arrive souvent que la seconde fois que l'on travaille à un portrait on ne peut y faire tout ce que l'on voudroit : la troisieme sert à y suppléer & à donner l'esprit, la physionomie & le caractere. Si l'on veut faire un portrait au premier coup, il faut peindre en mettant toujours des couleurs & jamais en adoucissant ni en frottant, & faire en sorte qu'il y ait peu d'huile dans les couleurs; & si l'on y vouloit mêler en peignant un peu de vernis avec la pointe du pinceau, cela donneroit un moyen facile de mettre couleurs sur couleurs, & de les mêler en peignant sans les emporter.

L'usage & la vue des bons tableaux apprennent plus de choses qu'on n'en sauroit dire : ce qui convient à l'esprit & au tempérament d'une personne, ne convient pas toujours à une antre; & presque tous les Peintres ont tenu différens chemins, quoique leurs principes aient été souvent les mêmes.

Le fameux Jaback, homme connu de tout ce qu'il y a d'amateurs des beaux-arts, qui

qui étoit des amis de van Dyck, & qui lui a fait faire trois fois son portrait, m'a conté qu'un jour parlant à ce Peintre du peu de tems qu'il employoit à faire ses portraits, il lui répondit qu'au commencement il avoit beaucoup travaillé & peiné ses ouvrages pour sa réputation, & pour apprendre à les faire vîte dans un tems où il travailloit pour sa cuisine. Voici quelle conduite il m'a dit que van Dyck tenoit ordinairement. Ce Peintre donnoit jour & heure aux personnes qu'il devoit peindre, & ne travailloit jamais plus d'une heure par fois à chaque portrait, soit à ébaucher, soit à finir; & son horloge l'avertissant de l'heure, il se levoit & faisoit la révérence à la personne, comme pour lui dire que c'en étoit assez pour ce jour-là, & convenoit avec elle d'un autre jour & d'une autre heure : après quoi son valet de chambre lui venoit nettoyer ses pinceaux, & lui apprêter une autre palette pendant qu'il recevoit une autre personne, à qui il avoit donné heure. Il travailloit ainsi à plusieurs portraits en un même jour d'une vîtesse extraordinaire.

Après avoir légérement ébauché un portrait, il faisoit mettre la personne dans l'attitude qu'il avoit auparavant méditée, & avec du papier gris & des crayons blancs & & noirs, il dessinoit en un quart d'heure sa taille & ses habits qu'il disposoit d'une maniere grande, & d'un goût exquis. Il donnoit ensuite ce dessein à d'habiles gens qu'il avoit chez lui, pour le peindre d'après les habits mêmes que les personnes avoient envoyés exprès à la priere de van Dyck. Ses éleves ayant fait d'après nature ce qu'ils pouvoient aux draperies, il repassoit légérement dessus, & y mettoit en très-peu de tems, par son intelligence, l'art & la vérité que nous y admirons.

Pour ce qui est des mains, il avoit chez lui des personnes à ses gages de l'un & de l'autre sexe qui lui servoient de modele.

Je cite cette conduite de van Dyck plutôt pour satisfaire la curiosité du lecteur, que pour la lui proposer à suivre : qu'il en prenne ce qu'il en trouvera de bon, & qui sera selon son génie, & qu'il laisse-là le reste. Pour moi hors ce travail d'une heure seulement, tout m'en plairoit, une heure est bien peu.

Je dirai ici en passant que rien n'est si rare que de belles mains, tant pour le dessein que pour la couleur; ainsi il est bon de ménager quand on le peut, l'amitié de quelque femme qui se fasse un plaisir de servir de modele. Le moyen de les avoir est d'en bien louer la beauté; & cependant si vous trouvez occasion de copier des mains d'après van Dyck, ne la manquez pas. Il les a faites d'une délicatesse surprenante & d'une couleur admirable.

Pour copier avec profit les manieres qui ont approché le plus près de la natûre, comme sont celles de Titien & de van Dyck, il faut en copiant s'imaginer que leurs tableaux sont la nature; les regarder d'un peu de loin dans cette intention, & dire en soi-même: De quelle couleur, & de quelle teinte me servirois-je pour un tel endroit, puis s'approcher du tableau, & voir si on auroit bien ou mal rencontré, & se faire ensuite comme une loi des choses que nous aurions découvertes, & que nous ne pratiquions auparavant qu'avec incertitude.

Mais je reviens au portrait, & je crois

qu'il est à propos avant que de mettre les couleurs, d'observer les premiers momens qui sont d'ordinaire les plus agréables & les plus avantageux, & de les donner en garde à sa mémoire pour s'en servir sur la fin du travail; parce que le modele las d'avoir été long-tems dans la même place a épuisé les esprits qui soutenoient au commencement l'agrément des parties, & qui portoient au teint un sang plus vif, & une couleur plus fraîche. Enfin il faut joindre à la vérité la possibilité vraisemblable & avantageuse, laquelle bien loin d'ôter la ressemblance lui doit servir d'ornement. Dans cette vue il est à propos de commencer par observer le fond du teint, ce qu'il est dans les clairs, & ce qu'il est dans les ombres; les ombres étant belles à proportion des clairs: il faut, dis-je, observer si le teint est très-vif, s'il y a du jaune, & où il est placé; parce qu'ordinairement sur la fin du travail l'ennui répand un jaune par-tout, qui vous fait oublier ce qui en étoit coloré, & ce qui ne l'étoit pas, à moins que vous ne l'ayez bien observé auparavant. C'est pour cela que dès que vous commencerez à travailler pour la ſeconde fois, il faut promptement mettre des couleurs par-ci par-là, telles que vous les voyez dans ces premiers momens qui ſont toujours les plus beaux.

Le plus sûr moyen pour juger des couleurs, c'eſt la comparaiſon; & pour juger du teint, rien n'eſt meilleur que de le comparer avec du linge qui en ſera voiſin, ou que l'on mettra auprès du naturel s'il en eſt beſoin: ce qui ſoit dit ſeulement pour ceux qui n'ont que peu de pratique du naturel.

Enfin votre portrait étant dans l'état que vous êtes capable de le mettre par le jugement que vous aurez fait du naturel, & par l'imitation qui s'en voit ſur votre toile; il vous reſte encore une choſe à faire, c'eſt de mettre le portrait auprès du modele, afin que dans une diſtance raiſonnable vous puiſſiez juger définitivement par la comparaiſon que vous en devez faire s'il ne manque rien pour l'entiere perfection de votre ouvrage.

La Politique.

Mais ce n'eſt point aſſez de prendre toutes les précautions qui font réuſſir un portrait & qui le rendent bon, il faut encore prendre celles qui le font croire tel. En France, quelque merveilleux que ſoit un portrait, s'il n'a eſſuyé la critique des femmes, & s'il n'a leur approbation, il eſt de rebut & demeure dans l'oubli; parce que la complaiſance qu'on a pour elles fait répéter comme un écho, le jugement qu'elles en auront fait. En France les Dames ſont les maîtreſſes, elles y décident ſouverainement, & les bagatelles qui ſont de leur goût, détruiſent les grandes manieres. Elles ſeroient capables de pervertir Titien & van Dyck, s'ils étoient encore au monde, & qu'ils fuſſent contraints de travailler pour elles. Ainſi pour éviter les chagrins qui viennent de ces ſortes de jugemens inconſidérés, il eſt bon de mettre en uſage quelque ſorte de politique ſelon les gens & les occaſions.

Il ne faut jamais faire voir ſon ébauche ſi ce n'eſt aux Peintres de ſes amis pour en apprendre leur ſentiment. Il eſt même fort à propos de ne faire voir aucun ouvrage fini que dans ſa bordure, & après avoir été verni.

Il ne faut pas non plus en préſence du modele demander le ſentiment des gens qui ne s'y connoiſſent pas : parce que regardant le modele d'une vue & le voyant d'une autre dans le tableau, ils ſeront d'avis que l'on raccommode les parties que leur imagination leur repréſente défectueuſes. Vous aurez beau vous efforcer de leur faire connoître vos raiſons, comme on n'aime pas ordinairement à ſe dédire & à faire croire par-là qu'on eſt capable de ſe tromper, vous ne les aurez jamais favorables.

C'eſt pourquoi le meilleur eſt de ne leur point donner occaſion de décider, ou s'ils vous préviennent par leur ſentiment, ſervez-vous de quelque artifice pour éluder un long, ennuyeux, & inutile raiſonnement. Faites-leur croire, par exemple, ou que l'ouvrage n'eſt pas achevé, ou qu'ils ont quelque raiſon & que vous y allez retoucher, ou quelqu'autre choſe ſemblable qui ait la vertu de les faire taire promptement. Vous ſavez ce que Vaſari dit de Michel-Ange en pareille rencontre. Le Pape ayant été dans l'attelier de Michel-Ange pour voir une figure de marbre qu'il lui avoit fait faire, & ne s'y connoiſſant pas autrement, demanda tout bas à ſon maître de chambre ce qu'il lui en ſembloit; lequel ayant répondu que le nez étoit trop gros, fit dire auſſi-tôt au Pape tout haut, & comme de lui-même, que le nez étoit trop gros. Michel-Ange, qui s'étoit apperçu de l'affaire, dit au Pontife qu'il avoit raiſon, & qu'il alloit le raccommoder en ſa préſence. Et ayant pris un marteau d'une main & un ciſeau avec de la poudre de marbre de l'autre, il ſe mit devant ſon ouvrage en action de travailler, & après avoir coigné en l'air ſur ſon ciſeau, & laiſſé tomber à meſure la poudre qu'il avoit amaſſée, il ſe retourna, & dit au Pape : *Adeſſo Santiſſimo Padre che gliene pare ? O Signor Michel-Angelo*, (s'écria le Pape) *gli avete dato la vita*. Appelles ne demandoit point d'avis, il ſe tenoit, dit Pline, derriere ſa toile; & pour avoir trouvé celui d'un cordonnier raiſonnable, & avoir corrigé le défaut

défaut de la couroye, ce misérable artisan en devint si superbe qu'il se mit à railler le Peintre d'une cuisse qu'il ne trouvoit pas à son gré : ce qui obligea Appelles de lui dire d'un ton méprisant, que le jugement du cordonnier ne passoit pas la sandale. Ainsi quand même ceux qui se mêlent de juger vous parleroient juste sur le défaut de quelques parties, il est bon d'en profiter adroitement sans trop les écouter ni leur laisser croire qu'ils aient raison ; car ils abuseroient de votre docilité, & les louanges que vous donneriez à leurs bons avis, vous en attireroient de mauvais & de téméraires.

Il faut en ceci beaucoup d'art & d'honnêteté de la part du Peintre, lequel doit faire grande distinction des personnes qui lui parlent, & qui lui disent leurs sentimens sur ses ouvrages.

DU COLORIS.

J'AI fait imprimer autrefois un dialogue sur le coloris, (1) où j'ai tâché de faire

(1) Il se trouve inséré dans un recueil de divers ouvrages de M. Piles, sur la Peinture & le coloris, réimprimé à Paris chez Jombert, en 1755.

voir ses prérogatives, & le rang qu'il devoit tenir parmi les autres parties de la Peinture. Mais comme les traités qui regardent cet art, & que je donne présentement au public, sont écrits par principes, j'ai cru que je devois réduire dans la même forme celui du coloris; afin que cette partie si nécessaire à toutes les autres, s'accorde à faire un tout avec elles, & que le lecteur en juge avec plus de facilité.

Plusieurs en parlant de Peinture, se servent indifféremment des mots de couleur, & de coloris, pour ne signifier qu'une même chose; & quoique pour l'ordinaire ils ne laissent pas de se faire entendre, il est bon néanmoins de tirer ces deux termes de la confusion, & d'expliquer ce que l'on doit entendre par l'un & par l'autre.

La couleur est ce qui rend les objets sensibles à la vue.

Et le coloris est une des parties essentielles de la Peinture, par laquelle le Peintre sait imiter les apparences des couleurs de tous les objets naturels, & distribuer aux objets artificiels la couleur qui leur est la plus avantageuse pour tromper la vue.

Cette partie comprend la connoissance des couleurs particulieres, la sympathie & l'antipathie qui se trouvent entr'elles, la maniere de les employer, & l'intelligence du clair-obscur.

Et comme il me paroît que cette même partie n'a été que très-peu ou point du tout connue d'un grand nombre des plus habiles Peintres des deux derniers siecles, je crois être obligé d'en donner autant que je le puis la véritable idée pour en soutenir le mérite.

Il y en a encore qui confondent la couleur simple avec la couleur locale, quoiqu'il y ait entr'elles une grande différence : car la couleur simple est celle qui toute seule ne représente aucun objet comme le blanc pur, c'est-à-dire, sans mélange ; le noir pur, le jaune pur, le rouge pur, le bleu, le verd & les autres couleurs dont le Peintre charge d'abord sa palette, & qui lui servent ensuite à faire les mélanges dont il a besoin pour arriver à une fidele imitation.

Et la couleur locale est celle qui par rapport au lieu qu'elle occupe, & par le secours de quelque autre couleur repréſente un objet ſingulier ; comme une carnation, un linge, une étoffe, ou quelque objet diſtingué des autres. Elle eſt appellée locale ; parce que le lieu qu'elle occupe l'exige telle, pour donner un plus grand caractere de vérité aux autres couleurs qui leur ſont voiſines. Ceci ſoit dit par occaſion de la couleur ſimple & de la couleur locale ; je reprends le fil de ma matiere.

Le Peintre doit conſidérer que comme il y a deux ſortes d'objets, le naturel ou celui qui eſt vrai, & l'artificiel ou celui qui eſt peint, il y a auſſi deux ſortes de couleurs, la naturelle & l'artificielle. La couleur naturelle eſt celle qui nous rend actuellement viſibles tous les objets qui ſont dans la nature ; & l'artificielle eſt un mélange judicieux que les Peintres compoſent des couleurs ſimples qui ſont ſur leur palette, pour imiter la couleur des objets naturels.

Le Peintre doit donc avoir une parfaite connoiſſance de ces deux ſortes de couleurs, de la naturelle, afin qu'il ſache ce qu'il doit imiter ; & de l'artificielle, pour en faire une compoſition & une teinte capable de représenter parfaitement la couleur naturelle.

Il faut qu'il sache encore que la couleur naturelle comprend trois sortes de couleurs, 1°. la couleur vraie de l'objet; 2°. la couleur réfléchie ; 3°. la couleur de la lumiere. Et quant aux couleurs artificielles il en doit connoître la valeur, la force & la douceur séparément & par comparaison, afin d'exagérer par les unes, & d'affoiblir par les autres, quand la composition du sujet le demande de cette sorte.

C'est pourquoi il faut faire réflexion qu'un tableau est une superficie plate, que les couleurs n'ont plus leur premiere fraîcheur quelque tems après qu'elles sont employées ; qu'enfin la distance du tableau lui fait perdre de son éclat & de sa vigueur ; qu'ainsi il est impossible de suppléer à ces trois choses, sans l'artifice que la science du coloris enseigne ; & qui est son principal objet.

Un habile Peintre ne doit point être esclave de la nature : il en doit être arbitre & judicieux imitateur : & pourvu qu'un tableau fasse son effet, & qu'il impose agréablement aux yeux ; c'eſt tout ce qu'on en peut attendre à cet égard, & c'eſt ce que le Peintre ne ſauroit faire, s'il néglige le coloris. Or comme il eſt certain qu'un tout ne peut être parfait s'il lui manque quelque partie, & qu'un Peintre n'eſt pas habile en ſon art, s'il ignore quelqu'une des parties qui le compoſent, je blâmerai également un Peintre pour avoir négligé le coloris, comme pour n'avoir pas diſpoſé ſes figures auſſi avantageuſement qu'il le pouvoit faire, ou pour les avoir mal deſſinées.

Cependant il n'y a point dans la Peinture de partie où la nature ſoit toujours bonne à imiter telle que le hazard la préſente. Cette maîtreſſe des arts nous conduit rarement par le plus beau chemin ; elle nous empêche ſeulement de nous égarer. Il faut que le Peintre la choiſiſſe ſelon les regles de ſon art, & s'il ne la trouve pas telle qu'il la cherche, il doit corriger celle qui lui eſt préſentée. Et de même que celui qui deſſine n'imite pas tout ce qu'il voit dans un modele défectueux, & qu'au contraire il change en des proportions convenables les défauts qu'il y trouve; de la même maniere, le Peintre ne doit pas imiter toutes les couleurs qui s'offrent indifféremment à ses yeux, il ne doit choisir que celles qui lui conviennent : & s'il le juge à propos, il y en ajoute d'autres qui puissent produire un effet tel qu'il l'imagine pour la beauté de son ouvrage. Il songe non seulement à rendre ses objets chacun en particulier, beaux, naturels & vrais : mais encore il a soin de l'union du tout-ensemble : tantôt il diminue de la vivacité du naturel; & tantôt il enchérit sur l'écla & sur la force des couleurs qu'il y trouve, afin d'exprimer plus vivement & plus véritablement le caractere de son objet sans l'altérer. Il n'y a que les grands Peintres, & en très-petit nombre, qui ayent pénétré dans l'intelligence de cet artifice. Ainsi bien loin que cette savante exagération énerve la fidélité de l'imitation, au contraire elle sert au Peintre pour jetter plus de vérité en ce qu'il imite d'après nature.

Je prie le lecteur d'observer, que dans ce discours, en parlant généralement de la Peinture, du dessein ou du coloris, je les suppose toujours dans toute leur perfection.

Ceux qui tâchent de donner atteinte au coloris disent qu'on ne peut s'empêcher d'accorder au dessein une correction dans ses proportions, une élégance dans les contours, & une délicatesse dans les expressions; & que l'école romaine, qui étoit celle de Raphaël, a toujours recherché ces trois choses avec avidité, comme les premieres & les plus parfaites intentions de la nature; ne faisant d'ailleurs qu'un cas médiocre du coloris : qu'ainsi le Peintre ne sauroit mieux faire, que de regarder le dessein comme son objet essentiel, & le coloris comme un accessoire.

Je réponds premiérement, que les premieres intentions de la nature ne sont pas moins dans le coloris que dans le dessein, & que du reste il est vrai que les trois qualités que l'on vient d'attribuer au dessein, en relevent l'excellence : mais il est vrai aussi que le Peintre a commencé d'étudier en Peinture par les acquérir; & il faut supposer qu'il les possede dans la plus grande perfection qu'il est possible. Mais ce ne ſont point ces qualités qui conſtituent le Peintre ce qu'il eſt. Elles le commencent en attendant leur perfection du coloris par rapport au tout qu'ils doivent compoſer enſemble.

Dieu en créant le corps a fourni une ample matiere aux créatures de le louer, & de le reconnoître pour leur auteur : mais en les rendant colorés & viſibles, il a donné lieu au Peintre de l'imiter dans ſa toute-puiſſance, & de tirer comme du néant une ſeconde nature qui n'avoit l'être que dans leur idée. En effet, tout ſeroit confondu ſur la terre, & les corps ne ſeroient ſenſibles que par le toucher, ſi la diverſité des couleurs ne les avoit diſtingués les uns des autres.

Le Peintre qui eſt un parfait imitateur de la nature, pourvu de l'habitude d'un excellent deſſein, comme nous le ſuppoſons, doit donc conſidérer la couleur comme ſon objet principal, puiſqu'il ne regarde cette même nature que comme imitable, qu'elle ne lui eſt imitable que parce qu'elle eſt viſible, & qu'elle n'eſt viſible que parce qu'elle eſt colorée.

Il me semble donc qu'on peut regarder le coloris comme la différence de la Peinture ; & le dessein, comme son genre. De la même façon que la raison est la différence de l'homme, parce qu'elle le constitue dans son être, qu'elle le distingue d'avec les autres animaux, & qu'elle le met au-dessus d'eux.

Car puisque les idées des choses ne doivent servir qu'à nous les tirer du cahos & de la confusion, il est nécessaire de les concevoir par ce qu'elles ont de particulier & qui ne convient à aucune autre chose. De concevoir le Peintre par ses inventions, c'est n'en faire qu'un avec les poëtes : de le concevoir par la perspective, comme ont écrit quelques-uns, c'est ne le pas distinguer d'avec le mathématicien ; par les proportions & les mesures des corps, c'est le confondre avec le Sculpteur & le Géometre. Ainsi quoique l'idée parfaite du Peintre dépende du dessein & du coloris tout ensemble, il faut se la former spécialement par le coloris ; d'autant que par cette différence qui le rend un parfait imitateur de la nature, on le démêle d'entre ceux qui n'ont que le deſſein pour objet, & dont l'art ne peut arriver à cette parfaite imitation où conduit la Peinture, & où l'on ne peut concevoir qu'un Peintre.

Parmi les arts qui ont le deſſein commun avec la Peinture, on peut nommer la ſculpture, l'architecture & la gravure; & voici comme elles ſe définiſſent.

La Peinture eſt un art, qui ſur une ſuperficie plate imite, par le moyen des couleurs, tout les objets viſibles. Il y en a de pluſieurs ſortes, on la diviſe ordinairement en

Peinture {
- à la Moſaïque,
- à Fraiſque,
- à Détrempe,
- à Huile,
- au Paſtel,
- en Miniature,
- & en Email.

La ſculpture eſt un art, qui par le moyen du deſſein & de la matiere ſolide, imite les objets palpables de la nature. On diviſe cet art ordinairement en

Sculpture {
- de Ronde-boſſe,
- de Bas-relief.

L'architecture est un art, qui par le dessein & par des proportions convenables, imite & construit toutes sortes d'édifices. On divise cet art ordinairement en

Architecture { Civile, & Militaire.

La gravure est un art qui, par le moyen du dessein & de l'incision sur les matieres dures, imite les lumieres & les ombres des objets visibles. On divise cet art ordinairement en

Gravure { en Bois, au Burin, à l'Eau-forte, & à la maniere Noire.

La maniere noire inventée depuis peu, est ainsi appellée ; parce qu'au lieu de préparer la planche en la polissant, on la prépare par une gravure fine (1) croisée dans tous les sens & uniforme, qui l'occupe entiérement, en sorte que si on l'imprimoit

(1) Voyez le *traité de la gravure à l'eau forte & au burin*, &c. par *Abraham Bosse*, dont le sieur *Jombert*, Libraire à Paris, a donné une édition augmentée considérablement, en 1745.

après sa préparation, on en tireroit une empreinte très-forte, & également noire par-tout.

La gravure noire est donc celle qui au lieu de burin, pour former les traits & les ombres, se sert de brunissoir pour tirer les objets de l'obscurité en leur distribuant peu-à-peu les lumieres qui leur conviennent.

On laisse la liberté d'attribuer à la sculpture ou à la gravure le travail qui est sur les pierres fines; néanmoins on les appelle ordinairement pierres gravées. Ce qui me paroît de plus vraisemblable, c'est que les auteurs de ces sortes d'ouvrages étoient sculpteurs & graveurs tout ensemble.

Sans se donner la peine de définir toutes ces divisions, il est aisé de voir que le dessein qui est leur genre, c'est-à-dire, qui est commun entr'elles, & déterminé par une différence particuliere qui constitue chaque art dans son essence.

La fin du Peintre & du sculpteur est bien l'imitation; mais ils y arrivent par différentes voies, le sculpteur par une matiere solide, en imitant la quantité réelle des objets; & le Peintre en imitant avec des couleurs la quantité & la qualité apparente de tout ce qui est visible : en sorte qu'il est obligé non seulement de plaire aux yeux, mais encore de les tromper en tout ce qu'il représente.

On objecte ordinairement à cela, que le dessein est le fondement du coloris, qu'il le soutient, que le coloris en dépend, & qu'il ne dépend en rien du coloris : puisque le dessein peut subsister sans le coloris, & que le coloris ne peut subsister sans le dessein, & par conséquent que le dessein est plus nécessaire, plus noble & enfin plus considérable que le coloris.

Mais il est aisé de faire voir que cette objection ne conclut rien d'avantageux pour le dessein au préjudice du coloris : au contraire on fait voir par-là que le dessein, tout seul, comme on le suppose, n'est le fondement du coloris, & ne subsiste avant lui que pour en recevoir sa perfection par rapport à la Peinture, & il n'est pas surprenant que ce qui reçoit ait son être & subsiste avant ce qui doit être reçu.

Il en est ainsi de toutes les matieres qui

doivent être disposées avant que de recevoir leur perfection des formes substantielles. Le corps de l'homme, par exemple, doit être entiérement formé & organisé avant que l'ame y soit reçue, & c'est avec cet ordre que Dieu fit le premier homme. Il prit de la terre, il y mit toutes les dispositions nécessaires : puis il créa l'ame qu'il y infusa pour le perfectionner & pour en faire un homme. Ce corps ne dépendoit point de l'ame pour subsister, puisqu'il étoit avant l'ame : cependant il n'y a personne qui voulût soutenir que le corps fût la partie de l'homme la plus noble & la plus considérable; la nature commence toujours par les choses les moins parfaites, & l'art qui en est l'imitateur suit la même regle. D'abord le Peintre ébauche son sujet par le moyen du dessein, & le finit ensuite par le coloris qui en jettant le vrai sur les objets dessinés, y jette en même tems la perfection dont la Peinture est capable.

A l'égard d'être plus ou moins nécessaire pour faire un tout, les parties essentielles sont également nécessaires, il n'y a point d'homme si l'ame n'est jointe au corps, auſſi n'y a-t-il point de Peinture ſi le coloris n'eſt joint au deſſein.

Mais ſi l'on regarde le deſſein ſéparément & comme un inſtrument dont on a beſoin en toutes rencontres dans la plupart des arts, on pourroit par l'utilité qui en revient l'eſtimer davantage que le coloris; de la même maniere que l'on eſtimeroit un gros diamant beaucoup plus qu'une plante, quoique la moindre de toutes les plantes ſoit plus noble & plus eſtimable en elle-même, que toutes les pierres précieuſes enſemble.

Comme tout le monde court à l'utile, & que l'on enviſage les choſes de ce côté là, il ne faut pas s'étonner ſi le deſſein étant plus d'uſage, & par conſéquent plus utile dans le monde par les démonſtrations dont on ſe ſert dans les mathématiques, & par les deſſeins, qui quoique légers font connoître les penſées des ouvrages que l'on propoſe, on l'eſtime davantage.

Mais en rejettant le coloris, il n'y a rien dans le deſſein que le ſculpteur ne puiſſe faire; & ces choſes conſidérées par rapport à un ouvrage de Peinture, demeureront

ront toujours imparfaites sans le secours du coloris, lequel met le Peintre au-dessus du sculpteur, & fait que les objets peints avec intelligence, ressemblent plus parfaitement aux véritables.

On ne peut s'empêcher néanmoins d'accorder un dessein parfait, tel que nous le supposons, & que nous le voyons dans l'antique, plusieurs marques d'élévation qui ont partagé les curieux sur le choix des tableaux dont ils ont composé leur cabinet. En effet selon les sujets & les figures que les anciens sculpteurs ont voulu représenter, on remarque dans les sculpteurs antiques du terrible ou du gracieux, du simple ou de l'idéal d'un grand caractere; mais toujours du sublime & de la vraisemblance. Toutes ces qualités jettent les esprits dans un grand doute sur la préférence que l'on doit donner aux tableaux qui sont ou mieux dessinés que coloriés, ou mieux coloriés que dessinés. Cependant ce que nous avons dit du coloris à l'égard d'un ouvrage de Peinture, ne permet pas que nous préférions les tableaux mieux dessinés que coloriés, pourvu que dans ceux-ci le dessein n'y soit point trop mal. La raison de cela est que le dessein se trouve ailleurs que dans les tableaux, il se rencontre dans les bonnes estampes, dans les statues & dans les bas reliefs. Mais une belle intelligence de couleurs ne se trouve que dans un très-petit nombre de tableaux.

Ainsi supposé que je voulusse faire un cabinet, j'y ferois entrer toutes sortes de tableaux où je verrois de la beauté dans quelque partie que ce soit : mais je préférerois ceux du Titien aux autres, par la raison que je viens de dire, & le prix dont les curieux payent les ouvrages de ce Peintre favorise tout-à-fait mon sentiment. Il est vrai que quelques-uns se fondent sur l'estime que l'on a pour les desseins en général, & sur le grand nombre de personnes qui ayant regardé le dessein par rapport à son utilité, en ont pris quelque habitude manuelle & beaucoup d'amour : ainsi pour sortir de cette difficulté, il faut savoir ce que l'on entend par le mot de dessein.

Par rapport à la Peinture, le mot de dessein n'a que deux significations. Premiérement, l'on appelle dessein la pensée d'un tableau, laquelle le Peintre met sur du papier ou sur de la toile, pour juger de l'ouvrage qu'il médite : & de cette maniere l'on peut appeller du nom de dessein non-seulement une esquisse, mais encore un ouvrage bien entendu de lumieres & d'ombres, ou même un petit tableau bien colorié. C'est de cette sorte que Rubens faisoit presque tous ses desseins, & que la plupart de ceux du Titien, qui sont presque tous à la plume, ont été exécutés. 2°. L'on appelle dessein les justes mesures, les proportions & les contours que l'on peut dire imaginaires des objets visibles, qui n'ayant point de consistance que l'extrémité même des corps, résident véritablement & réellement dans l'esprit : & si les Peintres les ont rendus sensibles de nécessité indispensable par des lignes qui en font la circonscription, c'est pour en rendre la démonstration sensible à leurs éleves, & afin de pratiquer pour eux-mêmes une maniere commode qui les fasse arriver facilement à une extrême correction. Cependant il est vrai de dire que ces lignes n'ont point d'autre usage que celui du ceintre dont se sert l'architecte quand il veut faire un arcade ; ses pierres étant posées sur son ceintre, & son arcade étant construite, il rejette ce ceintre qui ne doit plus paroître non plus que les lignes dont le Peintre s'est servi pour former sa figure, & c'est de cette derniere sorte que l'on doit concevoir le dessein qui fait une des parties essentielles de la Peinture. Mais lorsqu'on ajoute aux contours les lumieres & les ombres, on ne le peut faire sans le secours du blanc & du noir, qui sont deux des principales couleurs dont le Peintre a coutume de se servir, & dont l'intelligence est comprise sous celle du coloris.

J'ai vu néanmoins plusieurs Peintres qui n'ont jamais voulu convenir que la partie de la Peinture qu'on appelle dessein, contienne seulement les proportions & les contours des objets visibles : mais ils disent que cette partie est encore cette seconde sorte de dessein que je viens de définir, c'est-à-dire, la pensée d'un grand tableau que l'on médite, soit que cette pensée ne fût qu'un léger crayon, ou bien qu'on la vît exprimée par le clair-obscur, & par toutes les couleurs qui doivent entrer dans le grand ouvrage dont ce dessein est l'essai & le racourci.

J'ai cru que la meilleure réponse que l'on pouvoit faire à ceux qui étoient dans cette opinion, étoit de leur dire, que pour lors le dessein ne seroit plus une des parties de la Peinture : mais qu'il en seroit le tout, puisqu'il contiendroit non-seulement les lumieres & les ombres, mais aussi le coloris & l'invention même : & pour lors il faudroit toujours convenir de nouveaux termes, & demander à ceux qui sont de l'opinion que je viens de rapporter, comme ils voudroient que l'on appellât la partie du dessein laquelle trouve les objets qui composent une histoire ; & comment ils voudroient encore qu'on nommât cette autre partie du dessein qui distribue les couleurs, les lumieres & les ombres. Ainsi, sans entrer ici dans une plus grande explication, il est aisé de voir qu'il n'importe pas de quelle façon l'on appelle les choses, pourvu que l'on s'entende, & que l'on convienne de leur nom.

Il est donc certain que sans se mettre

dans l'embarras de chercher de nouveaux termes auxquels on auroit de la peine à s'accoutumer, il vaut mieux s'en tenir à ceux dont on est convenu depuis long-tems.

Cependant il n'est pas raisonnable de passer ici sous silence les prérogatives du dessein dont les principales sont : 1°. Qu'il sert à faire beaucoup de choses utiles tout seul, avant la jonction du coloris. Ce qui fait qu'une infinité de personnes se contentent d'avoir quelque habitude du dessein sans se soucier du coloris. 2°. Qu'il donne un goût pour la connoissance des arts, & pour en faire juger du moins jusqu'à un certain point. Ce qui oblige de regarder cette partie comme nécessaire à l'éducation des jeunes gentilshommes à qui on donne ordinairement des maîtres à dessiner, comme on en donne pour écrire. 3°. Que cette partie qui en contient plusieurs autres considérables, comme la connoissance des muscles extérieurs, la perspective, la position des attitudes, les expressions des passions de l'ame pourroient être par conséquent considéré comme un tout, plutôt que comme une partie séparée.

On ne peut nier que toutes ces prérogatives ne soient véritables & d'un grand usage : mais nous regardons ici le dessein par rapport à l'art de la Peinture, & comme tel, toutes les parties qu'il contient ont besoin du coloris pour faire un tableau parfait dont il s'agit présentement. C'est pourquoi nous ne regardons pas ici le dessein avec toutes les parties qu'il renferme, ni comme une partie séparée, ni comme un tout accompli, mais comme le fondement & le commencement de la Peinture.

Nous avons dit ci-dessus, que le clair-obscur qui n'est autre chose que l'intelligence des lumieres & des ombres étoit compris dans le coloris ; & cependant plusieurs Peintres n'en veulent pas convenir : car ils disent, que la raison qu'on en donne est, que dans le nature la lumiere & le clair-obscur sont inséparables l'un de l'autre. Ils ajoutent qu'on peut dire la même chose du dessein : parce que sans lumiere l'œil ne sauroit appercevoir ni connoître dans la nature les contours & les proportions des figures. A quoi l'on peut répondre, que les mains peuvent faire en cela l'office des yeux, & qu'en touchant un corps solide elles jugent si ce corps est rond ou carré, & s'il a quelqu'autre forme, telle qu'elle puisse être; donc il s'ensuit que sans la lumiere on peut connoître dans la nature les contours & les proportions des figures.

Histoire d'un sculpteur aveugle qui faisoit des portraits en cire.

A propos de cette question, je rapporterai ici l'histoire assez récente d'un sculpteur aveugle, qui faisoit des portraits de cire fort ressemblans. Il vivoit dans le dernier siecle: & voici ce que m'en a raconté un homme digne de foi qui l'a connu en Italie, & qui a été témoin de tout ce que vous allez entendre.

L'aveugle, me dit-il, dont vous allez savoir l'histoire, étoit de Cambassi dans la Toscane, homme fort bien fait, & qui paroissoit âgé d'environ cinquante ans. Il avoit beaucoup d'esprit & de bon sens, aimant à parler, & disant agréablement les choses. Un jour entr'autres l'ayant rencontré dans le palais Justinien où il copioit une statue de Minerve, je pris occasion de

lui

lui demander s'il ne voyoit pas un peu pour copier aussi juste qu'il faisoit. Je ne vois rien, me dit-il, & mes yeux sont au bout de mes doigts. Mais encore, lui dis-je, comment est-il possible que ne voyant goute vous fassiez de si belles choses? Je tâte, dit-il, mon original, j'en examine les dimensions, les éminences & les cavités: je tâche de les retenir dans ma mémoire, puis je porte ma main sur ma cire, & par la comparaison que je fais de l'un & de l'autre, portant & rapportant ainsi plusieurs fois la main, je termine le mieux que je puis mon ouvrage.

En effet il n'y a aucune apparence qu'il eut le moindre usage de la vue; puisque le Duc de Braciane pour éprouver ce qui en étoit, lui fit faire son portrait dans une cave fort obscure, & que ce portrait fût trouvé très-ressemblant. Mais quoique cet ouvrage fût admiré de tous ceux qui le voyoient, on ne laissa pas d'objecter au sculpteur que la barbe du Duc étoit un grand avantage pour le faire ressembler, & qu'il n'auroit pas cette même facilité s'il lui falloit imiter un visage sans barbe. Hé bien, dit-il, qu'on m'en donne un autre. On lui proposa de faire le portrait de l'une des demoiselles de la Duchesse. Il l'entreprit, & le fit très-ressemblant. J'ai encore vu de la main de cet illustre aveugle, le portrait du feu Roi d'Angleterre Charles Premier, & celui du Pape Urbain VIII. tous deux copiés d'après le marbre très-finis & très-ressemblans. Ce qui lui faisoit de la peine, ainsi qu'il l'avouoit, étoit de représenter les cheveux où il ne trouvoit pas assez de résistance.

Mais sans aller plus loin nous avons à Paris un portrait de sa main, & c'est celui de feu Monsieur Hesselin, maître de la chambre aux deniers, lequel en fut si content, & trouva l'ouvrage si merveilleux, qu'il pria l'auteur de vouloir bien se laisser peindre pour emporter son portrait en France, & pour y conserver sa mémoire.

La curiosité que me donna le récit de cette histoire, ne me permit pas de différer plus long-tems à voir ce portrait : & après en avoir observé d'abord la physionomie, je m'apperçus que le Peintre lui avoit mis un œil à chaque bout de doigt pour faire voir que ceux qu'il avoit ailleurs lui étoient tout-à-fait inutiles.

J'ai rapporté cette hiſtoire d'autant plus volontiers que je l'ai trouvée digne de la curioſité du lecteur, & propre à démontrer la propoſition dont il s'agiſſoit; ſavoir que l'intelligence du clair-obſcur étoit renfermée dans le coloris.

Il n'y a perſonne en effet qui dans la plus grande obſcurité ne ſente les contours d'un homme, ou d'une ſtatue, & ne juge des éminences & des cavités extérieures en y portant ſeulement la main, au lieu qu'il eſt impoſſible de voir aucune couleur, ni d'en juger ſans lumieres.

On voit par l'hiſtoire de cet aveugle, que ſon art qui étoit tout dans le deſſein, lui avoit donné occaſion de ſatisfaire ſon eſprit, & de ſe conſoler en quelque façon de la perte qu'il avoit faite d'un ſens auſſi précieux que celui de la vue, & que s'il avoit été Peintre, il auroit été privé de cette conſolation : la raiſon en eſt, que la couleur & les lumieres ne ſont l'objet que de la vue, & que le deſſein, comme je l'ai dit, l'eſt encore du toucher.

J'aurois pu rapporter encore ici l'exemple de plus fraîche date du feu sieur Buret, l'un des plus habiles sculpteurs de l'académie : car selon le témoignage de quelques personnes dignes de foi, il devint aveugle à l'âge d'environ vingt-cinq ans, par une petite vérole qui lui ayant ôté entiérement la vue, ne put lui ôter le plaisir de se consoler en lui laissant la faculté de travailler, comme avoit fait l'aveugle de Cambassi.

Ce seroit ici le lieu où le traité du clair-obscur devroit être placé, comme partie essentielle du coloris ; mais ce traité étant de quelque étendue, on a jugé à propos de le mettre à la fin de ce traité du coloris (1) & d'y renvoyer le lecteur, afin de lui laisser prendre une idée plus distincte de cette intelligence des lumieres & des ombres.

L'accord des couleurs & leur opposition ne sont pas moins nécessaires dans le coloris, que l'union & la cromatique dans la musique.

Cet accord & cette opposition des cou-

(1) Voyez ci après le traité du clair-obscur.

leurs viennent de deux causes, de leur qualité sensible & originaire, & de leur mélange. Leurs qualités sensibles procedent de la participation qu'elles ont avec l'air & avec la terre. Celles qui sont aëriennes ont entr'elles une légéreté qui les rend amies, comme le blanc, le beau jaune, le bleu, la laque, le verd, & autres semblables couleurs dont on en fait une infinité qui peuvent toujours être en sympathie.

Et celles qui sont terrestres ont au contraire une pesanteur qui par le mélange absorbe la douceur & la légéreté des aëriennes.

Il est difficile de trouver la véritable raison physique, pourquoi une couleur est aërienne ou terrestre. Il est pourtant aisé de conclure que les couleurs lumineuses sont douces & aëriennes, & qu'en les mélant ensemble elles s'accordent entre elles : mais il est constant aussi que certaines couleurs belles, douces & lumineuses, bien loin de s'accorder, se détruisent par le mélange; tel est le bel outremer accompagné de blanc, avec la beau jaune & le beau vermillon. Et quoique ces couleurs ſeules auprès l'une de l'autre ſoient d'un grand éclat, elles ſont, lorſqu'elles ſont mêlées, une couleur de terre la plus vilaine du monde.

De-là on peut tirer cette conſéquence, qu'une des plus grandes preuves de la ſympathie & de l'antipathie qui eſt entre les couleurs placées l'une auprès de l'autre, ſe tire de la troiſieme couleur qui réſulte du mélange des deux qui l'ont compoſée; car ſi cette troiſieme couleur compoſée marque par ſa ſaleté la deſtruction des deux qui la compoſent, il faut inférer que ces deux couleurs ſont antipathiques; ſi au contraire leur mélange fait une teinte douce & agréable, qui tienne de leur premiere qualité, c'eſt une marque infaillible de leur harmonie.

Le corps des couleurs eſt encore un autre principe pour juger de leur deſtruction par le mélange. Car il y a des couleurs qui ont tant de corps, qu'elles ne peuvent ſouffrir aucune autre couleur, ſans la dépouiller preſqu'entiérement de ſes qualités naturelles : telles ſont l'ocre de Rut, la terre-d'ombre, l'indigo, & d'autres à proportion.

Mais quand l'art & la raiſon n'exigeroient pas les accords des couleurs, la nature nous les montre, & y oblige preſque toujours ceux même qui ne la copient que ſervilement. Car ſoit que l'on conſidere la lumiere ou directe ſur les jours, ou réfléchie dans les ombres, elle ne peut ſe communiquer qu'en communiquant ſa couleur qui eſt tantôt d'une façon & tantôt d'une autre. Nous en avons l'expérience dans la lumiere du Soleil, qui eſt à midi bien différente en qualité de ce qu'elle eſt le ſoir ou le matin; la lune a tout de même une couleur particuliere, auſſi bien que la lueur du feu, ou celle d'un flambeau.

Avant que de quitter cet article qui regarde l'harmonie dans le coloris, je dirai que les glacis ſont un très-puiſſant moyen pour arriver à cette ſuavité de couleurs ſi néceſſaire pour l'expreſſion du vrai. Peu de gens les entendent : parce que l'on n'en acquiert ordinairement la connoiſſance, que par une longue expérience accompagnée d'un bon jugement. Trop heureux celui qui en voyant les ouvrages des grands maîtres, a le talent de pénétration à cet égard.

Je dirai encore, pour instruire les amateurs de Peinture qui n'ont point de pratique en cet art, que les glacis se font avec des couleurs transparentes ou diaphanes, qui par conséquent ont peu de corps, lesquelles se passent en frottant légérement avec une brosse sur un ouvrage peint de couleurs plus claires que celles qu'on fait passer par-dessus, pour leur donner une suavité qui les mette en harmonie avec d'autres qui leur sont voisines.

Après avoir parlé de l'union des couleurs, il est bon de dire deux mots de leur opposition. Les couleurs sont opposées entr'elles, ou dans leur qualité naturelle, & comme telle couleur simplement; ou en lumiere & ombre, comme faisant partie du clair-obscur.

L'opposition dans la qualité des couleurs s'appelle antipathie. Elle est entre des couleurs qui voulant dominer l'une sur l'autre, se détruisent par leur mélange, comme l'outremer & le vermillon; & la contrariété qui est dans le clair-obscur n'est qu'une simple opposition de la lumiere à l'ombre sans aucune destruction.

Car encore qu'il n'y ait rien, par exemple, qui paroisse plus opposé que le blanc & le noir, dont l'un représente la lumiere, & l'autre la privation de la lumiere, ils conservent cependant dans leur mélange, une espece d'amitié qui n'est susceptible d'aucune destruction. Le blanc & le noir ensemble font un gris doux qui tient de l'une & de l'autre couleur; & ce qui paroîtra comme noir par opposition au blanc tout pur, semblera comme blanc, si on le met auprès d'un grand noir.

L'on doit raisonner de la même maniere à l'égard de toutes les autres couleurs, où le plus ou le moins de lumiere ne change rien à leur qualité.

Il est constant que cette union & cette opposition se trouvent entre certaines couleurs : mais la difficulté d'en bien expliquer la cause, fait que je renvoie le Peintre studieux à ses propres expériences, & aux solides réflexions qu'il doit faire sur les ouvrages les plus beaux en ce genre, & qui ſont très-rares, parce que les tableaux harmonieux ſont en petit nombre. En effet depuis près de 300 ans que la Peinture eſt reſſuſcitée, à peine peut-on compter ſix Peintres qui aient bien colorié; au lieu que l'on en comptera pour le moins trente qui ont été très-bons deſſinateurs. La raiſon de cela eſt que le deſſein a des regles fondées ſur des proportions, ſur l'anatomie & ſur une expérience continuelle de la même choſe; au lieu que le coloris n'a point encore de regles bien connues, & que l'expérience qu'on y fait étant preſque toujours différente, à cauſe des différens ſujets que l'on traite, n'a pu encore en établir de bien préciſes. Ainſi je ſuis perſuadé que le Titien a tiré plus de ſecours de ſa longue & ſtudieuſe expérience avec la grande ſolidité de ſon jugement, que d'aucune regle démonſtrative qu'il eût établie dans ſon eſprit, pour lui ſervir de fondement. Je ne dirai pas la même choſe de Rubens; celui-ci cédera toujours au Titien pour les couleurs locales; mais pour les principes de l'harmonie, il en avoit trouvé de solides qui le faisoient opérer infailliblement pour l'effet & pour l'accord du tout ensemble.

Supposé ce que je viens de dire de Titien & de Rubens, ceux qui veulent devenir habiles dans le coloris, ne sauroient mieux faire que de regarder les tableaux de ces deux grands maîtres, comme autant de livres publics capables de les instruire. Il n'y a qu'à bien examiner leurs ouvrages, les copier pendant quelque tems pour les bien comprendre, & faire dessus toutes les remarques qu'on croira nécessaires pour s'en faire des principes.

Mais il est vrai aussi que toutes sortes de personnes ne sont pas capables d'entendre tous les livres & d'en profiter; il faut pour cela avoir l'esprit tourné d'une maniere à ne remarquer que ce qui est remarquable, & à pénétrer les véritables causes des effets que l'on admire dans les beaux ouvrages.

Il y a des Peintres qui ont copié le Titien durant beaucoup de tems, qui l'ont examiné avec soin, & qui ont fait dessus toutes les réflexions dont ils ont été capables : mais qui pour n'avoir pas fait celles qu'ils devoient, ne l'ont jamais compris. Et c'est pour cela que les copies qu'ils ont faites avec tout le soin possible, & qu'ils croyoient dans une grande exactitude, sont encore fort éloignées de la conduite qui se trouve dans les originaux. Quelques-uns des plus habiles & très-capables de solides réflexions les font copier pour jouir de la vue de ces belles choses, & pour en profiter, & cela est très-louable : mais s'ils vouloient se donner la peine d'en copier eux-mêmes du moins les plus beaux endroits, ils les pénétreroient tout autrement que par la simple vue, & le profit qu'ils y cherchent en seroit sans comparaison plus grand.

Il est vrai que les originaux & tous les tableaux bien entendus de lumieres & de couleurs sont rares, & la difficulté de les avoir pour quelque tems est assez grande. Mais l'amour est ingénieux, & quand on aime véritablement on ne trouve rien de difficile. Enfin pour obtenir les bonnes graces de la Peinture, le plus sûr moyen est de les mériter par les soins, par le travail, & par les réflexions que demande cet art; & par ces moyens on acquiert infailliblement l'intelligence & la facilité. Il est constant que l'on trouve peu de bons tableaux à copier. Mais si l'on ne peut avoir toujours des originaux, que l'on se contente de belles copies, que l'on en choisisse seulement les bons endroits, & qu'on néglige si l'on veut le reste, que l'on voie souvent les cabinets des particuliers : mais celui du Roi, & de Monseigneur le duc d'Orléans, toutes les fois que l'on pourra.

Nous avons encore la gallerie du palais de Luxembourg qui est un des plus beaux ouvrages de Rubens; & Rubens est, ce me semble, celui de tous les Peintres qui a rendu le chemin qui conduit au coloris plus facile & plus débarrassé. L'ouvrage dont je parle est la main secourable qui peut tirer le Peintre du naufrage où il se seroit innocemment engagé.

J'ai toujours estimé cet ouvrage comme une des plus belles choses qui soient dans l'Europe, si l'on en retranchoit en plusieurs endroits le goût du deſſein, dont il n'eſt pas queſtion préſentement. Je ſais bien que tout le monde n'eſt pas de mon ſentiment ſur les ouvrages de Rubens, & que d'un fort grand nombre de Peintres & de curieux qui s'oppoſoient de toutes leurs forces à mes ſentimens, lorſque je déterrai, (ſi je l'oſe dire ainſi) le mérite de ce grand homme qui n'étoit regardé que comme un Peintre peu au-deſſus du médiocre. De ces gens-là, dis-je, il en eſt encore reſté qui ſans diſtinction des différentes parties de la Peinture, c'eſt-à-dire, du coloris même, dont il s'agit ici, n'eſtiment que la maniere romaine, le goût du Pouſſin, & l'école des Caraches.

Ceux donc qui ſont reſtés, comme je viens de dire, dans leurs mêmes ſentimens, objectent entr'autres choſes, qu'on trouve peu de vérité dans les ouvrages de Rubens, quand on les examine de près; que les couleurs & les lumieres y ſont exagérées; que ce n'eſt qu'un fard, & qu'enfin ce n'eſt point ainſi que l'on voit ordinairement la nature.

Il eſt vrai que c'eſt un fard: mais il

ſeroit à ſouhaiter que les tableaux qu'on fait aujourd'hui, fuſſent tous fardés de cette ſorte. L'on ſait aſſez que la Peinture n'eſt qu'un fard, qu'il eſt de ſon eſſence de tromper, & que le plus grand trompeur en cet art, eſt le plus grand Peintre. La nature eſt ingrate d'elle-même, & qui s'attacheroit à la copier ſimplement comme elle eſt & ſans artifice, feroit toujours quelque choſe de pauvre & de très-petit goût. Ce que l'on nomme exagération dans les couleurs & dans les lumieres, eſt l'effet d'une profonde connoiſſance de la valeur des couleurs, & une admirable induſtrie qui fait paroître les objets peints plus vrais (s'il faut ainſi dire) que les véritables mêmes. C'eſt dans ce ſens que l'on peut dire que dans les tableaux de Rubens l'art eſt au-deſſus de la nature, laquelle ſemble en cette occaſion n'être que la copie des ouvrages de ce grand Peintre : & quand les choſes, après avoir été bien examinées, ne ſe trouveroient pas juſtes, comme on les ſuppoſe, qu'importe après tout, pourvu qu'elles le paroiſſent ; puiſque la fin de la Peinture n'eſt pas tant de convaincre l'eſprit que de tromper les yeux.

Cet artifice paroîtra toujours merveilleux dans les grands ouvrages; car c'eſt lui qui dans les diſtances proportionnées à la grandeur des tableaux, ſoutient le caractere des objets particuliers & du tout enſemble ; & ſans lui, en s'éloignant de l'ouvrage, l'ouvrage s'éloigne du vrai, & tombe dans l'inſipidité de la Peinture ordinaire. C'eſt dans ces grands ouvrages, où l'on voit que Rubens a rendu cette ſavante exagération plus heureuſe & plus ſenſible ; mais principalement à ceux qui ſont capables d'y faire attention, & de l'examiner : car aux perſonnes qui ne s'y connoiſſent que peu, rien n'eſt plus caché que cet artifice.

Celui qui de tous les diſciples de cet rare homme a le plus profité des inſtructions de ſon maître, a été van Dyck, & l'on ne peut en parlant de Rubens ſe diſpenſer de faire un cas particulier de cet illuſtre diſciple; puiſque s'il n'a pas eu tant de génie que ſon maître pour les grandes exécutions, il l'a ſurpaſſé en certaines

taines finesses de l'art, & il est constant qu'il a fait généralement parlant, ses portraits plus délicats, & d'une liberté de pinceau au-dessus de tout ce qui s'est fait en ce genre.

Après avoir exposé sincérement ce que je pense sur le coloris, & sur les parties qui en dépendent, il me reste encore à répondre à ceux qui croient qu'on ne peut posséder tout ensemble le dessein & le coloris, & la plus forte raison qu'ils en donnent, c'est, disent-ils, qu'en s'attachant au coloris on néglige le dessein, & que les charmes de celui-ci font oublier la nécessité de l'autre.

A quoi il est aisé de répondre, que si cela arrive ainsi, ce n'est pas la faute du coloris, mais de l'esprit qui a trop peu d'étendue pour s'appliquer à deux choses en même-tems. Ce ne sont pas de ces sortes d'esprits que demande la Peinture; elle n'admet pour ses favoris que ceux qui sont capables d'embrasser plusieurs objets, ou qui sont si bien tournés, & qui savent si bien se ménager, qu'ils ne s'attachent qu'aux choses qui doivent augmenter par degrés leurs connoissances. Les nouvelles études qu'ils entreprennent ne leur font point oublier celles qu'ils ont déja faites ; au contraire ils fortifient les unes par les autres, & s'efforcent de les acquérir toutes comme des moyens nécessaires pour arriver à leur fin. C'est de ce caractere qu'étoit l'esprit de Raphaël. L'ordre & la netteté avec laquelle il concevoit les choses, ne lui ont jamais permis de rien oublier ; il augmentoit toujours ses connoissances, & fortifioit les nouvelles lumieres qu'il acquéroit, par celles qu'il avoit déja acquises.

Après la connoissance des couleurs, vient celle de leur emploi, de leur ménagement, & de leur travail ; & dans l'exercice de ces trois choses consiste la plus grande satisfaction du Peintre.

Seneque, en parlant de l'agrément de la Peinture, dit, que le plaisir qu'elle donne en peignant est bien plus grand que celui que l'on reçoit de l'ouvrage, lorsqu'il est entiérement fini. Je suis absolument de cet avis, parce qu'en travaillant on manie à son gré les principes, & les secrets de l'art : on leur commande (pour ainsi dire)

& chacun les fait obéir selon l'étendue de sa capacité & de son génie ; au lieu que l'ouvrage étant fait, il commande à son auteur & le contraint de se contenter du succès, en quelque état qu'il puisse être.

Voici quelques maximes touchant l'emploi des couleurs.

Pline dit, que les anciens peignoient avec quatre couleurs seulement, dont ils composoient leurs teintes. Mais il est à croire que ce n'étoit que pour préparer le fond à recevoir les couleurs qui donnent la fraîcheur, la vigueur & l'ame à l'ouvrage.

Il faut apprendre à bien voir la nature pour la bien représenter. Il y a deux manieres de la colorier, la premiere dépend de l'habitude que ceux qui commencent à peindre se forment, & l'autre comprend la véritable connoissance des couleurs dont on se sert, ce qu'elles valent l'une auprès de l'autre, & le juste tempérament de leur mélange pour imiter les diverses couleurs de la nature.

La mémoire de l'homme est souvent bornée à un petit nombre d'idées au-delà desquelles il est contraint de répéter. Le Peintre n'a qu'un moyen d'éviter l'ennui de la répétition, c'est d'avoir recours à la source inépuisable de la nature. Il est même bon de prévenir là-dessus les momens de ses besoins, & de faire d'après le vrai des études différentes des objets naturels extraordinaires dans tous les genres de Peinture, & sur du papier huilé afin de s'en servir dans l'occasion.

L'harmonie de la nature dans ses couleurs, vient de ce que les objets participent les uns des autres par les réflets. Car il n'y a point de lumiere qui ne frappe quelque corps, & il n'y a point de corps éclairé qui ne renvoie sa lumiere & sa couleur en même-tems; selon le degré de la vivacité de la lumiere, & la variété de la couleur. Cette participation des réflets dans la lumiere & dans la couleur, fait cette union de la nature, & cette harmonie que le Peintre doit imiter; d'où il s'ensuit que le blanc & le noir sont rarement bons dans les réflets.

La variété des teintes à peu près dans le même ton, employée sur une même figure,

& souvent sur une même partie, avec modération, ne contribue pas peu à l'harmonie.

Le tournant des parties & les contours qui se perdent insensiblement dans leur fond, & qui s'y évanouissent avec prudence, lient les objets & les tiennent dans l'union, principalement en ce qu'il semble conduire nos yeux au-delà de ce qu'ils voient, & les persuader qu'ils voient ce qu'ils ne voient pas; c'est-à-dire, la continuité que l'extrémité leur cache.

L'exagération des couleurs à laquelle le Peintre est obligé d'avoir recours à cause de la superficie de son fond, de la distance de son ouvrage, & du tems qui diminue toutes choses, doit être ménagée de maniere qu'elle ne fasse point sortir l'objet de son caractere.

Il faut éviter autant qu'on le peut de répéter la même couleur dans le même tableau, mais on peut bien en approcher par principe d'union & d'élégance. Il y en a un bel exemple dans le tableau des nôces de Cana de Paul Veronese, où l'on voit plusieurs blancs & plusieurs jaunes renfermés harmonieusement.

L'œil se lasse des mêmes objets, il aime la variété bien entendue ; & en toutes choses la répétition est la mere du dégoût.

En Peinture comme en autre matiere, les choses ne valent que par comparaison. La pratique & l'expérience rendent savant en cette partie.

Le mélange de certaines couleurs qui en diminue la force, ou qui les met en harmonie avec d'autres, leur donne le nom de couleurs rompues. On peut en faire une infinité de sortes : & Paul Veronese s'y est si heureusement attaché, qu'il peut servir d'un bon modele en cette partie.

Il est à remarquer que pour y réussir, il a affecté de se servir de couleurs lumineuses qu'il a rendues sensibles par des fonds encore plus lumineux. Il avoit beaucoup de goût pour les étoffes travaillées & d'une couleur douce ; & sa plus grande dépense étoit pour en acheter, afin de les peindre d'après le vrai.

Il y a lieu de s'étonner qu'avant Raphaël, & même de son tems, les Peintres fussent si jaloux de leurs contours, qu'ils n'avoient aucun soin de les lier avec leur fond, & qu'ils n'eussent pas entendu parler de la maniere dont les anciens auteurs louent ces passages fondus d'un objet à un autre.

Il y a apparence en effet qu'ils n'en avoient pas ouï parler, & qu'ils ne savoient rien de meilleur que d'observer leur régularité dans la précision des contours, tant il est vrai qu'il y a des tems & des pays où l'on suit aveuglément les manieres qui s'y pratiquent, & où les plus habiles gens entraînent leurs éleves qui les regardent comme infaillibles. D'où il est aisé de juger que c'est un grand bonheur à ceux qui se destinent à la Peinture, que de tomber sous la discipline d'un habile homme. Mais voici ce qui arrive pour l'ordinaire.

Après que l'étudiant s'est acquis dans le dessein autant de capacité qu'il est nécessaire, & après qu'il s'est déterminé à embrasser la profession de Peintre, il se met ordinairement sous la discipline d'un maître dont il suit les sentimens, & dont il copie les ouvrages; d'où il arrive infailliblement que dans la suite ses yeux & son esprit s'accoutument tellement aux ouvrages de son maître, qu'il voit tout le reste de sa vie la nature colorée comme son maître s'est accoutumé de la peindre. Mais ce qui est d'extraordinaire, c'est que supposé que le maître & l'éleve voient la nature très-mal, c'est-à-dire, d'une autre couleur qu'elle n'est en effet, & qu'on leur présente des tableaux du Titien ou de quelque autre bon coloriste, ils admireront les tableaux & continueront cependant d'employer les mêmes teintes & le même coloris dont ils ont accoutumé de se servir, tant leur habitude a prévalu, & tant il est difficile de la quitter.

Que peut-on conclure de-là; sinon qu'il faut que l'habitude leur ait gâté les yeux, ou que le Peintre ne prenne pas assez de soin de se corriger : mais un changement total est fort rare, parce qu'il est certain que d'un côté l'habitude cause de l'altération dans les organes, & que d'un côté il est très-difficile de changer une maniere à laquelle on est accoutumé, & où l'on trouve de la facilité dans l'exécution, pour en prendre une autre dont l'acquisition coûteroit beaucoup de peine.

Que

Que l'éleve s'examine là-dessus; & que sans perdre courage après avoir reconnu la bonne voie, il s'efforce de la suivre.

Par le peu de choses que je viens de dire touchant l'exercice actuel de la Peinture, j'avoue que j'en passe beaucoup sous silence qui regardent l'exécution & la pratique : mais comme je n'ai appris ce que j'en pourrois communiquer qu'en examinant avec beaucoup de réflexions les ouvrages des grands Peintres, & sur-tout ceux de Titien & de Rubens; & que les studieux de Peinture peuvent puiser à la même source; je les renvoie à ces deux Peintres, à Rubens premiérement, parce que les principes en sont plus sensibles & plus aisés à pénétrer; puis à Titien qui semble avoir encore passé la lime pardessus, c'est-à-dire, en un mot que le Titien a fait sentir dans une distance légitime, plus de vérité & de précision dans ses couleurs locales, ayant laissé à Rubens le talent des grandes compositions, & l'artifice de faire entendre de plus loin l'harmonie de son tout-ensemble.

DU CLAIR-OBSCUR.

LA ſcience des lumieres & des ombres qui conviennent à la Peinture, eſt une des plus importantes parties, & des plus eſſentielles de cet art. Nous ne voyons que par la lumiere & la lumiere attire & attache plus ou moins fortement nos yeux, ſelon qu'elle frappe diverſement les objets de la nature. Le Peintre, qui eſt imitateur de ces mêmes objets, doit donc connoître & choiſir les effets avantageux de la lumiere, pour ne pas perdre les ſoins qu'il aura pris d'ailleurs pour ſe rendre habile.

Cette partie de la Peinture contient deux choſes, l'incidence des lumieres & des ombres particulieres, & l'intelligence des lumieres & des ombres générales, que l'on appelle ordinairement le Clair-obſcur : & quoique ſelon la force des mots, ces deux choſes n'en paroiſſent qu'une ſeule, elles ſont néanmoins fort différentes ſelon les idées qu'on s'eſt accoutumé d'y attacher.

L'incidence de la lumiere conſiſte à ſavoir l'ombre que doit faire & porter un corps situé sur un tel plan, & exposé à une lumiere donnée. (Et c'est une connoissance que l'on acquiert facilement dans tous les livres de perspective auxquels on peut avoir recours.) Ainsi par l'incidence des lumieres l'on entend les lumieres & les ombres qui appartiennent aux objets particuliers. Et par le mot de clair-obscur, l'on entend l'art de distribuer avantageusement les lumieres & les ombres qui doivent se trouver dans un tableau, tant pour le repos & pour la satisfaction des yeux, que pour l'effet du tout-ensemble.

L'incidence de la lumiere se démontre par des lignes que l'on suppose tirées de la source de la même lumiere sur un corps qu'elle éclaire. Elle force & nécessite le Peintre à lui obéir : au lieu que le clair-obscur dépend absolument de l'imagination du Peintre. Car celui qui invente les objets est maître de les disposer d'une maniere à recevoir les lumieres & les ombres telles qu'il les desire dans son tableau, & d'y introduire les accidens & les couleurs dont il pourra tirer de l'avantage. Enfin comme les lumieres

& les ombres particulieres ſont compriſes dans les lumieres & dans les ombres générales, il faut regarder le clair-obſcur comme un tout, & l'incidence de la lumiere particuliere comme une partie que le clair-obſcur ſuppoſe.

Mais pour une entiere intelligence du clair-obſcur, il eſt bon de ſavoir que ſous le mot de *Clair*, il faut entendre, non-ſeulement ce qui eſt expoſé ſous une lumiere directe, mais auſſi toutes les couleurs qui ſont lumineuſes de leur nature; & par le mot d'*Obſcur*, il faut entendre non-ſeulement toutes les ombres cauſées directement par l'incidence, & par la privation de la lumiere; mais encore toutes les couleurs qui ſont naturellement brunes; en ſorte que ſous l'expoſition de la lumiere même, elles conſervent de l'obſcurité, & ſoient capables de groupper avec les ombres des autres objets. Tels ſont, par exemple, un velour chargé, une étoffe brune, un cheval noir, des armures polies, & d'autres choſes ſemblables qui conſervent leur obſcurité naturelle ou apparente à quelque lumiere qu'on les expoſe.

Il y a encore à obſerver que le clair-obſcur qui renferme & qui ſuppoſe l'incidence de la lumiere & de l'ombre, comme le tout renferme ſa partie, regarde cette même partie d'une maniere qui lui eſt particuliere : car l'incidence de la lumiere & de l'ombre ne tend qu'à marquer préciſément les parties éclairées & les parties ombrées ; & le clair-obſcur ajoute à cette préciſion, l'art de rendre les objets plus de relief, plus vrais & plus ſenſibles. J'ai démontré ailleurs cette propoſition, je n'en répéterai point ici les preuves. Voilà la différence qu'il y a entre le clair-obſcur & l'incidence de la lumiere. Reprenons maintenant l'idée du premier, & diſons que le clair-obſcur eſt l'art de diſtribuer avantageuſement les lumieres & les ombres, & ſur les objets particuliers & dans le général du tableau.

Des moyens qui conduiſent à la pratique du Clair-Obſcur.

Quoique le clair-obſcur comprenne la ſcience de diſtribuer toutes les lumieres & toutes les ombres, il s'entend plus particuliérement des grandes lumieres & des grandes ombres ramaſſées avec une induſtrie qui en cache l'artifice. C'eſt dans ce ſens que le Peintre s'en ſert pour mettre les objets dans un beau jour, en donnant occaſion à la vue de ſe repoſer d'eſpace en eſpace par une ingénieuſe diſtribution d'objets, de couleurs & d'accidens : trois moyens qui conduiſent à la pratique du clair-obſcur, comme je vais tâcher de le faire voir.

PREMIER MOYEN.

Par la diſtribution des objets.

LA diſtribution des objets forme des maſſes de clair-obſcur, lorſque par une induſtrieuſe œconomie on les diſpoſe de maniere que ce qu'ils ont de lumineux ſe trouve joint enſemble d'un côté, & que ce qu'ils ont d'obſcur ſe trouve lié enſemble d'un autre côté, & que cet amas de lumieres & d'ombres empêche la diſſipation de notre vue. C'eſt ce que le Titien appelloit la grappe de raiſin : parce que les grains de raiſin ſéparés les uns des autres auroient chacun ſa lumiere & ſon ombre également ; & partageant ainſi la vue en plusieurs rayons, lui causeroient de la confusion : au lieu qu'étant tous rassemblés en une grappe, & ne faisant par ce moyen qu'une masse de clair, & qu'une masse d'ombre, les yeux les embrassent comme un seul objet. Ce que je dis ici de la grappe de raisin ne doit pas être pris grossiérement à la lettre, ni selon l'arrangement, ni selon la forme, c'est une comparaison sensible qui ne signifie autre chose que la jonction des clairs & la jonction des ombres.

SECOND MOYEN.

Par le corps des couleurs.

LA distribution des couleurs contribue aux masses de clairs & aux masses d'ombres, sans que la lumiere directe y contribue en autre chose que de rendre les obscures visibles : cela dépend de la supposition que fait le Peintre, qui est libre d'introduire une figure habillée de brun, qui demeurera obscure malgré la lumiere dont elle peut être frappée, & qui fera d'autant plus son effet qu'elle en cachera l'artifice. Ce que je dis d'une couleur peut s'entendre de toutes les autres couleurs selon le degré de leur ton, & selon le besoin qu'en aura le Peintre.

TROISIEME MOYEN.

Par les Accidens.

LA distribution des accidens peut servir à l'effet du clair-obscur, ou dans la lumiere, ou dans les ombres. Il y a des lumieres & des ombres accidentelles : la lumiere accidentelle est celle qui est accessoire au tableau, & qui s'y trouve par accident, comme la lumiere de quelque fenêtre, ou d'un flambeau, ou de quelque autre cause lumineuse, laquelle est pourtant inferieure à la lumiere primitive. Les ombres accidentelles sont, par exemple, celles des nuées dans un paysage, ou de quelqu'autre corps que l'on suppose hors du tableau, & qui peut causer des ombres avantageuses. Mais en supposant hors du tableau la cause de ces ombres volantes, pour ainsi parler, il faut bien prendre garde que cette cause supposée soit vraisemblable, & non pas impossible.

Il me semble que ce sont-là trois moyens

dont on peut se servir pour mettre en pratique le clair-obscur. Mais en-vain aurois-je parlé de ces moyens, si je ne faisois connoître la nécessité de la fin où ils conduisent, je veux dire la nécessité du clair-obscur dans la théorie, & dans la pratique de la Peinture.

De la nécessité du clair-obscur dans la Peinture.

Entre plusieurs raisons qui démontrent cette nécessité du clair-obscur, j'en ai choisi quatre qui m'ont semblé les plus essentielles.

La premiere est prise de la nécessité du choix dans la Peinture.

La 2e. de la nature du clair-obscur.

La 3e. de l'avantage qu'il procure aux autres parties de la Peinture.

Et la 4e. de la constitution générale de tous les êtres.

PREMIERE PREUVE,

prise de la nécessité du choix.

Le Peintre ne se contente pas ordinairement de la nature telle que le hazard la lui présente, il sait que par rapport à l'usage qu'il en veut faire, elle est presque toujours défectueuse, & que pour la réduire dans un état parfait, il doit recourir à son art qui lui enseigne les moyens de la bien choisir dans tous ses effets visibles. Or la lumiere & l'ombre ne sont pas moins un effet visible de la nature que les contours du corps humain, que les attitudes, que les plis des draperies, & que tout ce qui entre dans la composition d'un tableau : toutes ces choses demandent un choix, & par conséquent la lumiere en demande un aussi : ce choix de la lumiere n'est autre chose que l'artifice du clair-obscur : l'artifice du clair-obscur est donc une partie absolument nécessaire dans la Peinture.

SECONDE PREUVE,

Tirée de la nature du clair-obscur.

Les sens ont cela de commun, qu'ils ont de la répugnance pour tout ce qui trouble leur attention. Ce n'est point assez que les yeux puissent voir, il faut qu'ils embrassent leur objet avec satisfaction, &

que le Peintre éloigne tout ce qui peut leur faire de la peine. Il est certain que les yeux ne peuvent être contens lorsque voulant se porter sur un objet, ils en sont détournés par d'autres objets voisins que leurs jours & leurs ombres particulieres rendent aussi sensibles que cet objet même : mais il n'est pas moins certain qu'il n'y a que l'intelligence du clair-obscur qui puisse procurer à la vue la jouissance paisible de son objet : car comme nous avons dit, c'est le clair-obscur qui empêche la multiplicité des angles, & la dissipation des yeux par le moyen des grouppes de lumieres & d'ombres dont il donne l'intelligence. Ainsi le clair-obscur est d'une extrême conséquence dans la Peinture.

TROISIEME PREUVE,

Prise de l'avantage que les autres parties de la Peinture tirent du clair-obscur.

Il est nécessaire de bien poser les figures, de les dégrader, de bien jetter une draperie, d'exprimer les passions de l'ame, en un mot de donner le caractere à chaque objet par un dessein juste & élégant, &

par une couleur locale vraie & naturelle : mais il n'est pas moins nécessaire de soutenir toutes ces parties, & de les mettre dans un beau jour, en les rendant plus capables d'attirer les yeux, & de les tromper agréablement par la force & par le repos que l'intelligence des lumieres générales introduit dans un tableau : ce qui prouve l'avantage que les parties de la Peinture en reçoivent, & qui établit par conséquent la nécessité du clair-obscur.

QUATRIEME PREUVE.

Voici encore une preuve qui servira à fortifier celles que l'on vient de proposer, elle est tirée de la constitution générale de tous les êtres.

Il est constant que tous les êtres du monde tendent à l'unité, ou par relation, ou par composition, ou par harmonie, & cela dans les choses humaines comme dans les divines ; dans la religion comme dans la politique ; dans l'art comme dans la nature ; dans les facultés de l'ame comme dans les organes du corps. Dieu est un par l'excellence de sa nature ; le monde est un ; la morale rapporte tout à la Religion qui est une, comme la politique rapporte tout au gouvernement d'un Etat. La nature universelle conserve dans toutes ses productions une unité qui résulte de plusieurs membres dans les animaux, & de plusieurs parties dans les plantes ; & l'art se sert de plusieurs préceptes différens dont il fait un seul ouvrage. Les différentes conditions des hommes servent pour le commerce & pour la société, comme les différentes roues d'une machine se rassemblent & agissent pour un principal mouvement. Les facultés de l'ame ne sont occupées dans un même moment que d'une seule chose pour la bien faire, & les organes du corps ne peuvent bien jouir dans un même tems que d'un seul objet : que si on leur en présente plusieurs à la fois, ils ne s'attacheront à aucun, & cette multiplicité les partagera, & leur ôtera entiérement la liberté de leur fonction. Si dans un discours public deux ou trois personnes parlent en même tems du même ton & de la même force, l'oreille ne saura auquel entendre, & ne sera frappée que d'un bruit confus. De la même maniere si l'on présente à la vue plusieurs objets séparés & également sensibles, il est certain que l'œil ne pouvant ramasser tous ces objets ensemble, aura dans sa division de la peine à se déterminer. Ainsi, comme dans un tableau il doit y avoir unité de sujet pour les yeux de l'esprit, il doit pareillement y avoir unité d'objets pour les yeux du corps. Il n'y a que l'intelligence du clair-obscur qui puisse procurer cette unité, ni qui puisse faire jouir la vue paisiblement & agréablement de son objet.

Quand je parle de l'unité d'objet dans un tableau, c'est par rapport à l'espace que l'œil peut raisonnablement embrasser sans être distrait par plusieurs objets séparés : ce qui se trouve ordinairement dans un petit nombre de figures ; car il y a des tableaux assez grands & assez chargés d'ouvrage pour contenir jusqu'à trois grouppes de clair-obscur. Alors les lumieres & les ombres de chaque grouppe étant suffisamment étendues, attirent les yeux & les arrêtent quelque tems, en leur laissant néanmoins la liberté de passer d'un grouppe à un autre.

Mais ces grouppes d'objets & de clair-obſcur dans un même tableau, ſont tellement des unités, qu'il y en doit avoir un qui domine ſur les autres. C'eſt par cette raiſon que le Peintre eſt obligé d'y faire entrer, autant qu'il ſe peut, les principales figures de ſon ſujet. Ainſi cette ſubordination de grouppes fait encore une unité qu'on appelle le tout-enſemble. Il faut néanmoins remarquer que ces grouppes ne doivent être, ni trop arrangés, ni affectés, ni confus, ni pareils dans leur fotme, car il importe peu à la vue que les maſſes de clair-obſcur ſoient en figure convexe ou en figure concave, ou de quelque autre maniere qu'on veuille les repréſenter.

On doit ſeulement obſerver qu'encore que dans les grands ouvrages il faille néceſſairement que les maſſes de clair & les maſſes d'ombres ſe prêtent les unes aux autres un mutuel ſecours, cependant il ne faut pas que les maſſes d'ombres contribuent ſi fort à faire repoſer la vue, qu'elles la laiſſent dans une entiere inaction en faveur des maſſes claires.

Le Peintre doit en cela imiter l'orateur,

qui voulant nous attacher à un endroit qu'il a résolu de nous rendre sensible, fait précéder cet endroit par quelque chose qui lui est inférieur, & après avoir attaché son auditeur à l'objet, ce même orateur le délasse en l'entretenant de quelque chose de modéré, sans le laisser néanmoins sortir de son attention.

Tout de même le Peintre fait briller dans son tableau ses clairs, & les soutient par des masses brunes, qui en reposant les yeux ne laissent pas de les entretenir par des objets moins sensibles.

On peut même introduire quelquefois, mais avec beaucoup de prudence, quelques objets singuliers, bruns dans les masses claires, & quelques objets clairs dans les masses brunes, ou pour en réveiller le trop grand silence, ou pour détacher quelques figures, ou pour ne laisser aucune affectation dans l'ouvrage. Enfin il me paroît qu'il est à propos que le tout se rencontre dans une heureuse disposition comme si le hazard en avoit ainsi ordonné.

J'avoue pourtant qu'il n'est pas donné à tous les Peintres de cacher de cette maniere

niere l'artifice du clair-obscur & de l'exécuter avec industrie. C'est une partie qui demande d'autant plus de réflexion & de délicatesse, qu'elle trouve une nouvelle difficulté dans chaque nouveau sujet. Elle veut de ces génies qui se font ouverture par-tout, & qui savent sortir heureusement de toutes leurs entreprises.

On pourroit ajouter ici pour un surcroît de preuve de la force & de la nécessité du clair-obscur, les louanges que les Peintres donnent tous les jours aux ouvrages où cette partie se fait sentir, & aux Peintres qui l'ont possédée.

En effet, qui fera réflexion sur les avantages que toutes les parties de la Peinture tirent de celle-ci, avouera qu'un ouvrage de Peinture dénué de clair-obscur, demeurera foible & insipide, quelque correct qu'en soit le dessein, & quelque fideles qu'en soient les couleurs locales & particulieres. Au lieu qu'un tableau où le dessein & les couleurs locales sont médiocres, mais qui sont soutenues par l'artifice du clair-obscur, ne laissera point passer tranquillement son spectateur, il l'appellera, il l'arrêtera du moins quelque tems, eût-il même de l'indifférence pour la Peinture. Que ne sera-ce point, si avec le clair-obscur les autres parties s'y rencontrent dans un louable degré de perfection, & que l'ouvrage tombe sous les yeux d'un curieux éclairé, ou d'un amateur sensible?

Démonstration de l'effet du clair-obscur.

J'ai cru qu'il ne seroit pas hors de propos de donner ici les principales démonstrations de l'effet du clair-obscur, pour remettre le lecteur au fait de tout ce qui en a été dit.

La premiere figure prouve l'unité d'objet, comme nous l'avons déja fait voir dans le traité de la disposition. Il y a de plus ici une démonstration des objets qui entrent dans le tableau, & qui sont en perspective. Les uns & les autres objets diminuent également de force en s'éloignant du centre de la vision. Toute la différence qui est entre eux, c'est que les objets qui rentrent diminuent de grandeur en s'éloignant du centre de la vision, selon les regles de la perspective; & que ceux qui s'étendent seulement à droite & à gauche, s'effacent par l'éloignement, sans diminuer de forme ni de grandeur.

La seconde figure fait voir comme on doit traiter un objet particulier, pour lui donner du relief, qui est d'employer sur le devant les lumieres les plus vives & les ombres les plus fortes, selon les couleurs qui conviennent à cet objet, en conservant toujours les réflets sur les tournans du côté de l'ombre.

La troisieme est pour prouver la nécessité des grouppes pour la satisfaction des yeux qui étoit la grande regle du Titien, & qui doit l'être encore aujourd'hui pour ceux qui voudront observer dans leur tableau cette unité d'objet, qui avec les couleurs bien entendues en fait toute l'harmonie.

La quatrieme figure est une conviction de la nécessité d'observer l'unité d'objet, en formant des grouppes dans la composition des tableaux, selon leur grandeur, & le nombre des figures; car, comme nous avons dit, pour plaire à l'œil, il faut le fixer par un grouppe dominant, qui par le moyen des repos que cause l'étendue de ses lumieres & de ses ombres, n'empêche pas l'effet des autres grouppes, ou objets subordonnés; car si les objets sont dispersés, l'œil ne sait auquel s'adresser d'abord, non plus que l'oreille au discours de plusieurs personnes qui parleroient toutes à la fois.

On pourroit ajouter beaucoup d'autres choses à ce que je viens de dire des lumieres & des ombres, cette matiere étant susceptible d'un plus grand détail. Je me suis contenté de donner ici, selon mon sens, l'idée du clair-obscur, de faire voir en général les différens moyens de le pratiquer, & de prouver son absolue nécessité dans la Peinture.

Ceux qui voudront en savoir davantage, peuvent voir ce que j'en ai écrit dans le commentaire que j'ai fait sur le Poëme de la Peinture, par du Frenoy (1) sur le 267 vers, & les 7. ou 8. feuillets suivans, & que je n'ai pas cru devoir rapporter ici, y en ayant exposé la principale substance.

(1) Ce Poëme latin de Du Frenoy sur la Peinture, avec sa traduction en françois & les notes de Mr. de Piles, a été réimprimé chez Jombert, Libraire à Paris en 1751.

Les ſculpteurs auſſi bien que les Peintres, peuvent mettre en pratique l'artifice du clair-obſcur, quand ils en ont occaſion, ou lorſqu'ils ſe la procurent par la diſpoſition de leurs figures, ou par le lieu où doit être placé leur ouvrage. Le cavalier Bernin en a laiſſé des monumens à la poſtérité dans quelques égliſes de Rome, dans leſquelles il a diſpoſé la ſculpture ſelon la lumiere des fenêtres qui devoient l'éclairer. Ou bien il a percé des fenêtres d'une ouverture avantageuſe quand il en a eu la liberté, afin d'en tirer des lumieres qui fiſſent un effet extraordinaire & capable d'entretenir l'attention de ſon ſpectateur. Mais le ſculpteur habile peut encore faire quelque choſe de plus, en ajoutant au clair-obſcur des couleurs locales, s'il en a l'intelligence.

On en peut voir un merveilleux exemple chez Monſieur le Hay, rue de Grenelle, faubourg S. Germain. Ces ouvrages ſont dans deux caiſſes, dont l'une contient le ſujet d'une deſcente de croix, & l'autre l'adoration des Paſteurs. La profonde ſcience & la ſinguliere beauté dont ces deux sujets sont exécutés, m'ont persuadé que le public seroit bien aise d'être prévenu de leur description (1), & quoique je l'aie faite avec toute l'exactitude qui m'ait été possible, je ne doute pas que les curieux ne la trouvent fort éloignée du sublime où l'abbé Zumbo, qui en est Auteur, l'a porté dans toutes les parties de son art.

Ce seroit ici le lieu de dire quelque chose de la vie de cette homme illustre mais j'ai cru qu'il étoit plus à propos de la réserver pour la seconde édition que l'on va faire de l'abrégé de la vie des Peintres (2) que j'ai mis au jour. Je me contenterai donc de donner dans ce Volume la description des sculpteurs dont je viens de parler : on l'a placée sur la fin du livre pour ne point interrompre l'ordre des traités qui font la matiere essentielle de cet ouvrage.

De l'ordre qu'il faut tenir dans l'étude de la Peinture.

LA plupart des habiles Peintres ont pris beaucoup de soin, & ont consommé plu-

(1) Voyez cette description, ci-après.

(2) Cette seconde édition que M. *De Piles* se proposoit de faire n'ayant pas eu lieu, les mêmes Libraires en vont incessamment donner une nouvelle au public.

ſieurs années à la recherche des connoiſſances qu'ils auroient pu acquérir en peu de tems, s'ils en euſſent trouvé d'abord la véritable voie. Cette vérité que l'expérience a fait ſentir dans tous les âges, regarde ſur-tout la jeuneſſe. C'eſt elle principalement qui dans l'avidité d'apprendre, a beſoin des lumieres qui lui faſſent voir par ordre les progrès qu'elle doit eſpérer pour arriver infailliblement au but qu'elle ſe propoſe.

On peut conſidérer la Peinture comme un beau parterre; le génie comme le fond, les principes comme les ſemences, & le bon eſprit comme le jardinier qui prépare la terre pour y jetter les ſemences dans leurs ſaiſons, & pour en faire naître toutes ſortes de fleurs qui ne regardent pas moins l'utilité que l'agrément.

Il eſt certain que le génie à qui nous devons la naiſſance des beaux-arts, ne ſauroit les conduire à leur perfection ſans le ſecours de la culture; que cette culture eſt impraticable ſans la direction du jugement; & que le jugement ne ſauroit rien faire ſans la poſſeſſion des vrais principes,

Il faut donc supposer le génie dans toutes nos entreprises, autrement on ne fait que languir dans l'exécution. Il est vrai que les siecles ne sont pas égaux dans la production des grands génies, & que l'art s'affoiblit faute d'habiles gens. Mais le manque de grands génies ne doit point empêcher que l'on ne cultive ceux qui se rencontrent dans tous les tems quels qu'ils puissent être. La terre rend à proportion de son fond, & de la semence qu'on y jette ; de même le génie produira toujours en le cultivant, suivant le degré de son élévation & de son étendue, les uns plus, les autres moins.

Ainsi le génie a plusieurs degrés, & la nature en donne aux uns pour une chose, & aux autres pour une autre ; non seulement dans la diversité des professions, mais encore dans les différentes parties d'un même art ou d'une même science. Dans la Peinture, par exemple, l'un aura du génie pour le portrait, ou pour le paysage, pour les animaux, ou pour les fleurs : mais comme toutes ces parties se trouvent rassemblées dans le génie propre à traiter l'histoire, l'hiſtoire, il eſt certain que ce génie doit préſider à tous les genres particuliers de la Peinture, d'autant plus que ſi ceux qui les exercent y réuſſiſſent mieux que les autres, c'eſt ordinairement parce qu'ils s'y ſont occupés davantage; & qu'ayant ſenti le talent qu'ils avoient pour cette partie, ils l'ont embraſſée avec plaiſir, & ont eu plus d'occaſions de l'examiner, & de le pratiquer: ce qui ſoit dit ſans faire tort au génie de ceux qui l'ayant aſſez étendu pour réuſſir dans l'hiſtoire, ſe ſont adonnés par occaſion ou par goût à un genre de Peinture plutôt qu'à un autre.

Car la Peinture doit être regardée comme un long pélérinage, où l'on voit dans le cours du voyage pluſieurs choſes capables d'entretenir agréablement notre eſprit pour quelque tems. On y conſidere les différentes parties de cet art, on s'y arrête en faiſant ſon chemin, comme un voyageur s'arrête dans les lieux de repos qui ſont ſur ſa route: mais ſi nous fixions notre demeure dans l'un de ces lieux, parce que nous y aurons trouvé des beautés ſelon notre goût, ou des occaſions ſelon notre intérêt, & que nous nous contentions de voir de loin, ou d'entendre seulement parler du lieu où nous voulions nous rendre, nous demeurerons toujours à l'hotellerie, & nous n'acheverons jamais notre voyage.

C'est ce qui arrive infailliblement à ceux qui tendent à la Peinture comme à leur fin, & qui en passant par l'étude des parties qu'elle renferme, sont arrêtés par les charmes qu'ils auront trouvés dans quelques-unes, sans faire réflexion que l'accomplissement de la Peinture ne résulte que de la perfection & de l'assemblage de toutes les parties qui la composent. La question est donc de cultiver ce génie qui doit y présider. Je le demande tout entier, uniquement attaché à ce qui le regarde, évitant les dissipations capables de le retarder, & libre de toute affaire.

Mais quelque disposition qu'ait un éleve pour être instruit, il se peut faire que le maître ne soit pas disposé pour l'instruire; parce que l'apparence d'un juste intérêt pourroit le retenir dans l'appréhension de perdre en peu de jours le fruit d'une longue expérience en communiquant ses lumieres, & d'être par ce moyen ou surpassé, ou du moins égalé par son éleve.

Cependant, d'enterrer ses connoissances avec soi, sans vouloir faire d'éleve, est une chose qui n'est ni naturelle, ni chrétienne, ni politique; elle n'est point naturelle, car le propre de la nature est de se reproduire elle-même; elle n'est point chrétienne, puisqu'il est de la charité d'enseigner les ignorans, je veux dire ces sortes d'ignorans à qui Dieu a donné des talens pour apprendre; elle n'est point non plus politique, parce que la réputation des maîtres se répand & se conserve par celle des disciples, qui transmettent à la postérité la gloire de ceux qui les ont instruits.

Mais supposé que parmi les habiles Peintres les plus jeunes aient les raisons d'intérêt dont j'ai parlé, & qu'on trouvât ces raisons suffisantes pour les dispenser de communiquer leurs lumieres & leurs secrets à des éleves; on ne peut du moins excuser les plus avancés en âge, ni ceux qui ont une réputation établie; parce que n'y ayant rien à risquer pour eux, ils ne peuvent attendre de leurs bonnes intentions qu'une pleine satisfaction d'eux-mêmes, & des louanges de tous les autres.

Il ne s'agit plus que de trouver des moyens qui applanissent les difficultés, qui abregent le tems, & qui conduisent les éleves dans la voie de perfectionner eux-mêmes leur goût & leur génie.

Je sais bien que les habiles Peintres (je parle de tous en général) je sais bien, dis-je, que les habiles gens peuvent avoir tenu différentes voies dans leurs études, & qu'ils peuvent par conséquent conduire leurs disciples chacun par différens chemins qui meneroient à une même fin. Je sais bien aussi qu'il s'en pourroit rencontrer, qui après avoir étudié sans ordre, & consumé inutilement plusieurs années à la recherche de la bonne voie, ne l'ont trouvée que fort tard; & enfin qui après s'être instruits & désabusés eux-mêmes, seroient très-capables de marquer à la jeunesse la meilleure voie pour s'avancer dans leurs études. Mais l'étonnement où je suis des longues années qu'on emploie ordinairement dans l'étude de cette profession, m'a donné la liberté de dire ici ce que je pense des études de la Peinture, & de l'ordre que je souhaiterois qu'on y observât.

Je ne fixerai point ici l'âge auquel on doit commencer à travailler pour acquérir cet art, parce qu'en toutes sortes de professions, le génie & l'application font la moitié de l'ouvrage.

Cependant les jeunes gens que l'on destine à la Peinture, ne sauroient se mettre trop tôt à dessiner, parce que leur génie venant à se déclarer en pratiquant, on les laisse continuer s'ils en ont; ou si l'on découvre qu'ils n'en aient point, on les emploie à des choses auxquelles on les croit plus propres. Mais en cas que leur inclination les porte à continuer du côté de la Peinture; il faut avoir soin pendant ces premiers exercices de leur dessein, qu'ils apprennent à bien lire & à bien écrire; afin qu'ils évitent la trop grande indifférence que la plupart des hommes ont pour la lecture, faute de se l'être rendue familiere dans leur jeunesse. Et comme c'est un secours dont les Peintres ont grand besoin dans leur profession, il est bon qu'on leur donne à lire dans les commencemens des livres agréables & proportionnés à leur âge pour les mettre en goût de lecture. Et dans la suite, à mesure que l'esprit se forme, rien n'apprend à bien penser comme les bons livres.

Du reste à quelque âge que l'on commence la Peinture, chacun y avance plus ou moins selon le degré de son génie. Il y en a qui se sentent attirés par leur génie, & qui le suivent : d'autres en sont entraînés par violence. Il y en a peu de ces derniers ; & ces génies rares, quand il s'en trouve, sont capables de faire en peu de tems de très-grands progrès, & il n'y a point d'âge déterminé pour eux. Mais comme nous devons former ici un plan d'étude, choisissons pour commencer le tems de la premiere jeunesse, comme on fait ordinairement pour conduire un jeune éleve.

Nous apprenons de Pline que lorsqu'Alexandre-le-Grand donna à la Peinture la premiere place parmi les arts libéraux, il ordonna en même tems que les jeunes gens de condition apprendroient à dessiner avant toutes choses. Alexandre ne pouvoit avoir en cela d'autre vue que de former le goût de ses principaux sujets, par les dispositions que le dessein met dans l'esprit.

En effet le premier fruit du dessein est la justesse qu'il met dans les yeux de ceux qui dessinent, & son premier usage est de faire distinguer en général le caractere des objets, & ensuite d'imprimer dans l'esprit les principes du bon qui se trouve dans les beaux-arts : & enfin le goût s'étant formé par un progrès de ces mêmes principes, il est bien plus capable de juger des ouvrages de l'art, & de ceux de la nature.

Alexandre qui ne vouloit pas faire des Peintres de tous ces gens de condition, les faisoit néanmoins commencer de bonne heure à dessiner; parce qu'il vouloit que le dessein leur servît à juger dans le cours de la vie, de tous les objets que l'occasion leur présenteroit.

Les Peintres & les sculpteurs ont d'autant plus de sujet de suivre cette loi d'Alexandre dans l'emploi des premiers tems de leur jeunesse, que le dessein ne doit pas seulement leur servir à dire leur avis sur les ouvrages, mais à faire ceux dont on doit juger.

La premiere chose que l'on doit considérer dans l'acquisition d'un art que l'on veut exercer toute sa vie, c'est de bien partager son tems, & de donner à chaque étude celui qui lui est le plus propre. Dans les premiers tems de la jeunesse, par exemple, où la raison est encore foible, & les réflexions hors de saison, il faut se prévaloir de la molesse du cerveau, & de la pureté des organes qui sont susceptibles des impressions, & des habitudes qu'on voudra leur faire prendre.

Cela supposé, il n'y a que deux exercices qui conviennent aux gens de la premiere jeunesse. L'un est d'accoutumer leurs yeux à la justesse, c'est-à-dire, à rapporter fidélement sur leur papier les dimensions de l'objet qu'ils copient, & l'autre, c'est d'accoutumer leur main au maniement du crayon & de la plume, jusqu'à ce qu'on ait acquis la facilité nécessaire, laquelle par la pratique s'acquiert infailliblement.

La justesse des yeux & la facilité dans main, sont les deux portes qui donnent entrée aux démonſtrations des parties qui conduiſent à l'entiere connoiſſance du deſſein.

Il eſt donc de la derniere conſéquence aux jeunes gens, pour bien commencer la Peinture, & pour y avancer à grands pas, de ne point quitter ces deux premiers exercices qu'ils n'en aient une grande habitude.

Et ſi cet article importe beaucoup aux étudians, il eſt encore d'une plus grande conſéquence à l'académie ; car pour peu qu'elle veuille réfléchir ſur ſon avancement, & même ſur le ſoin de ſe maintenir, elle regardera comme une choſe néceſſaire de ne recevoir perſonne pour écolier qui n'ait une ſuffiſante pratique de deſſiner d'après les deſſeins, & d'après les boſſes, c'eſt-à-dire, une ſuffiſante juſteſſe dans les yeux, & une ſuffiſante liberté dans le maniement du crayon, & cela au jugement des officiers en exercice.

La raiſon de mon ſentiment en ceci eſt, que les écoliers ayant été reçus trop jeunes & trop ignorans dans l'école de l'académie, ils y paſſent beaucoup de tems sans goût & sans discernement, & enfin sans faire des progrès rémarquables dans leurs études prétendues. Cependant après quelques années, comptant plutôt sur le tems qu'ils ont passé dans l'école de l'académie que sur le progrès qu'ils y ont fait, ils se présentent témérairement pour concourir aux prix dont ils sont tout-à-fait indignes. D'où il arrive ensuite que ceux qui prétendent aux prix de Peinture, étant des branches de la même souche d'ignorance, produisent les mêmes fruits, ou mauvais ou insipides.

Le premier usage que les jeunes gens doivent faire de ces habitudes, c'est d'apprendre la géométrie, parce qu'étant présentement question de réfléchir & de raisonner sur toutes les parties de la Peinture, desquelles il faut avoir une entiere connoissance, & la géométrie apprenant à raisonner & à inférer une chose d'une autre, elle nous tiendra lieu de logique, & nous tirera de nos doutes.

Comme la perspective suppose la géométrie qui en est le fondement, il est naturel d'en placer ici l'étude, & de s'y ſtacher d'autant plus fortement que le Peintre en tire un principe dont il lui eſt impoſſible de ſe paſſer, quelque ouvrage qu'il veuille entreprendre.

Je ſuppoſe ici que le jeune étudiant ait contracté l'habitude de copier facilement toutes ſortes de deſſeins, & de deſſiner toutes ſortes de tableaux. Cette habitude néanmoins ne peut entrer dans celle du deſſein que comme une diſpoſition néceſſaire pour l'acquérir.

Les choſes étant ainſi, le jeune étudiant doit regarder l'imitation de la belle nature comme ſon but, & doit tâcher de connoître les caracteres extérieurs des formes qu'elle produit. Ainſi pour commencer par le chef-d'œuvre des productions de la nature, qui eſt l'homme, le jeune étudiant doit s'inſtruire de l'anatomie, & des proportions ; parce que ces deux parties ſont le fondement du deſſein.

L'anatomie établit la ſolidité du corps ; & les proportions en forment la beauté. Les proportions ſont redevables à l'anatomie de la vérité de ſes contours, & l'anatomie doit aux proportions l'exacte régularité de la nature dans sa premiere intention. Enfin l'anatomie & les proportions se prêtent un mutuel secours pour réduire le dessein dans une solide & parfaite correction.

Quelque liaison que ces deux parties semblent avoir entr'elles, il paroît néanmoins que le mieux est de commencer par l'anatomie, parce que l'anatomie est la fille de la nature, & la proportion la fille de l'art, & que si la proportion vient du bon choix, le bon choix tire son origine de la nature.

Mais après l'anatomie suit l'étude des proportions. Il y a des proportions générales que l'on doit premiérement bien savoir; c'est-à-dire, celles qui conviennent généralement à chaque partie pour en faire un tout accompli. Il faut savoir, par exemple, comment une tête doit être construite, un pied, une main, & enfin tout le corps pour former un homme parfait.

Mais comme la nature est différente dans ses ouvrages, il faut examiner ce qu'elle peut faire de plus beau dans les différens caracteres qui se rencontrent dans la vie des hommes, à cause de la diversité des âges, des pays & des professions.

Il eſt vrai que la nature nous offre l'abondance de ſa variété qui eſt infinie : mais comme ſes richeſſes ne ſont pas ſans mélange, il eſt mieux de recourir d'abord à l'antique qui nous fait part du choix exquis qu'il a fait avec une connoiſſance profonde pour tous les états de la vie.

Puiſqu'il eſt conſtant que les figures antiques renferment non-ſeulement tout ce qu'il y a de plus beau dans les proportions, mais qu'elles ſont encore la ſource des graces, de l'élégance, & des expreſſions : c'eſt une étude d'autant plus néceſſaire qu'elle conduit au chemin de la belle vérité. Il faut s'y exercer ſans avoir égard au tems qu'elle exige pour la bien poſſéder : car puiſque l'antique eſt la regle de la beauté, il la faut deſſiner juſqu'à s'en former une juſte & forte idée, qui ſerve à bien voir la nature, & à la ramener dans ſes premieres intentions, d'où elle s'écarte aſſez ſouvent.

Comme le plus bel exemple que nous ayons dans cette conduite, eſt celle qu'a tenue Raphaël dans ſes ouvrages, il eſt bon de les deſſiner en même tems, afin qu'il nous serve de guide dans l'heureux mélange qu'il a fait de l'antique & de la nature.

Il est bon aussi de remarquer en passant que dans l'antique il y a un goût général répandu sur tous les ouvrages de ces tems-là, & un goût particulier qui caractérise chaque figure selon son âge, & sa qualité. C'est au jeune étudiant à faire là-dessus ses réflexions en tems & lieu, selon la pénétration de son jugement.

Supposé que l'on ait fait les études dont je viens de parler avec le tems & l'application qu'elles demandent, on doit les considérer comme des degrés qui élevent l'esprit à la connoissance du naturel, tel qu'il est, & tel qu'il doit être. Nous jugeons par ces premieres études des défauts que le hasard a mis dans un modele, & des perfections qui lui manquent; ainsi nous voyons au travers de nos idées, ce qu'il faut ajouter ou diminuer au naturel pour le rendre dans l'état que nous le desirons.

C'est donc ici le lieu, où l'on doit placer l'étude du modele à laquelle il faut joindre celle du contraste, & de la pondération, qui composent toutes deux ensemble celle des attitudes.

Comme il est nécessaire en posant un modele de chercher une attitude qui dans son contraste soit naturelle, & fasse voir de belles parties : il est de la même nécessité de lui donner du relief & de la rondeur. Mais comme le relief & la rondeur d'un objet particulier ne suffit pas dans l'assemblage de plusieurs figures, & qu'il faut pour la satisfaction des yeux, & pour l'effet du tout-ensemble, qu'il y ait une intelligence de lumieres & d'ombres, qu'on appelle le clair-obscur, on ne peut se dispenser d'en acquérir la connoissance.

Cette intelligence demande une attention particuliere, & l'on en doit avoir une habitude d'autant plus forte, que le clair-obscur est un des principaux fondemens de la Peinture, que son effet appelle le spectateur, qu'il soutient la composition du tableau, & que sans lui tout le soin qu'on auroit pris pour les objets particuliers, seroit une peine perdue.

Quand on a une fois bien conçu cette

partie de la Peinture, il eſt bon, pour lui faire prendre de profondes racines dans l'eſprit, de voir avec réflexion les eſtampes des maîtres qui ont le mieux entendu les lumieres & les ombres, & d'en pénétrer l'intelligence.

Il n'eſt pas ſeulement à propos de voir ces eſtampes particulieres pour ſe confirmer dans la connoiſſance du clair-obſcur : mais la vue des belles eſtampes en général, & des deſſeins des grands maîtres, eſt très-utile encore pour nous inſtruire de la maniere dont les plus habiles Peintres ont tourné leurs penſées, dans leurs compoſitions en général, & dans leurs figures en particulier.

Les bonnes eſtampes, auſſi bien que les bons deſſeins, ſont encore très-capables d'échauffer notre génie, & de l'exciter à produire quelque choſe de ſemblable. Chaque objet s'exprime par des traits différens pour faire ſentir ſon caractere ; & quand on a deſſiné d'après les bons maîtres, on s'apperçoit aſſez que ces touches ſpirituelles, & que ces différens traits ſont l'ame des deſſeins : on ſe les imprime dans l'eſprit, l'esprit, & l'on acquiert par-là beaucoup plus de disposition & de facilité à remarquer dans la nature la maniere dont on peut exprimer le caractere de chaque objet. Le jeune étudiant doit donc faire son possible pour nourrir ses yeux par la vue de ces belles choses.

Mais pour les imprimer fortement dans la mémoire, & pour les faire entrer bien avant dans son esprit, il est bon d'en copier, & d'en extraire le plus beau, & de nous régler en cela selon les choses qui nous manquent, & dont nous avons le plus de besoin, ou vers lesquelles nous nous sentons attirés par notre génie. C'est dans cette occasion où des amis éclairés & sinceres, qui souvent connoissent mieux que nous-mêmes nos foibles & nos penchans, pourroient nous aider de leurs lumieres, s'ils étoient consultés.

Jusqu'ici la Peinture & la sculpture se sont donné la main; parce que je suppose que le sculpteur s'est exercé à dessiner sur le papier, comme je desire ici que le Peintre pour son utilité propre apprenne à modeler.

Il faut présentement que chacune marche de son côté pour arriver heureusement à leur fin, qui est l'imitation de la nature par différens moyens; la sculpture par le relief de la matiere, & la Peinture par les couleurs sur une superficie plate. C'est de celle-ci que j'ai encore à parler pour achever de la conduire à la fin de sa carriere.

L'ordre que j'ai indiqué jusqu'ici n'a relation qu'à l'étude du dessein, & ce qui me reste à dire regarde principalement le coloris.

Plusieurs Peintres sont d'avis que dans l'étude du dessein on mêle celle du coloris; parce que, disent-ils, plusieurs bons dessinateurs, pour avoir goûté trop long-tems les charmes du dessein, en ont tellement rempli leur esprit, que le coloris n'y a pu trouver de place; ou qu'étant trop avancés dans la partie du dessein, ils se rebutoient facilement de la pratique du coloris qui leur faisoit de la peine. Ainsi ils retournoient au plaisir que leur donnoit l'habitude du dessein qu'ils avoient contractée; parce qu'on fait volontiers ce qu'on fait facilement.

Il eſt certain que ces réflexions ne ſont pas ſans fondement, & que pour s'accommoder à la foibleſſe des hommes qui font preſque tout par habitude, on pourroit permettre dans le cours du deſſein, & par intervalle, le maniement du pinceau & de la couleur aux étudians, afin que s'y étant accoutumés de bonne heure ils n'y trouvaſſent plus que du plaiſir.

Mais ſi l'on veut examiner la ſource de ces inconvéniens, on trouvera qu'elle ne vient pas d'avoir manqué de colorier d'aſſez bonne heure : mais d'avoir mal commencé, je veux dire, d'avoir copié d'abord de mauvaiſes choſes, ou d'avoir été ſous la diſcipline d'un maître qui n'avoit aucuns principes du coloris.

On revient ordinairement d'un mauvais deſſein, cela ſe voit dans tous ceux qui deſſinent, auxquels la pratique & le changement d'objet & de modele fait reprendre une route plus correcte & plus approuvée. Mais rien n'eſt plus rare que le changement d'une mauvaiſe habitude dans le coloris pour en prendre une bonne.

Je ne dis pas que ce changement ſoit

impossible; mais il est très-rare. Raphaël á suivi les écoles & la pratique des lieux où il a été élevé, comme Léonard de Vinci, Michel-Angè, Jules-Romain & les autres grands Peintres de ces tems-là. Et ils ont ainsi passé toute leur vie sans arriver à l'entiere & à la véritable connoissance du bon coloris: & pour parler des gens de notre tems & de notre connoissance; les disciples de Voüet, qui étoient en grand nombre & qui ne manquoient pas d'esprit, quelques efforts qu'ils aient faits, n'ont pu se défaire de la mauvaise pratique qu'ils avoient suivie chez leur maître. Nous avons encore l'exemple de plusieurs jeunes Peintres qui pour avoir commencé par copier quelques tableaux d'un coloris trivial, en retiennent la maniere dans tout ce qu'ils colorient, & s'en font comme un verre, au travers duquel ils voient la nature colorée comme ce qu'ils ont accoutumé de peindre. D'où l'on peut inférer qu'un jeune homme qui commence par copier un tableau mal colorié, avale un poison dont il empoisonnera lui-même tous les ouvrages qu'il fera dans la suite.

Cependant un jugement ſolide & une bonne éducation ſont au-deſſus des difficultés, & peuvent même rétablir un goût mal affecté dans l'eſprit d'un homme docile. Ainſi rien n'empêche qu'on ne puiſſe placer ici l'étude du coloris, en laiſſant la liberté à chacun des étudians d'interrompre quelquefois pour ſe déſennuyer l'ordre que je viens d'établir.

Le premier ſoin que demande le coloris d'un jeune étudiant eſt de commencer par copier ce qu'il trouvera de mieux colorié, de plus frais, & de plus librement peint entre les ouvrages des grands maîtres, parmi leſquels Titien, Rubens, & van Dyck tiennent les premiers rangs; pour les premiers commencemens, je croirois qu'on tireroit plus d'utilité en copiant van Dyck, à cauſe qu'en y apprenant le bon coloris on y trouve encore la liberté du pinceau.

Comme le coloris n'eſt eſtimable qu'autant qu'il imite parfaitement la nature, le jeune étudiant, après quelque habitude de la pratique des habiles gens, doit copier auſſi cette même nature, l'examiner & la comparer avec les ouvrages des grands maîtres qu'il aura copiés lui-même. Cette pratique accoutumera son goût à l'idée du vrai, & ses yeux à le voir sans aucuns nuages.

Le jeune Peintre s'étant formé une bonne habitude, & ayant mis son goût en état de ne rien appréhender, peut copier des tableaux de toutes les manieres, s'il y trouve d'ailleurs de quoi entretenir l'activité de son génie.

Mais une étude très-importante ce seroit de faire comme les abeilles qui tirent de plusieurs bonnes fleurs de quoi composer leur miel, & le jeune Peintre à leur imitation doit copier des excellens tableaux ce qu'il y aura de meilleur pour s'en former une bonne maniere. Il doit faire la même chose d'après les belles productions de la nature, soit figures, animaux, ou paysages. Il en fera un recueil auquel il doit avoir recours tant pour son propre service dans l'exercice de son art, que pour entretenir son goût, ou pour nourrir sa curiosité.

En cet état le jeune Peintre se voyant pourvu de toutes choses, peut voler de ses propres aîles; & par la lecture, ou par la réflexion, élever ses pensées, exercer son imagination à composer différens sujets, & dans l'exécution profiter des beautés dont la nature lui présente le choix dans l'abondance de ses productions.

Mais qu'il observe sur-tout de ne faire jamais aucun tableau qu'il n'en ait fait une légere esquisse coloriée, dans lequel il puisse s'abandonner à son génie & en régler les mouvemens dans les objets particuliers, & dans l'effet du tout ensemble.

Cette esquisse se doit faire très-vîte quand le Peintre a fixé sa pensée, pour ne point perdre le feu de son imagination. Cette esquisse étant donc toute informe, comme nous le supposons, on y peut changer, augmenter, ou diminuer, tant pour la composition, que pour le coloris. Et quand son auteur l'aura réduit, quoique légérement dans l'état qu'il le desire; il doit avant que d'ébaucher le grand ouvrage, faire toutes les études nécessaires d'après ce qu'il y a de plus beau dans la nature & dans l'antique qui convienne à son sujet; & dessiner exactement toutes les parties dans leurs places, afin de s'épargner la peine & le chagrin de changer & de faire deux fois le même ouvrage. Raphaël faisoit bien davantage : car il coloit plusieurs papiers ensemble de la grandeur de ses tableaux, où après avoir dessiné correctement & mis toutes choses en place, il calquoit ce carton sur les fonds sur lesquels il devoit peindre.

Cependant s'il arrivoit après toutes ces précautions qu'il fût à propos de changer quelque chose pour l'effet du tableau, il seroit de la prudence de n'y pas manquer, & la peine en seroit légere n'y ayant rien d'ailleurs à se reprocher.

Enfin le tableau étant achevé, le Peintre doit considérer le lieu où il doit être placé, & la distance d'où il doit être vu, afin de donner à son ouvrage, par des touches & par des couleurs plus ou moins vigoureuses, la force & la vie qu'il exigera.

De tous les génies, je ne crois pas qu'il y en ait un plus libertin que celui de la Peinture, ni qui souffre le frein plus impatiemment. Je ne doute pas même, si l'on en excepte quelques esprits extraordinaires, que plusieurs Peintres, quoique

sans

ſans aucun ordre, ne ſoient parvenus à ſe rendre eſtimables, non pas à la vérité ſans perdre beaucoup de tems dans la diſſipation de leurs études. Mais comme dans une machine la mauvaiſe diſpoſition des roues en retarde le mouvement, de même auſſi les parties de la Peinture mal arrangées par rapport à l'étude qu'on en doit faire, jettent de la confuſion dans l'eſprit & dans la mémoire, & deviennent par ce moyen difficiles à concevoir & à retenir. D'où il paroît que le parti le plus sûr, eſt de mettre un ordre à ſes études, lequel s'accorde avec une raiſonnable liberté.

DISSERTATION,

Où l'on examine ſi la poéſie eſt préférable à la Peinture.

Mon deſſein n'eſt pas de ſoutenir que la Peinture l'emporte abſolument ſur la Poéſie; mais je n'ai jamais douté que ces deux arts ne marchaſſent de pas égal, ni que l'un & l'autre ne méritaſſent les mêmes honneurs. J'en ai parlé dans ce ſens-là, quand l'occaſion s'en eſt préſentée, & je n'ai fait que ſuivre le ſentiment des auteurs les plus célebres. Mais comme les hommes ne s'accordent pas toujours ſur les choſes même les mieux établies, je trouve aujourd'hui des perſonnes illuſtres qui me témoignent de la répugnance à placer la Peinture à côté de la poéſie; & quelque inclination que j'aie à ſuivre leurs avis, je ſuis bien aiſe d'examiner cette matiere avec toute l'application dont je ſerai capable: car ſi je ſuis obligé de me rendre à leur opinion, ils ne déſapprouveront pas que je ne le faſſe qu'après m'être déſabuſé moi-même.

Mon but eſt, non-ſeulement de ne rien dire, que l'on ne trouve établi dans tous les écrivains anciens & modernes qui ont parlé du ſujet de cette diſſertation; mais encore je crois qu'il eſt bon d'avertir qu'en parlant comme je fais de la poéſie & de la Peinture, je les ſuppoſe toujours dans le plus haut degré de perfection où elles puiſſent arriver.

Ce n'eſt donc point la Poéſie que j'entreprends d'attaquer: c'eſt la Peinture que je veux défendre. Quand à force d'exercice & de réflexions la Peinture & la poésie se furent enfin montrées dans leur plus grand lustre, des hommes d'un génie extraordinaire donnerent au public des ouvrages & des regles en l'un & en l'autre genre pour servir de guide à la postérité, & pour donner une idée de leur perfection. Cependant ces deux arts ont été malheureusement négligés depuis la décadence de l'Empire Romain jusqu'à ces derniers siecles, que Raphaël & le Titien pour la Peinture, comme Corneille & Racine pour la Poésie dramatique ont fait tous leurs efforts pour les ressusciter, & pour les porter à leur premier état.

Il y a néanmoins cette différence, que la poésie n'a fait que disparoître, & qu'elle s'est conservée toute pure dans les ouvrages d'Homere, d'Eschile, de Sophocle, d'Euripide, d'Aristophane, & dans les regles qu'Aristote & Horace nous en ont laissées. Ainsi il est constant que la route que les poëtes qui sont venus depuis devoient suivre, étoit toute marquée, & que la véritable idée de la poésie ne s'est point perdue; ou du moins, il étoit aiſé pour la retrouver de recourir aux ouvrages, & aux regles infaillibles dont je viens de parler. Au lieu que la Peinture a été entiérement anéantie, ſoit par la perte de quantité de volumes, qui, au rapport de Pline, en ont été compoſés par les Grecs, ſoit par la privation des ouvrages dont les auteurs de ces tems-là nous ont dit tant de merveilles, (car je ne compte que pour très-peu de choſe quelques reſtes de Peinture antique que l'on voit à Rome.)

Si donc il ne s'eſt rien conſervé qui puiſſe nous donner une idée juſte de la Peinture, comme elle ſe pratiquoit anciennement, c'eſt-à-dire, dans le tems que les arts étoient dans leur plus grande perfection, il eſt certain que la poéſie ſe faiſant voir encore aujourd'hui dans tout ſon luſtre, peut jetter dans l'eſprit de ceux qui y ſont le plus attachés, une prévention qui les porte à lui donner la préférence ſur la Peinture.

Car il faut avouer qu'il y a beaucoup de gens d'eſprit qui bien loin de regarder la Peinture du côté de la perfection & de l'eſtime où elle étoit chez les Grecs, n'ont pas même donné la moindre attention à cet art tel que nous le possédons à présent, & que les derniers siecles l'ont fait renaître : & si ces mêmes personnes font tant que de regarder quelque ouvrage de Peinture, ils jugent de l'art par le tableau, au lieu qu'ils devroient juger du tableau par l'idée de l'art.

Cependant quoique nous n'ayons point encore recouvré la Peinture dans toute son étendue, & que dans son rétablissement, elle n'ait pu avoir pour guides des principes aussi certains, & des ouvrages aussi parfaits qu'étoient ceux de la poésie; rien n'empêche que nous ne puissions en concevoir une idée juste sur les ouvrages des meilleurs Peintres qui l'ont renouvellée, & sur ce que nous en ont dit ceux mêmes qui nous ont donné les regles de la poésie, comme Aristote & Horace.

Le premier assure dans sa poétique (1) *Que la tragédie est plus parfaite que le poëme épique; parce qu'elle fait mieux son effet & donne plus de plaisir.*

Et dans un autre endroit, il dit (2) *Que*

(1) Chap. 27. (2) Chap. 4.

la Peinture cause une extrême satisfaction. La raison qu'il en rend, *c'est qu'elle arrive si parfaitement à sa fin, qui est l'imitation, qu'entre toutes les choses qu'elle imite, celles mêmes que nous ne pourrions voir dans la nature sans horreur, nous font en Peinture un fort grand plaisir,* il ajoute à cette raison, *Que la Peinture instruit, & qu'elle donne matiere de raisonner, non-seulement aux philosophes, mais à tout le monde.*

Dans ce raisonnement, Aristote qui mesure la beauté de ces deux arts, par le plaisir qu'ils donnent, par la maniere dont ils instruisent, & par celles dont ils arrivent à leur fin, dit que la Peinture donne un plaisir extrême, qu'elle instruit plus généralement, & qu'elle arrive très-parfaitement à la fin. Ce philosophe est donc fort éloigné de préférer la Poésie à la Peinture.

Pour Horace, (1) il déclare nettement que la Poésie & la Peinture ont toujours marché de pas égal, & qu'elles ont eu dans tous les tems le pouvoir de nous représenter tout ce qu'elles ont voulu.

(1) Art. Poët.

Mais quand nous n'aurions pas ces autorités, nos ſens & la raiſon nous diſent aſſez que la Poéſie ne fait entendre aucun événement que la Peinture ne puiſſe faire voir. Il y a long-tems qu'elles ont été reconnues pour deux ſœurs qui ſe reſſemblent ſi fort en toutes choſes, qu'elles ſe prêtent alternativement leur office & leur nom : on appelle communément la Peinture une Poéſie muette, & la Poéſie, une Peinture parlante.

Elles demandent toutes deux un génie extraordinaire qui les emporte plutôt qu'il ne les conduit, & nous voyons que la nature par une douce violence a engagé les grands Peintres & les grands Poëtes dans leurs profeſſions, ſans leur donner le tems de délibérer, & d'en faire choix. Que ſi nous voulons pénétrer dans leurs excellens ouvrages, nous y trouverons une ſecrette influence qui paroît avoir quelque choſe de plus qu'humain. *Il y a un Dieu au dedans de nous-mêmes*, dit Ovide (1) parlant des Poëtes, *lequel nous échauffe en nous agitant*. Et Suidas dit, *que ce fameux*

(1) Faſtes. Liv. 6.

ſculpteur Phidias, & que Zeuxis ce Peintre incomparable, tous deux transportés par un enthouſiaſme, ont donné la vie à leurs ouvrages.

La Peinture & la Poéſie tendent à la même fin, qui eſt l'imitation; & il ſemble, dit un ſavant auteur, que non-contentes d'imiter ce qui eſt ſur la terre, elles ayent été juſques dans le ciel obſerver la majeſté des Dieux pour en faire part aux hommes, commes elles peignent les hommes pour en faire des demi-Dieux. C'eſt dans ce ſens-là que Charles-Quint (1) *faiſoit gloire non-ſeulement de s'être rendu des provinces tributaires, mais d'avoir obtenu trois fois l'immortalité par les mains du Titien.*

Toutes deux ſont occupées du ſoin de nous impoſer, & pourvu que nous voulions leur donner notre attention, elles nous tranſportent comme par un effet de magie d'un pays dans un autre. (2)

Leurs propriétés ſont de nous inſtruire en nous divertiſſant, de former nos mœurs,

(1) Ridolfi.

(2) *Et modo Thebis, modo ponat Athenis.*
Hor. Epiſt. 1. Lib. 2.

& de nous exciter à la vertu en représentant les héros & les grandes actions. C'est ce qui fait dire à Aristote, (1) *que les sculpteurs & les Peintres nous enseignent à former nos mœurs par une méthode plus courte & plus efficace que celle des philosophes, & qu'il y a des tableaux & des sculptures aussi capables de corriger les vices que tous les préceptes de la morale.*

Toutes deux conservent exactement l'unité du lieu, du tems & de l'objet.

Toutes deux sont fondées sur la force de l'imagination pour bien inventer leurs productions, & sur la solidité du jugement pour les bien conduire. Elles savent choisir des sujets qui soient dignes d'elles, & se servir des circonstances & des accidens qui les font valoir, comme elles savent rejetter tout ce qui leur est contraire, ou qui ne mérite pas d'être représenté.

Enfin la Peinture & la Poésie partant du même lieu, tiennent la même route, arrivent à la même fin, & tirent leur plus grande estime des premiers tems : où la magnificence & la délicatesse ont paru avec plus d'éclat.

(1) *Politique R. 5.*

Les Poëtes de ces tems-là ont reçu des honneurs & des récompenſes infinies, ils ont été excité par des prix que l'on donnoit à ceux dont les pieces avoient un ſuccès plus heureux que celles de leurs concurrens : & tous les genres de Poéſie ont eu leurs louanges & leurs protecteurs.

On a vu Virgile & Horace, (1) comblés de bienfaits par Auguſte : Térence en commerce d'amitié avec Lelius & Scipion le vainqueur de Carthage : Ennius chéri de Scipion l'Africain & enterré dans le (2) ſépulcre des Scipions ſur lequel on lui éleva une ſtatue ; Euripide tant de fois applaudi de toute la Grece, (3) élevé aux premiers honneurs par Archelaüs Roi de Macédoine, & regretté des Athéniens par un deuil public ; Homere révéré de toute l'antiquité & ſouvent honoré par des autels & des ſacrifices, (4) Alexandre viſitant le tombeau d'Achille : heureux s'écria-t-il, d'avoir putrouver un Homere qui chantât ſes louanges ! Ce Prince ne marchoit jamais

(1) *Donat.*

(2) *Cic, pro Archia. Val. Max.*

(3) *Solin. Thomaſſin.*

(4) *Vie d'Homere.*

ſans les œuvres d'Homere, il les liſoit inceſſamment & il les plaçoit même ſous ſon chevet en ſe mettant au lit. (1) Un jour qu'on lui préſenta une caſſette d'un prix ineſtimable, bijou le plus précieux de la dépouille de Darius, ſes courtiſans lui demanderent à quel uſage il la deſtinoit? A renfermer les œuvres d'Homere, leur répondit-il.

Mais que n'a point fait ce même Alexandre pour les Peintres? Quelles marques d'eſtime & d'amour ne leur a-t-il point données? (2) Il ordonna que la Peinture tiendroit le premier rang parmi les arts libéraux, qu'il ne feroit permis qu'aux nobles de l'exercer, & que dès leur plus tendre jeuneſſe ils commenceroient leurs exercices pour apprendre à deſſiner. En cela il regardoit le deſſein comme la choſe la plus capable de diſpoſer l'eſprit au bon goût, à la connoiſſance des autres arts & à juger de la beauté de tous les objets du monde.

Il viſitoit ſouvent les Peintres, & pre-

(1) *Plutarque.*

(2) *Pline* 38. 50.

noit plaisir à s'entretenir avec Apelle des choses qui regardoient la Peinture. Pline dit, *que touché de la beauté de l'une de ses esclaves appellée Campaspe qu'il aimoit éperduement, il la fit peindre par Apelle; & s'étant apperçu qu'elle avoit frappé le cœur du Peintre du même trait dont il se trouvoit lui-même atteint, il lui en fit un présent, ne pouvant récompenser plus dignement cet ouvrage, qu'en se privant de ce qu'il aimoit avec passion.*

(1) Ciceron rapporte que si Alexandre défendit à tout autre Peintre qu'Apelle de le peindre, & à tout autre sculpteur qu'à Lisippe de faire sa statue, ce ne fut pas seulement par l'envie d'être bien représenté; mais par l'envie qu'il avoit de ne rien laisser de lui qui ne fût digne de l'immortalité, & par l'estime singuliere qu'il avoit pour ces deux arts. Aussi ne ferai-je point ici de différence entre la Peinture & la sculpture: car celle-ci n'a rien que la Peinture ne doive bien entendre pour être parfaite, & ce que la sculpture a de plus beau lui est commun avec la Peinture. Ces deux

(1) *Ep. fam.* 12. *l.* 5.

arts se sont maintenus de tous les tems dans un même degré de perfection : les Peintres & les sculpteurs ont toujours vecu dans une louable jalousie sur la beauté & sur l'estime de leurs ouvrages, comme ils sont encore aujourd'hui. Et si les sculptures antiques ont été l'admiration des anciens, comme elles sont l'étonnement des modernes, que peut-on concevoir de la Peinture de ces mêmes tems-là ; puisqu'avec le goût, & la régularité de son dessein, elle a dû s'attirer toutes les louanges que méritent les effets surprenans de son coloris.

Mais si nous voulons remonter au de-là du tems d'Alexandre, nous trouverons que Dieu même rendit cet art honorable en faisant part de son intelligence, de son esprit & de sa sagesse à Beseléel (1) & à Ooliab qui devoient embélir le temple de Salomon, & le rendre respectable par leurs ouvrages.

Si nous regardons la maniere dont la Peinture a été recompensée, nous verrons que les tableaux des excellens Peintres étoient achetés à pleines mesures de pieces

(1) *Exode.* 31. *Joseph.*

d'or (1) ſans compte & ſans nombre : d'où Quintillien infere, que rien n'eſt plus noble que la Peinture, puiſque la plupart des autres choſes ſe marchandent, & ont un prix, & qu'au contraire la Peinture n'en a point.

(2) Une ſeule ſtatue de la main d'Ariſtide fut vendue 375 talens, une autre de Policlete ſix vingt mille Seſterces : (3) & le Roi de Nicomédie voulant affranchir la ville de Gnide de pluſieurs tributs, pourvu qu'elle lui donnât cette (4) Venus de la main de Praxitelle qui y attiroit toutes les années un concours infini de gens ; (5) les Gnidiens aimerent mieux demeurer toujours tributaires que de lui donner une ſtatue qui faiſoit le plus grand ornement de leur ville.

Il s'eſt même trouvé d'excellens Peintres, & d'excellens ſculpteurs qui pénétrés du mérite de leur art conſacrerent aux Dieux leurs ouvrages, croyant que les hommes en étoient indignes. (6) Et la Grece tou-

(1) *In nummo aureo menſuram accepit non numero.*
(2) *Pline.* 10. 35.
(3) *Cic. l. Ep. 7. à Atticus.*
(4) *Ælian. hiſt. d.*
(5) *Cic. contre Verres.*
(6) *Plut. op.*

chée de la reconnoissance envers le célebre Polignote qui lui avoit donné des tableaux que tout le monde admiroit, lui fit des entrées magnifiques dans les villes où il avoit fait quelque ouvrage : & elle ordonna par un décret du Sénat d'Athenes qu'il seroit défrayé aux dépens du Public dans tous les lieux où il passeroit.

Aussi la Peinture étoit alors si honorée que les habiles Peintres de ce tems-là ne peignoient sur aucune chose qui ne pût être transporté d'un lieu à un autre, & qu'on ne pût garantir d'un embrâsement. *Ils se séroient bien gardés*, dit Pline, *de peindre contre un mur qui n'auroit pu appartenir qu'à un maître, qui seroit toujours demeuré dans un même lieu, & qu'on n'auroit pu dérober à la rigueur des flammes. Il n'étoit pas permis de retenir comme en prison la Peinture sur les murailles, elle demeuroit indifféremment dans toutes les villes, & un Peintre étoit un bien commun à toute la terre.*

On portoit même jusqu'au respect l'honneur que l'on rendoit à cet art : le Roi Demetrius en donna des marques mémorables au siége de Rodes, où il ne put s'empêcher d'employer une partie du tems qu'il devoit au soin de son armée, à visiter Protogene qui faisoit alors le tableau de Jalisus. *Cet ouvrage*, dit Pline, *empêcha le Roi Demetrius de prendre Rhodes dans l'appréhension qu'il avoit de brûler les tableaux de ce grand Peintre; & ne pouvant mettre le feu dans la ville par un autre côté que celui où étoit le cabinet de cet homme illustre, il aima mieux épargner la Peinture que de recevoir la victoire qui lui étoit offerte. Protogene*, poursuit le même Pline, *travailloit alors dans un jardin hors de la ville près du camp des ennemis, & il y achevoit assiduement les ouvrages qu'il avoit commencés, sans que le bruit des armes fût capable de l'interrompre : mais Demetrius l'ayant fait venir & lui ayant demandé avec quelle confiance il osoit travailler au milieu des ennemis, le Peintre répondit : qu'il savoit fort bien que la guerre qu'il avoit entreprise étoit contre les Rhodiens & non pas contre les arts. Ce qui obligea le Roi de lui donner des gardes pour sa sûreté, étant ravi*

ravi de pouvoir conserver la main qu'il avoit sauvée de l'insolence des soldats.

De grands personnages ont aimé la Peinture avec passion, & s'y sont exercés avec plaisir : entr'autres Fabius, l'un de ces fameux Romains qui au rapport (1) de Ciceron lorsqu'il eut goûté la Peinture & qu'il s'y fut exercé, voulut être appellé *Fabius Pictor*. Par-là il vouloit donner un nouveau lustre à sa naissance, selon l'idée que l'on avoit alors de la Peinture : car ce qui est admirable en cet art, dit Pline, c'est qu'il rend les (2) nobles encore plus nobles & les illustres plus illustres. Turpilius Chevalier Romain, Labéon Préteur & Consul, les poëtes Ennius & Pacuvius, Socrate, Platon, Metrodore, Pyrron, Commode, Vespasien, Néron, Alexandre Severe, Antonin, & plusieurs autres Empereurs & Rois n'ont pas tenu au-dessous d'eux d'y employer une partie de leurs tems.

On sait avec quel soin les grands Princes ont ramassé dans tous les tems quantité de tableaux des grands maîtres, & qu'ils en

(1) *In Bruto.*

(2) *Mirum in hac arte est quod nobiles viros nobiliores facit* 34. 8.

ont fait un des plus précieux ornemens de leurs palais. On voit encore tous les jours combien ce plaiſir eſt ſenſible aux grands ſeigneurs, & aux gens d'eſprit qui ont du goût pour les bonnes choſes. On ſçait avec quelle diſtinction les habiles Peintres de ces derniers tems ont été traités des têtes couronnées, & à quel point le Titien & Léonard de Vinci furent eſtimés des Princes qu'ils ſervoient. Celui-ci mourut (1) entre les bras de François premier, & le Titien donna tant de jalouſie (2) aux courtiſans de Charles-Quint qui ſe plaiſoit dans la converſation de ce Peintre, que cet Empereur fut contraint de leur dire qu'il ne manqueroit jamais de courtiſans, mais qu'il n'auroit pas toujours un Titien. On ſçait encore que ce Peintre ayant un jour laiſſé tomber un Pinceau en faiſant le portrait de Charles-Quint, cet Empereur le ramaſſa, & que ſur le remerciment & l'excuſe que le Titien lui en faiſoit, il dit ces paroles, Titien mérite d'être ſervi par Céſar (3).

Mais ſuppoſé que l'idée de la Peinture,

(1) *Vaſari.* (2) *Ridolfi.* (3) *Ridolfi.*

à la considérer dans sa perfection, ne soit pas encore bien établie, si celle que l'on conçoit aujourd'hui n'avoit pas un fond de mérite par toutes les connoissances qu'elle renferme, & par tout ce qu'elle est capable de produire sur les esprits, d'où viendroit la passion que les grands seigneurs & tant de gens d'esprit ont pour elle, & que ceux même qui ont de l'indifférence pour cet art n'oseroient l'avouer sans rougir?

C'est un mal, (1) dit un auteur grave, *de n'aimer pas la Peinture, & de lui refuser l'estime qui lui est due: car celui qui le fait par ignorance, est bien malheureux de ne pouvoir discerner toutes les beautés qu'il y dans le monde; & celui qui le fait par mépris, est bien méchant de se déclarer ennemi d'un art qui travaille à honorer les Dieux, à instruire les hommes, & à leur donner l'immortalité.*

Pour les effets que la poésie & la Peinture font sur les esprits, il est certain que l'une & l'autre sont capables de remuer puissamment les passions; & si les bonnes

(1) *Dion. Chrysostome, or.* 12.

pieces de théâtre ont tiré & tirent encore tous les jours des larmes de leurs spectateurs, la Peinture peut faire la même chose quand le sujet le demande, & qu'il est, comme nous le supposons, bien exprimé. (1) Grégoire de Nice après avoir fait une longue description du sacrifice d'Abraham, dit ces paroles : *J'ai souvent jetté les yeux sur un tableau qui représente ce spectacle digne de pitié, & je ne les ai jamais retirés sans larmes : tant la Peinture a sçu représenter la chose comme si elle se passoit effectivement.*

La fin de la Peinture comme de la Poésie, est de surprendre de telle sorte que leurs imitations paroissent des vérités. Le tableau de Zeuxis, où il avoit peint un garçon (2) qui portoit des raisins, & qui ne fit point de peur aux oiseaux, puisqu'ils vinrent becqueter ces fruits, est une marque que la Peinture de ces tems-là avoit accoutumé de tromper les yeux en tous les objets qu'elle représentoit. Cette figure ne fut en effet censurée par Zeuxis même, que parce qu'elle n'avoit pas trompé.

(1) *Or. de la Divin. du Fils & du S. Esprit.*
(2) *Pline 35. 10.*

Voilà à peu près les rapports naturels que la Peinture & la poésie ont ensemble, & qui ont de tout tems, comme dit Horace, permis également aux Peintres & aux poëtes de tout oser. Mais il ajoute que cette liberté ne doit pas les porter à produire rien qui soit hors de la vraisemblance, comme à joindre les choses douces avec les améres, ni les tigres avec les agneaux.

Cette idée générale l'oblige ensuite à nous donner des moyens communs qui puissent conduire les Peintres & les poëtes par les voies du bon sens & de la raison : car on voit dans l'une des satyres de cet Auteur (1), qu'il aimoit extrêmement la Peinture, & qu'il passoit pour un fin connoisseur.

Cependant les préceptes qu'il nous a laissés ne regardent que la théorie de ces deux arts, lesquels different seulement dans la pratique & dans l'exécution. Cette pratique de la poésie se remarque dans la diction & dans la versification, supposé que la versification soit de l'essence de la poé-

(1) *Sat.* 3. 2.

sie. On pourroit y ajouter la déclamation à cause qu'elle est le nerf de la parole, & que sans elle on ne sçauroit bien représenter les mœurs & les actions des hommes, qui est cependant la fin de la poésie. Et l'exécution de la Peinture consiste dans le dessein, & dans le coloris.

Ces différentes manieres d'exécuter la Peinture & la poésie, ont leurs prix & leurs difficultés; mais l'exécution de la Peinture demande beaucoup plus d'étude & de tems que celle de la poésie. Car la diction s'acquiert par la grammaire & par le bon usage, & cela est commun à tous les honnêtes gens par l'obligation où ils sont de bien parler leur langue; quoique la facilité de s'exprimer purement, nettement & élégamment soit encore le fruit d'une sérieuse étude. La déclamation dont Quintilien traite fort exactement, sans laquelle, dit-il, l'imitation est imparfaite, & qui est l'ame de l'éloquence, dépend de peu de principes, & presqu'entiérement de talens naturels; & la versification consiste dans la mesure harmonieuse, dans le tour du vers & dans la rime; & quoique ces choſes demandent de la réflexion, de la lecture & de la pratique, elles s'apprennent néanmoins aſſez facilement.

Il n'en eſt pas de même du deſſein & du coloris; l'un & l'autre exigent une infinité de connoiſſances, & une étude opiniâtre. Le deſſein demande un exercice qui produiſe une ſi grande juſteſſe de la vue pour connoître les différentes dimenſions des objets viſibles, & une ſi grande habitude pour en former les contours, que le compas, comme diſoit Michel-Ange, doit être plutôt dans les yeux que dans les mains.

Le deſſein ſuppoſe la ſcience du corps humain, non-ſeulement comme il ſe voit ordinairement, mais comme il doit être pour être parfait, & ſelon la premiere intention de la nature. Il eſt fondé ſur la connoiſſance de l'anatomie, & ſur des proportions tantôt fortes & robuſtes, & tantôt délicates & élegantes, ſelon qu'elles conviennent aux âges, aux ſexes & aux conditions différentes: & cela ſeul demande des études & des réflexions de beaucoup d'années.

Ce même dessein oblige encore le Peintre à posséder parfaitement la géométrie pour pratiquer exactement la perspective, dont il a un besoin indispensable dans toute ses opérations. Il exige une habitude des racourcis & des contours dont la variété est aussi grande que le nombre des attitudes est infini.

Enfin le dessein renferme encore la connoissance de la physionomie & l'expression des passions de l'ame, partie si nécessaire & si estimable dans la Peinture.

Le coloris regarde l'incidence des lumieres, l'artifice du clair-obscur, les couleurs locales, la simpathie & l'antipathie des couleurs en particulier, l'accord & l'union qu'elles doivent avoir entr'elles, leur perspective aëriene, & l'effet du tout-ensemble: & toutes ces connoissances dépendent de la Physique la plus fine & la plus abstraite.

Je n'aurois jamais fait si je voulois parcourir tous les moyens qu'a la Peinture d'exprimer tout ce qu'elle médite, & l'on voit assez par tout ce que je viens de dire qu'elle ne manque pas de ressorts non plus que la poésie pour plaire aux hommes, pour

pour leur imposer, & pour ébranler leurs esprits.

Mais quoique la Peinture & la poésie soient deux sœurs qui se ressemblent en ce qu'elles ont de plus spirituel, on pourroit néanmoins attribuer à la Peinture plusieurs avantages sur la Poésie, & je me contenterai d'en toucher ici quelques-uns.

En effet, si les Poëtes ont le choix des langues, dès qu'ils se sont déterminé à quelqu'une de ces langues, il n'y a qu'une nation qui les puisse entendre : & les Peintres ont un langage, lequel (s'il m'est permis de le dire) à l'imitation de celui que Dieu donna aux Apôtres se fait entendre de tous les peuples de la terre.

D'ailleurs la Peinture se développe, & nous éclaire en se faisant voir tout d'un coup : la Poésie ne va à son but, & ne produit son effet qu'en faisant succéder une chose à une autre. Or ce qui est serré est bien plus agréable, dit Aristote, & touche bien plus vivement que tout ce qui est diffus : & si la Poésie augmente le plaisir par la variété des épisodes, & par le détail des circonstances, la Peinture peut en repréſenter tant qu'elle voudra, & entrer dans tous les événemens d'une action, en multipliant ſes tableaux; & de quelque maniere qu'elle expoſe ſes ouvrages, elle ne fait point languir ſon ſpectateur: le plaiſir qu'elle donne eſt donc plus vif que celui de la Poéſie.

On peut encore accorder cet avantage à la Peinture, qu'elle vient à nous par le ſens le plus ſubtil, le plus capable de nous ébranler, & d'émouvoir nos paſſions, je veux dire par la vue: *car les choſes*, dit Horace, *qui entrent dans l'eſprit par les oreilles, prennent un chemin bien plus long que celles qui entrent par les yeux, qui ſont des témoins plus fideles & plus sûrs que les oreilles.*

Si après ce premier mouvement on regarde les effets qu'elle produit ſur l'eſprit, il faut tomber d'accord que la Poéſie comme la Peinture a la propriété d'inſtruire; mais celle-ci le fait plus généralement. Elle inſtruit les ignorans auſſi bien que les doctes; ſans ſon ſecours il eſt difficile de bien pénétrer dans le reſte des arts; parce qu'ils ont beſoin de figures démonſtratives pour être bien entendus. Et ce n'eſt que par la perte de ces mêmes figures que les livres de Vitruve & de Hiéron l'ancien, qui a traité des machines, nous paroiſſent ſi obſcurs. De quelle utilité n'eſt-elle pas dans les livres de voyages? & y a-t-il quelque ſcience à laquelle ſon ſecours ne ſoit pas néceſſaire pour ſa parfaite intelligence? La Topographie, les médailles, les deviſes, les emblêmes, les livres des plantes & ceux des animaux peuvent-ils ſe paſſer du ſecours que la Peinture eſt toujours prête à leur donner?

Pour commencer par l'Hiſtoire Sainte, quelle joie pleine de vénération n'aurions-nous pas, ſi la Peinture avoit pu nous conſerver juſqu'à préſent, le temple que Salomon avoit bâti dans ſa magnificence? Quel plaiſir n'aurions-nous point à lire l'hiſtoire de Pauſanias, lequel nous décrit toute la Grece, & qui nous y conduit, comme par la main, ſi ſon diſcours étoit accompagné de figures démonſtratives?

La principale fin du Poëte eſt d'imiter les mœurs & les actions des hommes: la Peinture a le même objet, mais elle y va d'une maniere bien plus étendue : car on ne peut nier qu'elle n'imite Dieu dans sa toute-puissance ; c'est-à-dire dans la création des choses visibles. Le Poëte peut bien en faire la description par la force de ses paroles, mais les paroles ne seront jamais prises pour la chose même, & n'imiteront point cette toute-puissance, qui d'abord s'est manifestée par des créatures visibles. Au lieu que la Peinture avec un peu de couleurs, & comme de rien, forme & représente si bien toutes les choses qui sont sur la terre, sur les eaux & dans les airs, que nous les croyons véritables : car l'essence de la Peinture est de séduire nos yeux & de nous surprendre.

Je ne veux point omettre une chose qui est en faveur de la Poésie ; c'est que les épisodes font d'autant plus de plaisir dans la suite d'un poëme qu'elles y sont insérées & liées imperceptiblement ; au lieu que la Peinture peut bien représenter tous les faits d'une histoire par ordre en multipliant ses tableaux : mais elle n'en peut faire voir ni la cause, ni la liaison.

Après avoir exposé le parallele de ces

deux arts, il me reste encore à détruire quelques objections que l'on m'a faites.

On m'objecte donc que la Peinture emprunte de la Poésie, qu'Aristote dit, que les arts qui se servent du secours de la main sont les moins nobles, enfin que la Poésie est toute spirituelle, au lieu que la Peinture est en partie spirituelle & en partie matérielle.

A quoi je réponds, que le secours mutuel des arts justifie qu ils ne peuvent se passer l'un de l'autre : & la Peinture n'emprunte pas plus de la Poésie, que la Poésie emprunte de la Peinture. Cela est si vrai que les fausses Divinités qui ont donné lieu aux fables n'ont été employées par les Poëtes dans leurs fictions, que parce que les Peintres & les sculpteurs les avoient premiérement exposées aux yeux des Egyptiens pour les adorer.

Ovide tout Poëte qu'il est, dit (1) que Vénus cette Déesse que la plume des auteurs a rendue si célebre, seroit encore dans le fond des eaux, si le pinceau d'Apelle ne

(1) *De arte amandi.*
Si Venerem Cous nunquam pinxisset Apelles,
Mersa sub æquoreis illa lateret aquis.

l'avoit fait connoître. De ſorte qu'à cet égard, ſi la Poéſie a publié les beautés de Vénus, la Peinture en avoit tracé la figure & le caractere.

Horace, qui avoit véritablement beaucoup de goût pour la Peinture, mais qui devoit ſa fortune & ſa réputation à la Poéſie, dit que les Peintres & les Poëtes ſe ſont toujours donné la permiſſion de tout entreprendre. Ainſi il avoue qu'en matiere de fiction, leur empire eſt de la même étendue, comme il eſt ſans bornes & ſans contrainte.

Si des fables nous voulons paſſer à l'hiſtoire qui eſt une autre ſource où les Peintres & les Poëtes puiſent également, nous trouverons qu'à la réſerve des écrivains ſacrés, la plupart des auteurs ont écrit ſelon leur paſſion, ou ſelon les mémoires qu'on leur a donné, qu'ainſi ils nous ont laiſſé des doutes ſur beaucoup de faits qu'ils ont ſouvent rapportés diverſement.

Mais les faits hiſtoriques les plus conſtans au ſentiment des habiles, ſont ceux que nous voyons établis, ou confirmés par les médailles & les bas-reliefs antiques, ou par les Peintures dont les premiers chrétiens ont décoré les lieux souterrains où ils faisoient l'exercice de leur Religion : & ces lieux se trouvent à Rome, & en d'autres endroits d'Italie. Baronius dit, que le Peuple romain ayant découvert une autre ville sous terre, fut ravi d'y voir représenté en Peintures les choses qu'il avoit lues dans ses histoires. En effet Bosius & Severan qui ont écrit de gros volumes de la Rome souterraine nous découvrent dans les Peintures qui s'y sont conservées jusqu'aujourd'hui, l'antiquité de nos Sacremens, la maniere dont les premiers chrétiens faisoient leurs prieres, & dont ils enterroient les martyrs, & plusieurs autres connoissances qui regardent les mysteres de notre Religion.

Que n'apprenons-nous pas des médailles & des sculptures antiques, la diversité des temples, des autels, des victimes, des vases, des ornemens du pontificat, & de tout ce qui servoit aux sacrifices, toutes les sortes d'armes, de chariots, de navires; les instrumens servant à la guerre pour attaquer & pour défendre les villes; toutes les couronnes différentes pour marquer les diverses sortes de dignités & de victoires : tant d'ornemens de têtes pour les femmes, tant d'habits différens selon les tems & les lieux, dans la paix & dans la guerre. Y a-t-il des livres qui puissent nous donner des connoissances aussi certaines sur les coutumes & sur les autres choses qui étoient en usage chez les romains, que celles que nous tirons des sculptures qui ont été faites de leur tems. Les bas-reliefs des colonnes Trajane & Antonine sont des livres muets où l'on ne trouve pas, à la vérité, les noms des choses, mais les choses mêmes qui servoient dans le commerce de la vie, du tems au moins des Empereurs dont ces colonnes portent le nom.

Ceux qui ont écrit de la Religion des anciens romains, de leur maniere de camper, des symboles allégoriques, de l'iconologie, & des images des Dieux, n'ont point eu de meilleures raisons pour prouver ce qu'ils ont enseigné, que les monumens antiques des bas-reliefs & des médailles. Enfin ces ouvrages & les Peintures anciennes dont on vient de parler sont les sources de l'érudition la plus assurée. Et c'est de-là que nous voyons dans un grand nombre de savans cette vive curiosité des médailles, des pierres gravées, & de tout ce qui dans les beaux-arts porte le caractere de l'antiquité. Il s'ensuit donc de tout ce que je viens de dire touchant la fable & l'histoire, que la poésie emprunte du moins autant de la Peinture, que la Peinture emprunte de la poésie.

A l'égard de ce que dit Aristote, que les arts qui se servent du secours de la main sont les moins nobles, & de ce que l'on ajoute, que la poésie est toute spirituelle, au lieu que la Peinture est en partie spirituelle & en partie matérielle, on répond, que la main n'est à la Peinture que ce que la parole est à la poésie. Elles sont les ministres de l'esprit & le canal par où les pensées se communiquent. Pour ce qui est de l'esprit, il est égal dans ces deux arts. Le même Horace qui nous a donné des regles si excellentes de la poésie, dit, (1) *qu'un tableau tient également en suspens les yeux du corps & ceux de l'esprit.*

(1) *Suspendit picta vultum mentemque tabellæ.* Epist. 1. lib. 2.

Ce qu'on veut appeller partie matérielle dans la Peinture, n'eſt autre choſe que l'exécution de la partie ſpirituelle qu'on lui accorde, & qui eſt proprement l'effet de la penſée du Peintre, comme la déclamation eſt l'effet de la penſée du poëte.

Mais il faut bien un autre art pour exécuter la penſée d'un tableau que pour déclamer une tragédie. Pour celle-ci, il y a peu de préceptes à ajouter aux talens extérieurs de la nature, & l'exécution de la Peinture demande beaucoup de réflexion & d'intelligence. Il ſuffit preſqu'uniquement au déclamateur de s'abandonner à ſon talent, & d'entrer vivement dans ſon ſujet, & je ſais que le comédien Roſcius s'en acquittoit avec tant de force, que pour cela ſeul, il méritoit, dit (1) Ciceron, d'être fort regretté des honnêtes gens, ou plutôt de vivre toujours. Mais le Peintre ne doit pas ſeulement entrer dans ſon ſujet, quand il l'exécute, il faut encore qu'il ait, comme nous l'avons dit, une grande connoiſſance du deſſein & du coloris, & qu'il exprime finement les différentes phyſionomies,

(1) *pro Archia:*

& les différens mouvemens des passions.

La main n'a aucune part à toutes ces choses, qu'autant qu'elle est conduite par la tête. Ainsi, à proprement parler, il n'y a rien dans la Peinture qui ne soit l'effet d'une profonde spéculation. Il n'y a pas jusqu'au maniment du pinceau dont le mouvement ne contribue à donner aux objets l'esprit & le caractere.

On m'oppose de plus la faculté de raisonner, & l'on dit que ce précieux appanage de l'homme, qui se rencontre dans la poésie avec tous ses ornemens, ne se trouve pas dans la Peinture.

Tout ce que je viens de dire seroit plus que suffisant pour satisfaire à cette objection : mais il est bon de l'éclaircir pour y bien répondre.

Il est à remarquer que les arts n'étant que des imitations, le raisonnement qui est dans un ouvrage ne se passe que dans l'esprit de celui qui en juge. Il est donc question de faire voir que le spectateur trouve du raisonnement dans la Peinture, comme l'auditeur dans la poésie.

On entend par le mot de raisonnement,

ou la cauſe & la raiſon par laquelle l'ouvrage fait un bon effet, ou l'action de l'entendement qui connoît une choſe par une autre, qui en tire des conſéquences.

Si par le mot de raiſonnement on entend la cauſe & la raiſon par laquelle l'ouvrage fait un bon effet, il y a autant de raiſonnement dans la Peinture que dans la poéſie, parce qu'elles agiſſent l'une & l'autre en vertu de leurs principes.

Si par le mot de raiſonnement on entend l'action de l'entendement qui infere une choſe par la connoiſſance d'une autre, il ſe trouve également dans la poéſie & dans la Peinture, quand l'occaſion s'en préſente. Le plus ſûr moyen de rendre cette vérité ſenſible, eſt de la démontrer dans des ouvrages qui ſoient ſous nos yeux, & auxquels il ſoit aiſé d'avoir recours. Les tableaux de la galerie de Luxembourg qui repréſentent la vie de Marie de Medicis, en ſeront autant de preuves; & je me ſervirai de celui où eſt peinte la naiſſance de Louis XIII, parce qu'il eſt le plus connu.

En voyant ce tableau on infere, par exemple, que l'accouchement arriva le matin, parce qu'on y remarque le soleil qui s'éleve avec son char, & qui fait sa route en montant. On infere aussi que cet accouchement fut heureux par la constellation de Castor que le Peintre a mis au haut du tableau, & qui est le symbole des événemens favorables. A côté du tableau est la fécondité, qui tournée vers la Reine lui montre dans une corne d'abondance cinq petits Enfans, pour donner à entendre que ceux qui naîtront de cette Princesse iront jusqu'à ce nombre. Dans la figure de la Reine, on juge facilement par la rougeur de ses yeux, qu'elle vient de souffrir dans son accouchement : Et par ces mêmes yeux amoureusement tournés du côté de ce nouveau Prince, joints aux traits du visage que le Peintre a divinement ménagés, il n'y a personne qui ne remarque une double passion, je veux dire un reste de douleur avec un commencement de joie, & qui n'en tire cette conséquence, que l'amour maternel & la joie d'avoir mis un Dauphin au monde, ont fait oublier à cette Princesse les douleurs de l'enfantement. Les autres tableaux de cette galerie qui ſont tous allégoriques, donnent lieu de tirer des conſéquences par les ſymboles qui conviennent aux ſujets, & aux circonſtances que le Peintre a voulu traiter.

Il n'y a point d'habile Peintre qui ne nous ait fait voir de ſemblables raiſonnemens, quand l'ouvrage s'eſt trouvé d'une nature à l'exiger de la ſorte. Car encore que les raiſonnemens entrent dans la poéſie, & dans la Peinture, les ouvrages de ces deux arts n'en ſont pas toujours mêlés, ni toujours ſuſceptibles : & les métamorphoſes d'Ovide qui ſont des ouvrages de poéſie, ne ſont la plupart que des deſcriptions.

Il eſt vrai que le raiſonnement qui ſe trouve dans la Peinture n'eſt pas pour toutes ſortes d'eſprits : mais ceux qui ont un peu d'élevation ſe font un plaiſir de pénétrer dans la penſée du Peintre, de trouver le véritable ſens du tableau par les ſymboles qu'on y voit repréſentés, en un mot, d'entendre un langage d'eſprit qui n'eſt fait que pour les yeux immédiatement.

La trop grande facilité que l'on trouve à découvrir les choſes, affoiblit ordinairement les deſirs : & les premiers philoſophes ont cru qu'ils devoient envelopper la vérité ſous des fables, & ſous des allégories ingénieuſes; afin que leur ſcience fût recherchée avec plus de curioſité, ou qu'en tenant les eſprits appliqués, elle y jettât des racines plus profondes: car les choſes font d'autant plus d'impreſſion dans notre eſprit & dans notre mémoire, qu'elles exercent plus agréablement notre attention. Jesus-Christ même s'eſt ſervi de cette façon d'inſtruire, afin que les comparaiſons & les paraboles tinſſent ſes auditeurs plus attentifs aux vérités qu'elles ſignifioient.

On tire encore de la Peinture des inductions par les attitudes, par les expreſſions & par les mouvemens des paſſions de l'ame. Il y a des tableaux qui nous repréſentent des converſations & des dialogues, où nous connoiſſons juſqu'au ſentiment des figures qui paroiſſent s'entretenir. Dans l'Annonciation, par exemple, où l'ange vient trouver Marie, le ſpectateur démêle facilement par l'expreſſion & par l'attitude de la ſainte vierge le moment que le Peintre a voulu choiſir; & l'on connoît ſi c'eſt lorſqu'elle fut troublée par une apparition imprévue, ou si elle est étonnée de la proposition de l'ange, ou enfin si elle y consent avec cette humilité qui lui fit prononcer ces mots : *Voilà la servante du Seigneur*; & le reste.

Il paroît qu'Aristote même ne fait aucune difficulté d'accorder le raisonnement à la Peinture quand il dit, que cet art instruit & qu'il donne matiere à raisonner non-seulement aux philosophes, mais à tous les hommes. Et Quintilien (1) avoue que la Peinture pénetre si avant dans notre esprit, & qu'elle remue si vivement nos passions, qu'il paroît qu'elle a plus de force que tous les discours du monde.

Mais la raison ne se trouve pas seulement dans les ouvrages de Peinture ; elle s'y fait encore voir ornée d'une élégance & d'un tour agréable; & le sublime s'y découvre aussi sensiblement que dans la poésie. L'harmonie même qui les introduit toutes deux, & qui leur procure un accueil favorable s'y rencontre indispensablement. Car on tire des couleurs une harmonie

(1) *Pictura tacens opus & habitus semper ejusdem sic in intimos penetrat affectus, ut ipsam vim dicendi non nunquam superare videatur. l. 11. c. 3.*

pour

pour les yeux, comme on tire des sons pour les oreilles.

Mais, me dira-t-on, quelque esprit que l'on puisse donner à la Peinture, elle n'exprimera jamais aussi nettement ni aussi fortement que la parole.

Je sais bien que l'on peut attribuer à la parole des expressions que la Peinture ne peut suppléer qu'imparfaitement : mais je sais bien aussi que la poésie est fort éloignée d'exprimer avec autant de vérité & d'exactitude que la Peinture, tout ce qui tombe sous le sens de la vue. Quelque description que la poésie nous fasse d'un pays, quelque soin qu'elle prenne à nous représenter la physionomie, les traits & la couleur d'un visage ; ces portraits laisseront toujours de l'obscurité & de l'incertitude dans l'esprit & n'approcheront jamais de ceux que la Peinture nous expose. L'on a vu plusieurs Peintres qui ne pouvant par le moyen de la parole donner l'idée de certaines personnes qu'il importoit de connoître, se sont servis de simples traits pour les désigner sans qu'on pût s'y méprendre. Ceux mêmes dont la profession étoit de persuader, ont souvent appellé la Peinture à leur secours pour toucher les cœurs, parce que l'esprit, comme nous l'avons fait voir, est plutôt & plus vivement ébranlé par les choses qui frappent les yeux, que par celles qui entrent par les oreilles: les paroles passent & s'envolent, comme on dit, & les exemples touchent. C'est pour cela qu'au rapport de Quintilien(1)qui nous a donné les regles de l'éloquence, les avocats dans les causes criminelles exposoient quelquefois un tableau qui représentoit l'événement dont il s'agissoit, afin d'émouvoir les cœurs des Juges par l'énormité du fait. Les pauvres se servoient anciennement du même moyen pour se défendre contre l'oppression des riches, selon le témoignage du même Quintilien; (2) parce que, dit-il, l'argent des riches pouvoit bien gagner les suffrages en particulier: mais sitôt que la peinture du tort qui avoit été fait, paroissoit devant toute l'assemblée, elle arrachoit la vérité du cœur des juges en faveur du pauvre. La raison en est que

(1) 6. l. (2) *Del.* 252.

la parole n'est que le signe de la chose, & que la peinture qui représente plus vivement la réalité, ébranle & pénetre le cœur beaucoup plus fortement que le discours. Enfin il est de l'essence de la Peinture de parler par les choses, comme il est de l'essence de la poésie de peindre par les paroles.

Il n'est pas véritable, poursuivra-t-on, que la Peinture parle & se fasse entendre par les choses mêmes, mais seulement par l'imitation des choses.

On répond que c'est justement ce qui fait le prix de la Peinture, puisque par cette imitation, comme nous l'avons fait remarquer, la Peinture plaît davantage que les choses mêmes.

J'aurois pu me prévaloir ici d'une infinité d'autorités des auteurs les plus célebres pour soutenir le mérite de la Peinture, si je n'avois appréhendé de rendre cette dissertation trop longue & trop hérissée.

Je me suis donc contenté de faire observer dans ce petit discours, combien l'idée que l'on avoit de la Peinture étoit imparfaite dans la plupart des esprits, &

que de-là venoit la préférence que quelques-uns ont voulu donner à la poésie. J'ai tâché de faire voir la conformité qui se rencontre naturellement dans ces deux arts : j'ai touché quelques avantages qu'on peut attribuer à la Peinture & à la poésie : j'ai répondu aux objections que l'on m'a faites : & enfin j'ai fait mon possible pour conserver à la Peinture le rang qu'on lui vouloit ôter.

Description de deux ouvrages de sculpture, qui appartiennent à M. le Hay, faits par M. Zumbo, gentilhomme Sicilien.

ON a souvent ouï dire à l'Auteur de ces deux ouvrages, dont l'un représente la Nativité, & l'autre la sépulture de Jesus-Christ, qu'il a voulu représenter ces deux sujets, pour avoir occasion d'exprimer deux passions contraires : la joie & la tristesse. C'est pour cela qu'il a choisi dans l'histoire de la nativité l'arrivée des pasteurs, lorsqu'ils viennent reconnoître & adorer le Sauveur, qui selon les paroles de l'ange, devoit être à tout le monde le sujet d'une grande joie.

Dans l'histoire de la sépulture, il s'est attaché à représenter le moment où Joseph d'Arimathie, ayant obtenu le corps de Jesus-Christ, la vierge & les saintes femmes qui l'accompagnoient, donnent des marques de leur douleur.

Et comme ce génie heureux a bien senti que la couleur releveroit infiniment son ouvrage, & qu'elle feroit valoir ses expressions, il s'est servi du coloris, pour mettre le vrai dans ses carnations & dans ses draperies.

LA NATIVITÉ.

Pour suivre le texte de l'Evangile, l'auteur a mis la scene de son sujet dans un lieu dénué de toutes choses, & qui paroît par les ruines qui en restent, avoir été autrefois un temple d'idoles; mais qui ne peut plus servir que de retraite aux animaux, & tout au plus d'une étable abandonnée au premier venu.

L'auteur dans sa composition a voulu faire entrer des restes de magnificence, pour rendre plus sensible par cette opposition la pauvreté de Jesus-Christ, & pour établir ſur le débris de l'idolâtrie la Religion chrétienne. Il a conſidéré de plus, que pour contribuer à la joie qu'il vouloit exprimer, il pouvoit, ſans détruire l'idée de la pauvreté du lieu, y introduire quelque ouvrage de ſculpture antique, & par-là réveiller le goût de ſon ſpectateur, & le plaiſir que donne aux connoiſſeurs la vue de ces précieux reſtes. Ajoutez que, comme il n'y a rien de plus humble, ni de plus grand que la naiſſance du Fils de Dieu, l'auteur y a voulu faire alluſion, en mêlant la deſtruction d'un bâtiment magnifique avec la beauté de quelques reſtes qui en faiſoient partie.

Notre illuſtre ſculpteur a fait entrer dans ſon ſujet vingt-quatre figures, & ſix animaux de différentes eſpeces. Il a placé la Vierge avec ſon Fils au milieu de la compoſition. Elle y paroît d'un caractere modeſte, mais d'un agrément infini ; & le Chriſt, en conſervant la figure d'un enfant nouveau-né, fait concevoir en ſon action quelque choſe de plus qu'humain.

On remarque une grande variété dans les figures de cette hiſtoire, par la différence des physionomies, des caracteres, des sexes, des âges, des attitudes & des expressions. Quatre bergers sont attentifs à considérer de près l'enfant & la mere que l'ange leur avoit indiqués.

A côté droit, quatre autres sont autour de saint Joseph, qui leur explique le mystere dont ils sont témoins. Ces bergers font voir en diverses manieres les effets de la grace, en exprimant la joie que leur cause cette instruction.

D'autres plus craintifs, qui sont sur le devant de la composition de cet ouvrage, adorent de plus loin le Sauveur qui leur étoit né.

A côté gauche, quelques bergers s'entretiennent de ce qu'ils voient. Il y en a un entr'autres qui paroît appeller les plus éloignés, & qui les incite de se hâter, pour jouir de la nouveauté du spectacle.

L'auteur a fait entrer dans la composition de son sujet quatre anges qui sont en l'air au-dessus du Christ & de la Vierge, supposant qu'ils sont envoyés de la cour céleste, pour faire reconnoître aux pasteurs leur divin maître, & pour l'adorer avec eux.

Les ajustemens, les draperies, les coëffures, & tout ce qui accompagne les figures, leur convient si parfaitement, que ceux qui en voudront examiner le détail, en admireront la diversité & la vraisemblance. Les expressions, sur-tout, en sont si vives, qu'on est forcé d'y entrer par l'impression qu'elles font sur les esprits, lorsqu'on y veut faire quelque attention. L'un y exprime l'admiration, l'autre la simplicité; l'un la surprise, l'autre la dévotion; & chaque objet marque parfaitement le choix d'un beau caractere.

Les figures y sont deſſinées d'une exacte justesse, d'un goût grand & d'une maniere convenable à leur qualité. On y peut admirer la tendresse des carnations, les beaux plis des draperies, la vérité & le contraste des attitudes, la disposition des grouppes, & la dégradation des terreins.

Tout est extrêmement fini dans cet ouvrage, & il n'y a pas jusqu'aux plantes & aux autres minuties, dont l'exacte vérité ne fasse plaisir. Les couleurs mêmes, qui sont d'ordinaire peu convenables à la sculpture, y sont ménagées avec une certaine modération

modération qui jette dans le tout une plus grande vraisemblance, & entr'autres dans les statues qui sont si bien imitées d'un vieux marbre tout taché & tout altéré par le tems, que l'œil y est trompé.

Enfin toutes ces choses ensemble font une merveilleuse harmonie, & concourent à exprimer le sujet avec tout l'agrément imaginable.

LA SEPULTURE.

L'Auteur de cet excellent ouvrage a fait choix, comme nous l'avons déja dit, du moment que Joseph d'Arimathie, ayant fait détacher de la croix le corps de Jesus-Christ, le laisse voir pendant quelque tems aux principales personnes qui avoient aimé le Sauveur pendant sa vie.

La situation du lieu qui est plein de rochers fait juger que la scene de ce qui se passe ici, n'est pas loin de l'endroit que l'on avoit destiné pour la sépulture.

Le Christ, la Vierge sa mere, saint Jean, & les trois Maries, trois Anges; Joseph d'Arimathie, Nicodéme, & le Centenier qui reconnut la Divinité de

Jesus-Christ incontinent après sa mort, font la composition de cette histoire.

Le Christ est placé au milieu de la scene, étendu négligemment, mais naturellement, sur une pierre couverte d'un linceul, & dans une disposition convenable à un corps qui n'a plus de mouvement; mais qui se trouve tourné comme par hazard à émouvoir jusqu'aux larmes la compassion du spectateur. La figure est d'une proportion si noble & si délicate, qu'en la voyant on est aisément porté à croire, qu'il y a sous ces apparences quelque chose de divin.

La Vierge est auprès de ce corps. Elle en a appuyé la tête sur ses genoux pour le mieux contempler. Elle a le corps plié & les bras élevés, en action d'exprimer sa tendresse, & tout ce qu'elle sent sur l'état où elle voit son fils & son Dieu.

Les saintes femmes qui accompagnoient la Vierge, le cœur rempli de douleur, font voir chacune à sa maniere ce que peut la compassion à la vue d'un spectacle si touchant. Les notions qu'avoient ces saintes femmes de la Divinité de Jesus-Christ, pouvoient bien mettre le calme dans leurs esprits, & effacer toutes les marques de leur affliction : mais l'amour qu'elles avoient pour leur maître, les outrages auxquels elles l'avoient vu exposé pendant sa vie, le supplice honteux de sa mort, ne leur permettoient pas d'oublier entiérement les opprobres qu'il venoit tout récemment de souffrir à leurs yeux.

Il est vrai que Jesus-Christ leur avoit parlé de la nécessité de ses souffrances, & de sa prochaine Résurrection : mais tout ce que put faire l'espérance de voir arriver bientôt la Résurrection, fut d'adoucir les transports démesurés auxquels une tristesse extrême nous conduit ordinairement. On ne verra donc point ici l'expression extérieure du dernier abandon à la douleur ; on y observera seulement toutes les marques d'un cœur, qui dans l'excès de son amour est à la vérité fort sensible au triomphe prochain de Jesus-Christ, mais qui est encore plus occupé du souvenir de ses souffrances.

S. Jean placé du côté gauche, appuyé sur un rocher, dans une attitude abattue, tient les clous qui ont attaché son maître à la Croix, & paroît faire ses réflexions sur les douleurs dont ils ont été les instrumens.

L'auteur a placé la Magdelaine du même côté aux pieds du Christ. Elle les baise avec amour, & semble les baigner de ses larmes, qu'elle est prête d'essuyer de ses cheveux épars, comme elle fit dans la maison de Simon le Pharisien.

Les deux autres femmes sont, l'une à genoux près de la Vierge, & l'autre debout. Celle-ci a le corps penché, & la tête gracieusement inclinée sur l'épaule, comme pour essuyer ses larmes avec le linge qui lui sert de voile. Ces deux femmes expriment fortement, & sans aucun mouvement exagéré, le mélange de douleur & de tendresse, dont leur cœur est pénétré.

Les deux vieillards qui sont derriere ces femmes, au coin de la composition, dont l'un paroît être Nicodéme, & l'autre le Centénier qui reconnut la Divinité de Jesus-Christ incontinent après sa mort, s'entretiennent assez vivement de la maniere injuste dont les Juifs avoient condamné l'innocence même.

Joseph d'Arimathie, un peu plus avancé sur le devant, & debout, une main sur la hanche, & l'autre sur la poitrine, dans une attitude majestueuse, les yeux tournés vers le Christ, fait attention à ce qu'il voit : mais on juge facilement par toute son action, qu'il est encore plus occupé de la foi qu'il a reçue, & de la grandeur du mystere de la Rédemption.

Le goût du dessein dans cette histoire est merveilleusement convenable aux figures qui la composent. Il est svelte, élégant, & noble dans le Christ & dans les femmes. Il est plus fort & plus prononcé dans les trois hommes qui sont plus avancés en âge. Il s'y trouve diversement selon la diversité qui se voit ordinairement dans la nature. Car pour S. Jean, son caractere de dessein est entre la délicatesse du Christ & la proportion plus pesante des trois autres figures, dont je viens de parler. Cependant toutes les proportions sont observées dans leur genre avec toute la justesse que l'on peut attendre de l'art.

Trois Anges sont en l'air au-dessus du Christ, & composent un groupe agréable, ment varié par leurs attitudes contrastées, & par la diversité de leurs expressions & de leurs coloris. Ils sont, dans leur caractere d'enfans, dessinés comme les femmes, c'est-à-dire, de la même délicatesse.

Quelque difficile que soit la pratique du coloris dans la Sculpture, il est étonnant que l'auteur s'en soit acquitté, comme il a fait, avec un heureux succès. Les carnations y sont variées avec tant de ménagement & d'intelligence, que dans la justesse qui leur convient, il y a une finesse d'opposition & de différence qu'on ne peut assez admirer. Notre ingénieux sculpteur ne s'est pas contenté des couleurs locales, c'est-à-dire, de celles qui conviennent à chaque chose en particulier, il a encore cherché comme un Peintre habile, à faire valoir la couleur d'un objet par l'opposition de la couleur d'un autre objet. Le linceul, par exemple, qui est sous le corps du Christ, donne à la carnation un plus grand caractere de vérité par la comparaison de ces deux couleurs.

L'auteur voulant attirer sur le Christ les yeux du spectateur, comme sur l'objet le plus important, s'est servi d'un brun doux, dont il a habillé la Vierge & la Magdelaine, pour rendre la lumiere qui est sur le Christ, plus vive & plus sensible.

La femme qui est à genoux entre la Vierge & l'autre Marie, ne contribue pas peu à l'effet du clair-obscur, en distinguant par son obscurité les figures qu'elle sépare.

La couleur des vêtemens de Nicodéme & du Centénier détache & pousse en devant, comme de concert, la figure qui leur est proche.

Et Joseph d'Arimathie est habillé d'une pourpre, qui non-seulement désigne une personne de qualité, mais qui, selon les regles de l'art, étant d'un ton fort & vigoureux, convient aux figures que l'on veut mettre sur le devant, & contribue dans l'assemblage des couleurs à l'harmonie du tout-ensemble.

Mais ce n'est pas seulement par la couleur de son habit que cette figure est plus sensible que les autres. L'ouvrage de la tête est un chef d'œuvre de l'art. C'est un vieillard dont le visage est couvert de rides, mais de rides ſavantes par la maniere dont elles ſont placées, & dont elles ſont éxécutées. Car elles expriment la phyſionomie d'un homme de bon eſprit, & imitent la nature de ce caractere d'une maniere la plus forte, la plus tendre & la plus accomplie. Mais quoique cette tête ſoit travaillée dans la derniere exactitude, elle ne ſent point du tout la peine : le travail y eſt tout ſpirituel, il y coule de ſource, & la patience qu'il a exigée eſt plutôt l'effet du plaiſir que l'auteur y a pris, que de la néceſſité de le terminer. Tout eſt donc fini dans cette figure particuliere; mais tout y eſt de feu, & l'adreſſe de la main ſoutenue de la force d'un beau génie & d'une ſcience profonde, ont rendu cet ouvrage digne certes de la plus grande admiration.

C'eſt ainſi que notre ſavant ſculpteur, en joignant à ce triſte ſujet toutes les graces dont il eſt ſuſceptible, & en répandant d'ailleurs toutes les marques d'une ſcience auſſi profonde qu'ingénieuſe, a conſacré cet ouvrage à la poſtérité.

Mais quelque ſoin que l'on ait pris de rendre fideles ces deux deſcriptions, il eſt impoſſible, en les liſant ſeulement, ſans voir les ouvrages mêmes, de ſe faire une idée bien juſte de toute leur beauté.

LA BALANCE DES PEINTRES.

QUELQUES perſonnes ayant ſouhaité de ſavoir le degré de mérite de chaque Peintre d'une réputation établie, m'ont prié de faire comme une balance dans laquelle je miſſe d'un côté le nom du Peintre & les parties les plus eſſentielles de ſon art dans le degré qu'il les a poſſédées, & de l'autre côté le poids de mérite qui leur convient; en ſorte que ramaſſant toutes les parties comme elles ſe trouvent dans les ouvrages de chaque Peintre, on puiſſe juger combien peſe le tout.

J'ai fait cet eſſai plutôt pour me divertir que pour attirer les autres dans mon ſentiment. Les jugemens ſont trop différens ſur cette matiere, pour croire qu'on ait tout ſeul raiſon. Tout ce que je demande en ceci c'eſt qu'on me donne la liberté d'expoſer ce que je penſe, comme je la laiſſe aux autres de conſerver l'idée qu'ils pourroient avoir toute différente de la mienne.

Voici quel eſt l'uſage que je fais de ma balance.

Je diviſe mon poids en vingt degrés, le vingtieme eſt le plus haut, & je l'attribue à la ſouveraine perfection que nous ne connoiſſons pas dans toute ſon étendue. Le dix-neuvieme eſt pour le plus haut degré de perfection que nous connoiſſons, auquel perſonne néanmoins n'eſt encore arrivé. Et le dix-huitieme eſt pour ceux qui à notre jugement, ont le plus approché de la perfection, comme les plus bas chiffres ſont pour ceux qui en paroiſſent les plus éloignés.

Je n'ai porté mon jugement que ſur les Peintres les plus connus, & j'ai diviſé la Peinture en quatre colonnes, comme en ſes parties les plus eſſentielles, ſavoir, la compoſition, le deſſein, le coloris & l'expreſſion. Ce que j'entends par le mot d'expreſſion, n'eſt pas le caractere de chaque objet, mais la penſée du cœur humain. On verra par l'ordre de cette diviſion à quel degré je mets chaque Peintre dont le nom répond au chiffre de chaque colonne.

On auroit pu comprendre parmi les Peintres les plus connus, pluſieurs Flamans qui ont représenté avec une extrême fidélité la vérité de la nature, & qui ont eu l'intelligence d'un excellent coloris; mais parce qu'ils ont eu un mauvais goût dans les autres parties, on a cru qu'il valoit mieux en faire une classe séparée.

Or comme les parties essentielles de la Peinture sont composées de plusieurs autres parties que les mêmes Peintres n'ont pas également possédées, il est raisonnable de compenser l'une par l'autre pour en faire un jugement équitable. Par exemple, la composition résulte de deux parties; savoir, de l'invention & de la disposition. Il est certain que tel a été capable d'inventer tous les objets nécessaires à faire une bonne composition, lequel aura ignoré la maniere de les disposer avantageusement pour en tirer un grand effet. Dans le Dessein il y a le goût & la correction; l'un peut se trouver dans un tableau sans être accompagné de l'autre, ou bien ils peuvent se trouver joints ensemble en différens degrés. & par la compensation qu'on en doit faire, on peut juger de ce que vaut le tout.

Au reste, je n'ai pas assez bonne opinion

de mes sentimens pour n'être pas persuadé qu'ils ne soient sévérement critiqués : mais j'avertis que pour critiquer judicieusement il faut avoir une parfaite connoissance de toutes les parties qui composent l'ouvrage & des raisons qui en font un bon tout. Car plusieurs jugent d'un tableau par la partie seulement qu'ils aiment, & comptent pour rien celle qu'ils ne connoissent ou qu'ils n'aiment pas.

FIN.

NOMS *des Peintres les plus connus.*	*Composition.*	*Dessein.*	*Coloris.*	*Expression.*
A				
Albane.	14	14	10	6
Albert Dure.	8	10	10	8
Andre del Sarte.	12	16	9	8
B				
Baroche.	14	15	6	10
Bassan, Jacques.	6	8	17	0
Bastian, del Piombo.	8	13	16	7
Belin, Jean.	4	6	14	0
Bourdon.	10	8	8	4
Le Brun.	16	16	8	16
C				
Calliari P. Ver.	15	10	16	3
Les Caraches.	15	17	13	13
Correge.	13	13	15	12
D				
Dan. de Volter.	12	15	5	8
Diepembek.	11	10	14	6
Le Dominiquin.	15	17	9	17
G				
Giorgion.	8	9	18	4
Le Guerchin.	18	10	10	4
Le Guide.		13	9	12
H				
Holben.	9	10	16	13
J				
Jean da Udiné.	10	8	16	3

NOMS des Peintres les plus connus.	*Composition.*	*Dessein.*	*Coloris.*	*Expression.*
Jaq. Jourdans.	10	8	16	6
Luc. Jourdans.	13	12	6	6
Josepin.	10	10	6	2
Jules Romain.	15	16	4	14
L				
Lanfranc.	14	13	10	5
Léonard de Vinci.	15	16	4	14
Lucas de Leide.	8	6	6	4
M				
Mich. Bonarotti.	8	17	4	8
Mich. de Caravage.	6	6	16	0
Mutien.	6	8	15	4
O				
Otho Venius.	13	14	10	10
P				
Palme le vieux.	5	6	16	0
Palme le jeune.	12	9	14	6
Le Parmesan.	10	15	6	6
Paul Veronese.	15	10	16	3
Fr. Penni il fattoré.	0	15	8	0
Perrin del Vague.	15	16	7	6
Pietre de Cortone.	16	14	12	6
Pietre Perugin.	4	12	10	4
Polid. de Caravage.	10	17		15
Pordenon.	8	14	17	5
Pourbus.	4	15	6	6
Poussin.	15	17	6	15

NOMS des Peintres les plus connus.	*Composition.*	*Dessein.*	*Coloris.*	*Expression.*
Primatice.	15	14	7	10
R				
Raphaël Santio.	17	18	12	18
Rembrant.	15	6	17	12
Rubens.	18	13	17	17
S				
Fr. Salviati.	13	15	8	8
Le Sueur.	15	15	4	15
T				
Teniers.	15	12	13	6
Pietre Teste.	11	15	0	6
Tintoret.	15	14	16	4
Titien.	12	15	18	6
V				
Vanius.	13	15	12	13
Vandeïk.	15	10	17	13
Z				
Tadée Zuccre.	13	14	10	9
Frédéric Zuccre.	10	13	8	8

TABLE DES MATIERES

Contenues dans ce volume.

A

Accidens. Ce que c'eſt en Peinture. 165
Allégorie eſt une eſpece de langage. 44
Anatomie, l'uſage qu'on en doit faire. 31
Elle a fait échouer pluſieurs Peintres, & en a fait eſtimer pluſieurs autres. 31 & 141
Antique dans la Peinture. Son origine & ſon utilité, ſon autorité chez les auteurs anciens & modernes. Sa beauté, ſon approbation univerſelle, & ſon élevation. 120 & ſuiv.
Appeller le ſpectateur doit être le premier effet d'un tableau. 13
Les tableaux qui appellent le ſpectateur ſont rares, & pourquoi. 15
La partie du coloris eſt ce qui contribue davantage à appeller le ſpectateur. 15
Attitude. La bien choiſir. 79
L'Aveugle de Cambaſſi, & ſon hiſtoire. 264 & ſuiv.

C

Caractere. Ce que c'eſt en Peinture. 145
Charge, & charger, ce que c'eſt en Peinture, & en quel cas on en peut louer la pratique. 29 & 30
Ciel. Son caractere. 165
Connoiſſeur. Les demi-connoiſſeurs jugent ordinairement de la Peinture ſans connoiſſance de cauſe. 21

Contraſte.

Contraste. Ce que c'est. 80
Clair-obscur. Ce que c'est. 290
Trois moyens pour arriver au clair-obscur. 293 & suiv.
Quatre preuves pour démontrer sa nécessité. 297
Copier avec profit. 275
Coloris. Ce que c'est. 242
Cette partie de la Peinture est très-peu connue, même des plus habiles. 242
Différence entre couleur & coloris. *Idem.*
Couleur simple & couleur locale. Leur différence. 243
Deux sortes de couleurs, la naturelle & l'artificielle. 244
Maximes touchant l'emploi des couleurs. 283
Correction du dessein. 119

D.

Dessein. Sa définition. 117
Ses parties principales. 118
Devant du tableau. 179
Disposition. En quoi elle consiste. 41 & 76
Elle contient six parties. 75
1. La distribution des objets en général. 76
2. Les grouppes. 77 & 78
3. Le choix des attitudes. 79
4. Le contraste. 80
5. Le jet des draperies. 83
6. L'effet du tout-ensemble. 100
Disposition. Son effet. 74
Les Draperies. Ce que c'est. 97
Contiennent trois choses.
1. L'ordre des plis. 84 & 98
2. La diverse nature des étoffes. 90 & 99
3. La variété des couleurs dans les étoffes. 94 & 100
Le traité des draperies en abregé. 27

Les draperies ſont d'une grande utilité pour le contraſte. 86.
Les couleurs des draperies peuvent contribüer extrêmement à l'effet du clair-obſcur. 97 & 99.

E.

Eaux. 177
Ecorce des arbres & leur variété. 187
Elégance en Peinture. 144
Sa définition. 145
Elle ſe fait ſentir quelquefois dans les ouvrages peu châtiés. 144
Enthouſiaſme. 108
Moyen de diſpoſer l'eſprit à l'enthouſiaſme. 112
Eſprit. L'eſprit s'éleve avec le beau ſujet, & le ſujet s'éleve avec le bel eſprit. 49
Notre eſprit eſt une plante qui veut être cultivée. 50
Eſtampes de payſages excellentes pour étudier, quand elles ſont de grands maîtres. 191
Exagération générale néceſſaire en Peinture, & la particuliere ſelon l'occaſion. 245 & 247
Elle doit être menagée avec prudence. 217
Expreſſion. Sa différence d'avec la paſſion. 146
Ecole d'Athenes, tableau de Raphaël. Sa deſcription. 59. Vaſari repris dans la deſcription qu'il en a faite du tems même de Raphaël. ibid.
Auguſtin Vénitien repris pour le même ſujet. 60

F.

Fabriques. 175
Fabriques propres au payſage. 176

G.

Galeries de Luxembourg. 277
Gazon. 172
Glacis. Ce que c'eſt. 271

Goût. Goût du Dessein. 144
Grace. Il n'y a rien dans l'imitation des objets, où l'on ne puisse faire entrer de la grace. 79
Grouppes, en quoi ils consistent. 72
Il y en a de deux sortes par rapport au Dessein & par rapport au clair-obscur. Leur relation. *Idem.*

H.

Harmonie, & ses différens genres dans la Peinture. 105
Histoire. Ce que c'est en Peinture. 42
L'Histoire doit avoir trois qualités, la fidélité, la netteté, & le bon choix. 54
Comment le Peintre doit faire connoître le sujet de son histoire, & de beaux exemples à cette occasion. 55

I.

Jabac, grand curieux. Son témoignage sur la pratique de van Dyk au sujet des portraits. 232
Idée. Ce que c'est. 1
Deux idées de la Peinture. Idée générale pour tout le monde. 2
Idée particuliere pour les Peintres. 4
L'on doit tirer les véritables idées des choses de leur essence & de leur définition. 2
Idée véritable de la Peinture, & le vrai ne sont que la même chose. 17
Idées particulieres ou secondes qui regardent les Peintres seulement. 4
Obligation où sont les Peintres de bien posséder ces secondes idées. 5
Les idées des choses entrent dans l'esprit par les organes des sens. 7
Invention. Ce terme a produit différentes idées.

dans l'esprit de différens auteurs. 39 & 40
Définition de l'invention. 41
L'invention est une des deux parties de la composition, dont l'autre partie s'appelle disposition. 40
Sa différence d'avec la disposition. 41
Le moyen de rendre l'invention relevée. 54
L'invention se peut considérer de trois manieres, comme historique simplement, comme allégorique & comme mistique. 42
Bel exemple de l'invention mistique: 47
Par l'invention on juge du génie du Peintre. 49
Elle ne peut produire que les choses dont notre esprit est rempli. 50
L'invention a ses différens styles. 42
L'invention allégorique exige trois choses; d'être intelligible, d'être autorisée, & d'être nécessaire. 56

L.

Le linge est un bon moyen de juger de la carnation du naturel par la comparaison. 237
Lointains & montagnes. 170
Longin, son exemple dans le sublime. 113

M.

Miroir convexe. Son utilité. 104

N.

Nuages, leurs caracteres. 167

O.

Ordre qu'il faut tenir dans l'étude de la Peinture. 310

Ordre dont on a placé les parties de la Peinture & pourquoi. 16

P.

Parallele de la Peinture & de la Poésie. 337 & suiv.
Passions de l'ame. 146 & suiv.
Le Brun a écrit des passions de l'ame sur le modele de Descartes. 148
Deux sortes de Peintres. 32
Peinture. Sa définition. 2
La véritable Peinture est celle qui appelle son spectateur. 6
La Peinture peut se considérer de deux manieres, par rapport à l'instruction, & par rapport à l'exécution. 39
La Peinture doit instruire & divertir, & comment. 52
Palais de la Peinture élevé par ses différentes parties, selon la diversité de leurs propriétés. 17
Le Paysage est le plus agréable de tous les talens de la Peinture. 158
Deux principaux styles dans le Paysage, l'héroïque & le champêtre ou pastoral. 159
Leurs descriptions. 158 & 159
La jonction des deux styles en fait un troisieme. 162
Les parties du paysage. Ibid.
Observations sur le paysage. 201
Plantes. 180
Portraits. Maniere de les bien faire. 207
S'il est à propos de corriger les défauts du naturel dans les portraits. 214
Le coloris dans les portraits. 219
L'attitude dans les portraits. 221
Comment il faut habiller les portraits. 224 & suiv.
Pratique spéciale pour les portraits. 228
Politique pour faire réussir les portraits. 232

R.

Raphaël a possédé plus de parties qu'aucun autre Peintre, & cité pour cela. 10
Raphaël n'a point appellé son spectateur dans le général de ses ouvrages, & rarement dans quelques-uns. 10
Exemple récent de M. de Valincourt sur les ouvrages de Raphaël qui sont au vatican. 11
Pourquoi on s'est servi de l'exemple de Raphaël. 20
Roches. 173
Rubens peu connu à fond. 22
Rubens a rendu le chemin qui conduit au coloris plus facile qu'aucun autre. 274
Son sentiment sur l'antique. 128
Objection & réponse au sujet de Rubens. 278

S.

Seneque, son sentiment sur le plaisir que donne la Peinture dans le tems qu'on l'exerce. 282
Les sites parties du paysage. 163 & 164
Les sites bizarres & extraordinaires plaisent & réjouissent. 162
Sujet, le bien choisir. 51
Le caractere du sujet doit frapper d'abord le spectateur. 76
Si le Peintre a le choix de son sujet, il doit préférer celui qui est le plus propre à son génie. 51
Les jeunes gens doivent s'exercer sur toutes sortes de sujets. Belle comparaison à cette occasion. 50

T.

Tableau. Le premier effet du tableau est d'appeller le spectateur. 3
Un tableau qui contient une des parties de la

Peinture par excellence doit être loué & peut tenir place dans un cabinet de curieux. 258
Exemple de Rembrant sur ce sujet. 8
Terreins. 174
Terrasses. 175
Le tout-ensemble, en quoi il consiste. 100

V.

Unité d'objet. Sa nécessité & sa démonstration. 102. & suiv.
Le vrai doit prévenir le spectateur & l'appeller. 6
Sa description. 23
Trois sortes de vrais dans la Peinture. 24
L'idée que Raphaël avoit du vrai. 28
De quelle conséquence est le vrai dans la Peinture. 33
Lettre de M. l'Abbé du Guet, au sujet du traité du vrai dans la Peinture. 35

Fin, de la Table des Matieres.

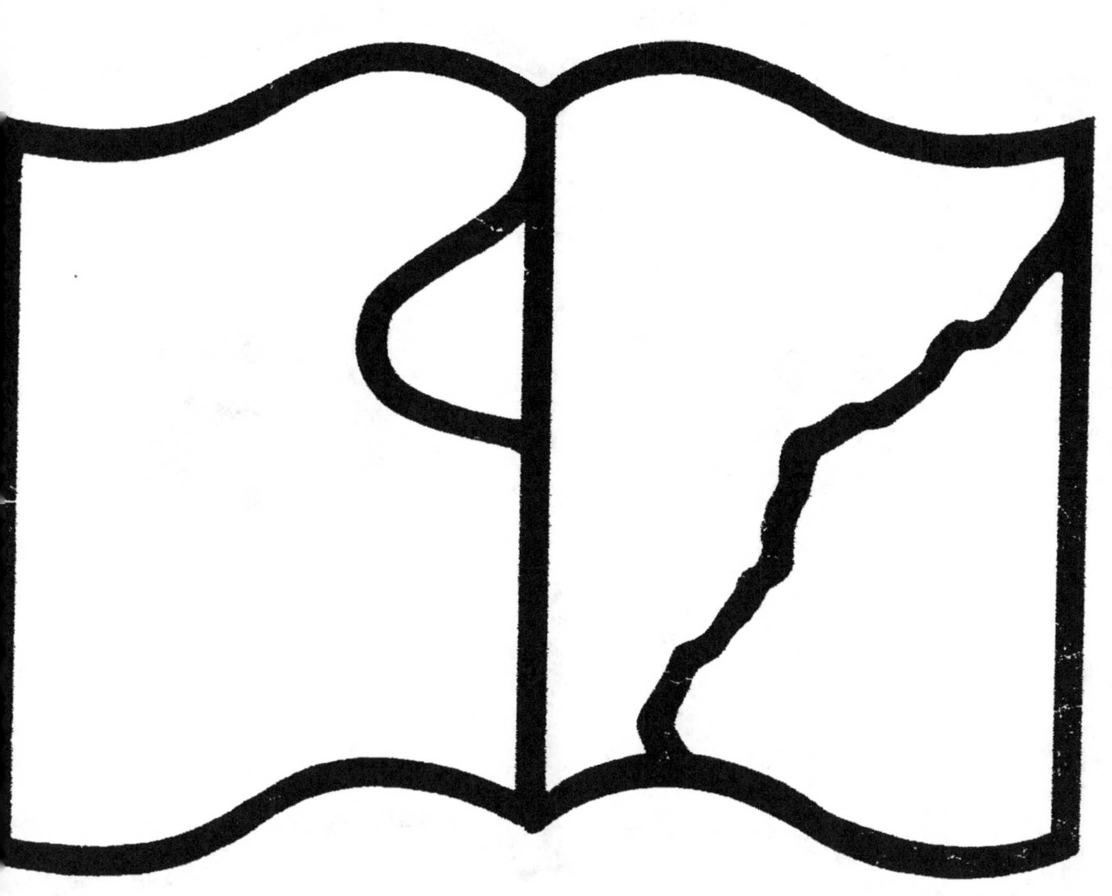

Texte détérioré — reliure défectueuse

NF Z 43-120-11

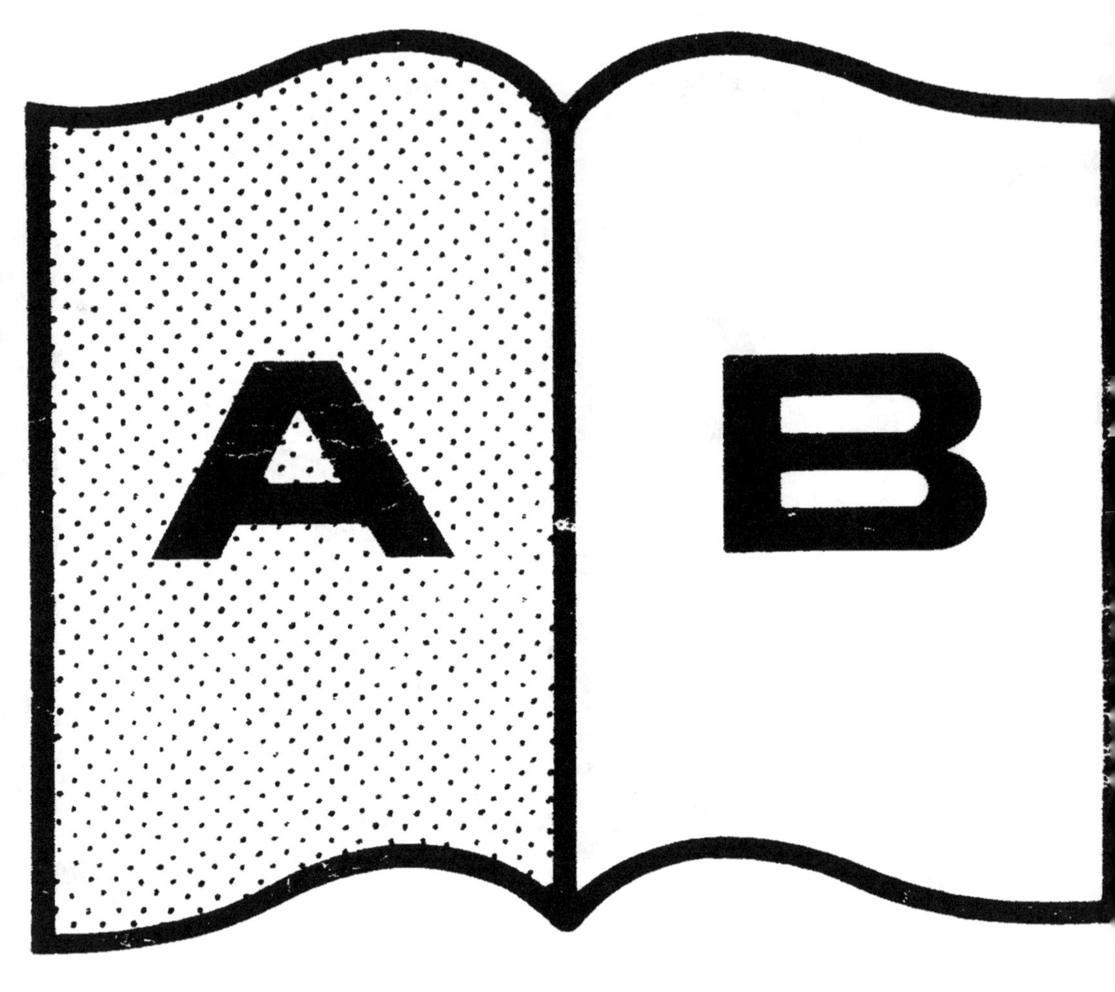

Contraste insuffisant

NF Z 43-120-14

www.ingramcontent.com/pod-product-compliance
Lightning Source LLC
LaVergne TN
LVHW010531100826
845148LV00001B/157